河南省文物考古研究院田野考古报告甲种 第 61 号

三门峡虢国墓

（第二卷）

第三册

河南省文物考古研究院
三门峡市文物考古研究所　编著
三门峡市虢国博物馆

文物出版社
北京 · 2023

The Guo State Cemetery in Sanmenxia (Vol. 2)

(III)

(With an English Abstract)

by

Henan Provincial Institute of Cultural Relics and Archaeology
Sanmenxia Municipal Institute of Cultural Relics and Archaeology
Sanmenxia Municipal Museum of Guo State

Cultural Relics Press
Beijing · 2023

M2009 随葬器物登记表

器名	器号	质地	数量	备注
虢仲鼎	541、544、609、624、639、645、649、650、655、660、682、700	铜	12	
"C"形窃曲纹鼎（明器）	502、518、615	铜	3	
重环纹鼎（明器）	477、535、542、560、566、625、633、646	铜	8	
凸弦纹鼎（明器）	479、543、648	铜	3	
蝉纹鼎（明器）	617	铜	1	
素面鼎（明器）	619、701	铜	2	
虢仲鬲	418、419、421～424、	铜	6	
虢仲方甗	（499、519）	铜	1	
虢仲簋	（653、664）、（704、526）、（662、474）、（663、651）、（610、495）、（744、644）、652、（743、656）、（745、670）	铜	9	
"S"形窃曲纹簋	647	铜	1	
重环纹簋	（468、487）、471、472、473、480、481、482、485、497、527、540、545、620、674、709	铜	15	除468（器）和487（盖）外，余为明器
瓦垅纹簋（明器）	568	铜	1	
素面簋（明器）	634	铜	1	
虢仲盨	427、491、492、503	铜	4	
虢仲簠	496、500、501、522	铜	4	
虢仲甫	520、521	铜	2	
虢仲圆壶	425、426	铜	2	
虢仲方壶	672、（659、665）	铜	2	
重环纹方壶（明器）	488	铜	1	
素面方壶（明器）	467、469	铜	2	
虢仲盘	489、669	铜	2	
重环纹盘（明器）	517、563、618	铜	3	
素面盘（明器）	498、546、552、556、557、564、677、668-1、675、667、686、702	铜	12	
虢仲盉	420、614	铜	2	
"S"形窃曲纹盉（明器）	666、671、685	铜	3	

续附表一

器名	器号	质地	数量	备注
重环纹盂（明器）	516、534、536、537、613、689	铜	6	
素面盂（明器）	484、486、668-2	铜	3	
重环纹匜（明器）	476、622	铜	2	
"S"形窃曲纹匜（明器）	507	铜	1	
龙纹方彝	559、（681、706）、699	铜	3	除706（器）和681（盖）外，余为明器
"S"形窃曲纹方彝（明器）	567	铜	1	
波曲纹方彝（明器）	553	铜	1	
重环纹方彝（明器）	548、555	铜	2	
素面方彝（明器）	673、678	铜	2	
"S"形窃曲纹方尊	470、554	铜	2	其中470为明器
虢仲圆尊	705	铜	1	
重环纹圆尊（明器）	525、565	铜	2	
素面圆尊（明器）	506	铜	1	
虢仲爵	683	铜	1	
"S"形窃曲纹爵	688	铜	1	
菌柱爵（明器）	509、524、528、549、635、654	铜	6	
匜形爵（明器）	684	铜	1	
有箍觯（明器）	529、611、657、696、697	铜	5	
无箍觯（明器）	636、680、694、695、698	铜	5	
重环纹觚（明器）	478	铜	1	
虢仲钮钟	294、295、296、302、293、303、308、309	铜	8	
钮钟钩	475-1 ~ 475-5	铜	5	
窃曲纹甬钟	253、279、288、291、297、301、306、307	铜	8	
兽面纹钲	250	铜	1	
元字戈	280、281、300、320、323、326、387 ~ 389、504、505、531 ~ 533、539、676、693、687、692、679	铜	20	
短胡一穿戈	377	铜	1	
中胡一穿戈	357	铜	1	

续附表一

器名	器号	质地	数量	备注
中胡二穿戈	391、456	铜	2	
长胡二穿戈	318	铜	1	
长胡三穿戈	282、317、322、327、741	铜	5	
残胡戈	325、328、360、390、455、511、547、691	铜	8	
戈（明器）	550	铜	1	
残戈	690	铜	1	
蝉纹矛	376、729、733	铜	3	
素面矛	368～375	铜	8	
钺	261	铜	1	
长方形盾錫	251、435、442、443	铜	4	
圆形盾錫	39-1～39-6、285、447、448、490、523、737、233、236～239、242、245～247	铜	21	
方锥形盾錫	234、235	铜	2	
双翼内收形镞	579-1～579-22、658-1～658-110	铜	132	
双翼外张形镞	244-1～244-16、579-23～579-29、601-1～601-12、638-1～638-16、658-111、658-112	铜	53	
无翼方锥锋镞	579-30、579-31	铜	2	
锛	721、724	铜	2	
凿	722	铜	1	
刻刀	（725、726）	铜	1	合为1件
大削	714～717	铜	4	
小削	723、1040	铜	2	
刀	1041	铜	1	
重环纹害	28-1、42-1、46-1、45、54-1、65、266-1、283-1、339-1、345-1、347-1、348-1、404-1、408-1、409-1、415-1、441-1、446-1、451-1、510、512、513-1、514-1、580-1、582-1、590-1、640-1、1069-1	铜	28	
多棱形害	29-1、30、32、36、64、66-1、255-1、256-1、334-1、335、414-1、416-1、508-1、515-1、623-1、630-1、1053-1、1068-1	铜	18	

续附表一

器名	器号	质地	数量	备注
素面軎	631-1、641-1	铜	2	
兽首形辖	28-2、46-2、58、62、54-2、42-2、266-2、283-2、339-2、345-2、347-2、404-2、408-2、409-2、413、415-2、431、441-2、446-2、451-2、513-2、514-2、580-2、582-2、590-2、640-2、1069-2	铜	27	
龙首辖	348-2	铜	1	
素面辖	29-2、31、33、59、60、66-2、255-2、256-2、289、623-2、414-2、334-2、416-2、508-2、515-2、630-2、631-2、641-2、1053-2、1068-2	铜	20	
銮铃	284、298、299、324、337、338、342、346、349、352~355、361、386、396、407、429、436、438、439、452~454、458、581、583~585、588、589、627~629、643、1042、1049、1050	铜	38	
軛	398、444	铜	2	
兽面纹軛首	399-1、400-1、459-1、460、465-1、607-1	铜	6	
双龙首纹軛足	336、362、367、380、399-2、399-3、400-2、400-3、406-1、406-2、459-2、459-3、465-2、465-3、586-1、586-2、602、606、607-2、607-3	铜	20	
衔	27-1、34-1、43-1、44-1、47-1、48-1、49-1、50-1、55-1、56-1、57-1、67-1、68-1、69-1、70-1、73-1、74-1、75-1、248-1、249-1、258-1、259-1、260-1、287-1、311-1、319-1、329-1、330-1、340-1、341-1、350-1、356-1、364-1、365-1、366-1、379-1、394-1、395-1、432-1、411-1、412-1、433-1、450-1、457-1、594-1、595-1、596-1、597-1、1043-1、1046-1、1047-1、1051-1、1057-1、1064-1、1067-1	铜	55	
无首镳	27-2、27-3、34-2、34-3、43-2、43-3、44-2、44-3、47-2、47-3、50-2、50-3、55-2、55-3、57-2、57-3、67-2、67-3、68-2、68-3、69-2、69-3、73-2、73-3、249-2、249-3、259-2、259-3、287-2、287-3、350-2、350-3、366-2、366-3、412-2、412-3、1051-2、1051-3	铜	38	

续附表一

器名	器号	质地	数量	备注
龙首镳	48-2、48-3、49-2、49-3、56-2、56-3、70-2、70-3、74-2、74-3、75-2、75-3、248-2、248-3、258-2、258-3、260-2、260-3、319-2、319-3、329-2、329-3、330-2、330-3、356-2、356-3、365-2、365-3、379-2、379-3、394-2、394-3、395-2、395-3、411-2、411-3、450-2、450-3、457-2、457-3、1043-2、1043-3、1046-2、1046-3、1047-2、1047-3、1057-2、1057-3、1064-2、1064-3、1067-2、1067-3	铜	52	
圆首镳	340-2、340-3、341-2、341-3、364-2、364-3、450-2、450-3、594-2、594-3、595-2、595-3、596-2、596-3	铜	14	
环首镳	311-2、311-3、432-2、432-3、433-2、433-3、597-2、597-3	铜	8	
兽面纹铃	405、440、483、493、593、616	铜	6	
"A"形节约	600-1 ~ 600-4	铜	4	
蝉纹十字形节约	600-5 ~ 600-25	铜	21	
兽面纹十字形节约	600-26 ~ 600-41	铜	16	
"X"形节约	314-1 ~ 314-35	铜	35	
素面络饰	312-1 ~ 312-421	铜	421	
兽面形带扣	392-1	铜	1	
兽首形大带扣	315-1 ~ 315-5、344-1 ~ 344-8、351-1 ~ 351-6、392-2、393-1 ~ 393-7、410-1 ~ 410-7、437-1 ~ 437-6、1048-1 ~ 1048-5	铜	45	
兽首形小带扣	63-1、63-2	铜	2	
牛首形带扣	61-1 ~ 61-7、1048-6 ~ 1048-12	铜	14	
扁筒形大带扣	40-1 ~ 40-8、72	铜	9	
扁筒形小带扣	313-1 ~ 313-13	铜	13	
圆形小腰	51-1 ~ 47、1044-4 ~ 1044-9	铜	53	
多棱形扁小腰	52-1 ~ 52-9、1044-1 ~ 1044-3	铜	12	
圆形环	37-1、37-2、316-1、316-2、321-1 ~ 321-5、332-1、332-2、363-1、363-2、385-1 ~ 385-3、430-1 ~ 430-3、463-1 ~ 463-3、464-1 ~ 464-5、599-1、599-2	铜	29	

续附表一

器名	器号	质地	数量	备注
长方形环	359-1、359-2	铜	2	
联钮游环	267-1 ~ 267-6、38、1060-1 ~ 1060-3	铜	10	
联环游环	1062	铜	1	
棺钉	7-1 ~ 7-110	铜	110	
云纹小铃	10 ~ 24、240、241、243、257、286、333、343、358、378、381 ~ 384、397、417-1 ~ 417-3、494、538、551、735、736-1、736-2	铜	38	
鱼	5-1 ~ 5-591	铜	591	
翣残片	9-1 ~ 9-7	铜	7	
长方钮合页	1052-1 ~ 1052-16	铜	16	
三通形构件	530、712	铜	2	
三叉形构件	621-1、621-2	铜	2	
活动型管状构件	428	铜	1	
长方形构件	1071-1 ~ 1071-3	铜	3	
圆帽首形构件	1072-1 ~ 1072-12	铜	12	
镂孔"Y"形管	591-1 ~ 591-7、1054-1 ~ 1054-3	铜	10	
镂孔长管	41-1 ~ 41-16	铜	16	
兽面纹圆筒形帽首	254、562	铜	2	
兽面纹扁筒形帽首	642-1、642-2	铜	2	
蘑菇状帽首	605-1 ~ 605-10、608-1、608-2	铜	12	
素面管状饰	265-1 ~ 265-9	铜	9	
圆銎锥形饰	626-1 ~ 626-10	铜	10	
三角龙纹带饰	229	铜	1	
铜内铁援戈	703	铁	1	
铜骹铁叶矛	730	铁	1	
铜銎铁锛	720	铁	1	
铁刃铜刻刀	727、731、732	铁	3	
铁刃铜削	710-1、710-2、719-1、719-2	铁	4	
戚	206、944	玉	2	
小臣琮	138	玉	1	
素面琮	188、220、802、859、932、934、989	玉	7	

续附表一

器名		器号	质地	数量	备注
小臣系璧		1011	玉	1	
刻铭弦纹璧		801	玉	1	
龙纹璧		826、1027	玉	2	
素面大璧		216、221 ~ 223、225、829、940、1010、1026、1028、1036、1037	玉	12	
素面小璧		573、866	玉	2	
龙纹大环		215、827	玉	2	
素面大环		830	玉	1	
人形璜		572	玉	1	
人龙合纹璜		1032、1035	玉	2	
尖尾双龙纹璜		96、809	玉	2	
素面璜		81、98、120、757	玉	4	
龙凤纹戈		1033	玉	1	
菱形纹戈		208、219、1004、1034、	玉	4	
墨书戈		85、102、136	玉	3	
宽援戈		103、115、148、149、197、201、212、713、941 ~ 943、945、946、996、998、1005、1017	玉	17	
窄援戈		466、707、708、1006	玉	4	
圭		80、88、728	玉	3	
人龙合纹璋		153	玉	1	
素面璋		97	玉	1	
兽面纹斧		262 ~ 264	玉	3	
佩、璜、玦与觿组合发饰	"C"形龙形佩	958、959	玉	2	1组13件
	鸟形佩	952、960	玉	2	
	树形佩	985、988	玉	2	
	人鱼合纹璜	951	玉	1	
	缠尾双龙纹璜	965	玉	1	
	尖尾双龙纹璜	950	玉	1	
	龙首纹璜	955	玉	1	
	人龙合纹玦	954、967	玉	2	
	龙纹觿	968	玉	1	

续附表一

器名			器号	质地	数量	备注
六璜联珠组玉佩	玛瑙珠（管）、玉牌和玉管组合项饰（上部）	人龙合纹佩	980-1	玉	1	1组84件（颗）
		龙纹牌	980-2、980-3、980-6 ~ 980-8	玉	5	
		扁方形管	980-4	玉	1	
		圆形管	980-5	玉	1	
		竹节形管	980-35、980-36、980-40、980-41、980-52	玛瑙	5	
		圆形管	980-33、980-34、980-51	玛瑙	3	
		珠	980-9 ~ 980-32、980-45 ~ 980-50、980-53 ~ 980-84	玛瑙	62	
		料珠	980-37 ~ 980-39、980-42 ~ 980-44		6	
	玉璜、玛瑙管、料珠组玉佩（下部）	人龙合雕纹璜	970-1	玉	1	1组209件（颗）
		透雕人龙纹璜	970-2、970-3	玉	2	
		叠尾人首纹璜	970-5、970-6	玉	2	
		缠尾双牛首纹璜	970-4	玉	1	
		竹节形管	970-10、970-15、970-28、970-38、970-51、970-60、970-61、970-74、970-84、970-85、970-98、970-103、970-107、970-115、970-119、970-144、970-148、970-150、970-128、970-132、970-136、970-140、970-163、970-165、970-178、970-193、970-208	玛瑙	27	
		圆形管	970-11、970-33、970-34、970-56、970-79、970-111、970-165、970-123、970-180、970-195	玛瑙	10	
		珠	970-29、970-52、970-75、970-83、970-99、970-124、970-149、970-164、970-194、970-179、970-209	玛瑙	11	
		料珠	970-7 ~ 970-9、970-12 ~ 970-14、970-16 ~ 970-27、970-30 ~ 970-32、970-35 ~ 970-37、970-39 ~ 970-50、970-53 ~ 970-55、970-57 ~ 970-59、970-62 ~ 970-73、970-76 ~ 970-78、970-80 ~ 970-82、970-86 ~ 970-97、970-100 ~ 970-102、970-104 ~ 970-106、970-108 ~ 970-110、970-112 ~ 970-114、970-116 ~ 970-118、970-120 ~ 970-122、970-125 ~ 970-127、970-129 ~ 970-131、970-133 ~ 970-135、970-137 ~ 970-139、970-141 ~ 970-143、970-145 ~ 970-147、970-151 ~ 970-162、970-166 ~ 970-177、970-181 ~ 970-192、970-195 ~ 970-207		156	

续附表一

器名		器号	质地	数量	备注
玛瑙珠（管）、料珠（管）与玉佩组合串饰	獠牙形觿	738-1	玉	1	1组62件（颗）
	长条鱼形佩	738-6、738-7、738-11、738-12、738-16、738-17、738-21、738-22、738-26、738-27、738-31、738-32、738-46、738-47、738-51、738-52、738-57	玉	17	
	弓背鱼形佩	738-42、738-58	玉	2	
	蚕形佩	738-36、738-37	玉	2	
	蝉形佩	738-41	玉	1	
	竹节形管	738-39	玛瑙	1	
	鼓形管	738-14、738-49	玛瑙	2	
	圆形管	738-4、738-9、738-19、738-24、738-44、738-55	玛瑙	6	
	扁圆形珠	738-3、738-29、738-60	玛瑙	3	
	鼓形珠	738-34、738-54、738-61	玛瑙	3	
	料管	738-2、738-5、738-59、738-62		4	
	料珠	738-8、738-10、738-13、738-15、738-18、738-20、738-23、738-25、738-28、738-30、738-33、738-35、738-38、738-40、738-43、738-45、738-48、738-50、738-53、738-56		20	
玛瑙珠（管）、海贝与玉佩组合串饰	扇形坠饰	740-1	玉	1	1组172件（颗）
	人纹佩	740-121	玉	1	
	夔龙形佩	740-15	玉	1	
	虎形佩	740-106	玉	1	
	鸟形佩	740-37、740-38	玉	2	
	长条鱼形佩	740-4、740-11、740-12、740-14、740-22、740-23、740-31、740-45、740-46、740-57、740-71、740-81、740-105、740-110、740-111、740-116、740-135、740-145、740-158、740-159、740-164、740-165、740-169、740-170、	玉	24	
	弓背鱼形佩	740-5、740-30、740-62、740-63、740-80、740-88、740-89、740-97、740-98、740-136	玉	10	
	蚱蜢形佩	740-120	玉	1	
	蚕形佩	740-115	玉	1	

续附表一

器名		器号	质地	数量	备注
	直援戈形佩	740-128、740-129、740-152	玉	3	
	弧形戈形佩	740-56、740-146、740-153	玉	3	
	条形坠饰	740-70	玉	1	
	竹节形管	740-10、740-79、740-172	玛瑙	3	
	圆形管	740-2、740-13、740-21、740-35、740-41、740-50、740-59、740-64、740-66、740-82、740-96、740-101、740-123、740-147、740-162	玛瑙	15	
	扁圆形管	740-52	玛瑙	1	
	扁方形管	740-8	玛瑙	1	
	圆形珠	740-32、740-68、740-99、740-112、740-144	玛瑙	5	
	扁圆形珠	740-29、740-107、740-109、740-151	玛瑙	4	
	鼓形珠	740-3、740-6、740-16、740-20、740-25、740-36、740-43、740-54、740-61、740-72、740-83、740-87、740-90、740-114、740-117、740-125、740-132、740-137、740-139、740-141、740-149、740-160、740-166、740-171	玛瑙	24	
	菱形珠	740-55	玛瑙	1	
	龟背形珠	740-130、740-134、740-155	玛瑙	3	
	料管	740-49、740-75、740-77、740-94、740-104、740-127、740-142、740-156、740-157、740-167、740-168		11	
	菱形料珠	740-7、740-9、740-17～740-19、740-26～740-28、740-33、740-34、740-39、740-40、740-42、740-44、740-51、740-53、740-58、740-60、740-65、740-67、740-73、740-74、740-78、740-85、740-91、740-95、740-100、740-108、740-113、740-118、740-122、740-124、740-131、740-133、740-138、740-140、740-148、740-150、740-154、740-161、740-163		41	
	鼓形料珠	740-24、740-47、740-48、740-69、740-102、740-119、740-126、740-143		8	
	海贝	740-76、740-84、740-86、740-92、740-93、740-103	贝	6	
人龙合纹佩		159、756、869、907	玉	4	

续附表一

器名	器号	质地	数量	备注
人形佩	178、190、874、925	玉	4	
龙纹佩	816	玉	1	
龙凤纹佩	796	玉	1	
猪龙形佩	810	玉	1	
盘龙形佩	879	玉	1	
衔尾龙形佩	833、892、926	玉	3	
"C"形龙形佩	182、177、789、143、834、888、896	玉	7	
夔龙形佩	577、163	玉	2	
鱼尾龙形佩	1008	玉	1	
环状龙形佩	764	玉	1	
有桦龙形佩	213	玉	1	
兽面形佩	145、155、445、576、807、814、817、819、861、899、906、1066	玉	12	
虎形佩	173、174、575、758、821、898	玉	6	
象形佩	761	玉	1	
鹿形佩	150、152、161、162、171、175、193、205、211、749	玉	10	
兔形佩	151、798、947、990	玉	4	
牛形佩	164、165、169、571、877、895	玉	6	
牛首形佩	845	玉	1	
羊形佩	753	玉	1	
鹅形佩	765	玉	1	
鸬鹚形佩	904	玉	1	
凤形佩	141、871	玉	2	
鹦鹉形佩	142、144、170、172、183、762	玉	6	
鸟形佩	192、204、569、766、823、824、831、837、842、846、847、852、860、887、894	玉	15	
燕形佩	166、768、781、812、854、867	玉	6	
鹗形佩	176、187	玉	2	
蜻蜓形佩	777	玉	1	
蝉形佩	574、797、803、822、840、844、857、858、880、905、918	玉	11	

续附表一

器名	器号	质地	数量	备注
蛇形佩	230	玉	1	
鼠形佩	748	玉	1	
蚕形佩	179、799	玉	2	
蜘蛛形佩	870	玉	1	
龟形佩	207、232、805	玉	3	
鳖形佩	875	玉	1	
长条鱼形佩	83	玉	1	
弓背鱼形佩	2、112、203、825、1007	玉	5	
三棱形鱼形佩	832	玉	1	
缠尾双龙纹玦	966、975	玉	2	
龙首戈形佩	916	玉	1	
鼓形佩	769	玉	1	
锤形佩	199	玉	1	
龙纹小环	191、252-1	玉	2	
素面小环	132、252-2、1030	玉	3	
鼓形珠	402、403	玉	2	
尖尾双龙纹圆形管	924	玉	1	
弦纹圆形管	189、742	玉	2	
云雷纹圆形管	792	玉	1	
素面圆形管	154、782、841、1065	玉	4	
王伯椭圆形管	793	玉	1	
弦纹椭圆形管	882	玉	1	
云纹椭圆形管	922	玉	1	
方形管	759、774	玉	2	
扁圆形管	855	玉	1	
兽蹄形管	746	玉	1	
龟形管	921	玉	1	
扇形佩	836	玉	1	
束绢形佩	878	玉	1	
凤鸟纹圆形饰	876、889	玉	2	

续附表一

器名			器号	质地	数量	备注
龙纹圆形饰			804、872、890	玉	3	
素面圆形饰			795、856、902	玉	3	
方形饰			848	玉	1	
凤鸟纹椭圆形饰			815、818	玉	2	
双鸟纹钮形饰			820	玉	1	
勾云形饰			813	玉	1	
"L"形饰			806、811	玉	2	
缀玉幎目	面部片饰	额	982	玉	1	1组26件
		眉	977（左）、978（右）	玉	2	
		眼	956（左）、957（右）	玉	2	
		耳	953（右）、964（左）	玉	2	
		鼻	962	玉	1	
		胡	963（左）、979（右）	玉	2	
		口	786	玉	1	
		下腭	961	玉	1	
	三叉形片		948、949、969、971～974、986、987、991～995	玉	14	
口琀玉	圆扣形饰		983-1	玉	1	1组24件（颗）
	贝		983-4、983-7、983-10、983-13、983-16、983-19、983-22	玉	7	
	珠		983-2、983-3、983-5、983-6、983-8、983-9、983-11、983-12、983-14、983-15、983-17、983-18、983-20、983-21、983-23、983-24	玉	16	
手握玉			997（右）、1002（左）	玉	2	
脚趾夹玉			1018、1019、1020、1023（右）；1021、1022、1038、1039（左）	玉	8	
踏玉			1024（左）、1025（右）	玉	2	
龙纹鞢			1001	玉	1	
兽面纹鞢			570	玉	1	
素面鞢			198、772	玉	2	
盘龙形觿			763	玉	1	
獠牙形觿			999、1000、1009、1016	玉	4	

续附表一

器名	器号	质地	数量	备注
削	747、775	玉	2	
刀	76	玉	1	
平刃匕	94、100、106、108、117、126、135、158、224、226、228-1、1014、1015	玉	13	
角刃匕	95、99、116、119、123、227	玉	6	
单切角匕	82、97、124	玉	3	
双切角匕	125	玉	1	
凿	160、168	玉	2	
兽面纹杖头	331	玉	1	
笄	147、231、578、751、800	玉	5	
龙首纹饰	785	玉	1	
兽面纹饰	755、920	玉	2	
人面纹腕形饰	209	玉	1	
凹弦纹腕形饰	1003	玉	1	
镯形饰	750、754、865	玉	3	
圆锥状柄形器	718、752、864	玉	3	
长条形柄形器	84、87、104、127、130、146、210-1、214、217、711、835、838、868、891、935～937、1012、1013	玉	19	
管状柄形器	156	玉	1	
多棱形柄形器	200	玉	1	
长条形饰	101、218、917	玉	3	
蘑菇状饰	612、910、927	玉	3	
圆形棒饰	157、167、881、928	玉	4	
梭形饰	901、912	玉	2	
圆纽扣形饰	933	玉	1	
条形缀饰	210-2～210-14、210-15～210-27、228-2～228-13	玉	38	3组38件
璜形器	118、908	玉	2	
眼形嵌饰	734-1、734-2	玉	2	
蝉形嵌饰	734-3～734-9	玉	7	
梯形嵌饰	734-10～734-13	玉	4	

续附表一

器名	器号	质地	数量	备注
条形嵌饰	734-14 ~ 734-20	玉	7	
残饰	771、779、794、843、883、884、（914、929）、939、976	玉	9	（914、929合为一件）
长条形片	770、783、787、862、885、886、923	玉	7	
方形片	915	玉	1	
梯形片	839、849、863、873	玉	4	
圆形片	791	玉	1	
扇形片	790	玉	1	
马蹄形片	903	玉	1	
圆弧形片	897、930	玉	2	
三角形片	784、853	玉	2	
刀形片	911、913	玉	2	
鱼尾形片	776	玉	1	
不规则形片	760、850、900	玉	3	
琮形器残片	780、893	玉	2	
残片	767-1 ~ 767-3、773、778、788、808、828、851、919、931、938、981	玉	13	
管	3	玛瑙	1	
龙纹圆形环	181、184、186、194、195、196	绿松石	6	
素面圆形环	1029-1、1029-3、1031-1 ~ 1031-3	绿松石	5	
椭圆形环	1029-2	绿松石	1	
兽面形饰	185	绿松石	1	
兽面形饰	1-1 ~ 1-3、4-1 ~ 4-4	孔雀石	7	
方形饰	180	孔雀石	1	
编磬	268、273、278、290、292、304、305、310（A组）；269 ~ 272、274 ~ 277（B组）	石	16	2组16件
贝	6-1 ~ 6-477	石	477	
匕	202	石	1	
砺石	1059-1、1059-2	石	2	
条形缀饰	122-1 ~ 122-23、131-1 ~ 131-15	石	38	2组38件
锥足鬲	558	陶	1	
高领罐	561	陶	1	

续附表一

器名	器号	质地	数量	备注
珠	8-1 ~ 8-471	陶	471	
棺钉	7-111 ~ 7-117	骨	7	
管状帽	1063-1、1063-2	骨	2	
小腰	434、587-1 ~ 587-24、1044-10 ~ 1044-15	骨	31	
管	1063-3	骨	1	
锥形器	909	骨	1	
残器	984	骨	1	
残器	632-1 ~ 632-3	象牙	3	
皮甲	1070-1、1070-2	皮革	2	
圆形蚌饰	603-1 ~ 603-14		14	
方形蚌饰	603-15		1	
长方形蚌饰	739		1	
蛤蜊壳	592-1 ~ 592-60		60	
篓	1045	木	1	
弓	449-1、449-2、637	木	3	
镳	1058-1、1058-2、1061-1、1061-2	木	4	
小腰	92	木	1	
长方形盒	661	木	1	
长方形片饰	86	木	1	
梯形片饰	105、111-1、111-2、113、114、128、129、133、139-1、139-2、140-1、140-2	木	12	
椎形饰	77 ~ 79、89 ~ 91、93、107、109、110、121-1 ~ 121-3、134、137	木	15	
彩绘器	461-1 ~ 461-3	木	3	
轭构件	35、401、1055、1056	木	4	
构件	462-1 ~ 462-5	木	5	
帽	598-1 ~ 598-4	竹	4	
篮	71-1、71-2	竹	2	
圈	25-1 ~ 25-4	竹	4	
席	26-1、26-2	竹	2	
残编器	26-3	竹	1	

续附表一

器名	器号	质地	数量	备注
短裤	604-1	麻	1	
短裈	604-2	麻	1	
布	604-3	麻	1	
残绳	53-1 ~ 53-6	麻	6	
枣刺	1073		1	

附表二 　　　　　　　　　　　　　　M2006 随葬器物登记表

器名	器号	质地	数量	备注
垂鳞纹列鼎	54、59、60	铜	3	
"C"形窃曲纹鬲	51、56、62、63	铜	4	
波曲纹方甗	57	铜	1	
孟姞盨	55、（61-1、61-2）	铜	2	
丰白匜	（64-1、64-2）	铜	1	
重环纹圆壶	（52-1、52-2）、（53-1、53-2）	铜	2	
"C"形窃曲纹盘	58	铜	1	
重环纹盂（明器）	36	铜	1	
素面方彝（明器）	50	铜	1	
双耳尊（明器）	47	铜	1	
菌柱爵（明器）	49	铜	1	
素面觯（明器）	48	铜	1	
重环纹𬭚	37、39	铜	2	
兽首形辖	38、40	铜	2	
衔	26、28	铜	2	
龙首镳	27-1、27-2、29-1、29-2	铜	4	
云雷纹铃	21、33、35、65、66、68	铜	6	
蝉纹十字形节约	32-1 ～ 32-4	铜	4	
兽面纹十字形节约	32-5 ～ 32-8	铜	4	
"X"形节约	32-9 ～ 32-12	铜	4	
络饰	31-1 ～ 31-13	铜	13	
兽首形带扣	9 ～ 12	铜	4	
竹节形扁小腰	30-1、30-2	铜	2	
鱼	1-1 ～ 1-381	铜	381	
婴残片	2 ～ 5	铜	4	
薄片饰	34	铜	1	
鱼形璜	102	玉	1	
素面璜	103	玉	1	
宽援戈	45	玉	1	

续附表二

器名		器号	质地	数量	备注
素面璋		15	玉	1	
圭		24、22-1	玉	2	
发饰	衔尾盘龙形佩	83、85	玉	2	1组14件
	龙首璜形佩	79	玉	1	
	牛形佩	73	玉	1	
	虎形佩	86	玉	1	
	鱼形佩	77、78	玉	2	
	蚕形佩	81、82	玉	2	
	笄	74、75、84	玉	3	
	笄首	76	玉	1	
	水晶	80	水晶	1	
玛瑙珠、玉佩组合项饰	团身龙形佩	90-1	玉	1	1组93件（颗）
	马蹄形佩	90-16、90-25、90-36、90-48、90-55、90-67、90-73、90-78	玉	8	
	珠	90-2～90-15、90-17～90-24、90-26～90-35、90-37～90-47、90-49～90-54、90-56～90-66、90-68～90-72、90-74～90-77、90-79～90-93、	玛瑙	84	
玛瑙珠（管）组合胸佩	管	94-2	玛瑙	1	1组71件（颗）
	珠	94-1	玛瑙	1	
	珠	94-3～94-44	玉	42	
	管	94-65～94-71	碧石	7	
	珠	94-45～94-64	碧石	20	
人纹及龙纹玦		88、91	玉	2	
刻纹玦		87、92	玉	2	
夔龙形佩		95	玉	1	
龙形佩		101	玉	1	
双人纹兽形佩		100	玉	1	
狗形佩		97	玉	1	
鸽形佩		96	玉	1	
鸟形佩		98、99	玉	2	

续附表二

器名		器号	质地	数量	备注
缀玉幎目	额	89-1	玉	1	1组14件
	眉	89-2、89-3	玉	2	
	眼	89-4、89-5	玉	2	
	下眼睑	89-6、89-7	玉	2	
	鼻	89-8	玉	1	
	耳	89-9、89-10	玉	2	
	口	89-11	玉	1	
	腮	89-12、89-13	玉	2	
	下腭	89-14	玉	1	
口琀玉		93-1～93-10	玉	10	
手握玉		104、105	玉	2	
王白觿		71	玉	1	
虎纹觿		69、70	玉	2	
平刃匕		17、18、23、8、14、22-2	玉	6	
角刃匕		6、16、22-3	玉	3	
柄形器		106	玉	1	
条形饰		7、13、19、20、22-4	玉	5	
璜形器		72	玉	1	
戈		25	石	1	
贝		42-1～42-50	石	50	
锥足鬲		67	陶	1	
敞口溜肩罐		46	陶	1	
贝		41-1～41-22	骨	22	
残器		107	骨	1	
圆形蚌饰		44-1～44-45		45	
蛤蜊壳		43-1～43-87		87	

M2010 随葬器物登记表

器名	器号	质地	数量	备注
"C"形窃曲纹鼎	43、46、119	铜	3	
重环纹鼎	22、29	铜	2	
波曲纹方甗	28	铜	1	
"S"形窃曲纹簋	（23-1、23-2）、（24-1、24-2）、（25-1、25-2）、（26-1、26-2）	铜	4	
波曲纹方壶	（47-1、47-2）、（117-1、117-2）	铜	2	
"C"形窃曲纹盘	21	铜	1	
"C"形窃曲纹匜	50	铜	1	
戈	（35-1、35-2）、110	铜	2	
矛	30、75	铜	2	
盾錫	118-1、118-2	铜	2	
箭箙	113	铜	1	
镞	32-1～32-9、92-1～92-10、112-1～112-9	铜	28	
斧	121	铜	1	
锛	120	铜	1	
凿	122	铜	1	
重环纹軎	82、90	铜	2	
"S"形窃曲纹軎	77、80	铜	2	
多棱形軎	51、52、106、107	铜	4	
兽首形辖	84、85	铜	2	
素面辖	53、54、81、83、89、91	铜	6	
銮铃	60、103～-105	铜	4	
衔	58、59、62、64、66、67、71、86～88、98～101	铜	14	
无首镳	55-1、55-2、56-1、56-2、72-1、72-2、102-1、102-2	铜	8	
圆首镳	57、63-1、63-2、65-1、65-2、68-1、68-2	铜	7	
蝉纹十字形节约	69-12～69-15	铜	4	
兽面纹十字形节约	69-1～69-11	铜	11	
"X"形节约	69-16～69-23	铜	8	
牛首形带扣	74-1～74-9	铜	9	

续附表三

器名		器号	质地	数量	备注
兽首形带扣		61、76、78、79、93～97、133	铜	10	
扁筒形带扣		115、116	铜	2	
多棱形扁小腰		73-3、5	铜	2	
竹节形扁小腰		73-1、73-4、73-6	铜	3	
兽首形扁小腰		73-2、73-7、73-8	铜	3	
络饰		70-1～70-228	铜	228	
大环		48、49、108、109	铜	4	
鱼		3-1～3-310	铜	310	
小铃		6、31、33、34、45、111、114、123～129	铜	14	
翣		7～10	铜	4	
长方钮合页		36～42	铜	7	
小环		132-1、132-2	铜	2	
薄片饰		144-1～144-4	铜	4	
璜		138	玉	1	
戈		18	玉	1	
玦		134、135	玉	2	
鹦鹉形佩		139	玉	1	
管		136	玉	1	
手握玉		142、143	玉	2	
口琀玉	夔龙形	137-6	玉	1	1组8件
	鱼形	137-2	玉	1	
	蚕形	137-7、137-8	玉	2	
	鱼尾形	137-3	玉	1	
	凤尾形	137-4	玉	1	
	条形坠	137-1	玉	1	
	残片	137-5	玉	1	
柄形器		141	玉	1	
平刃匕		17、27	玉	2	
角刃匕		14-1、19、140	玉	3	
双切角匕		11	玉	1	

续附表三

器名	器号	质地	数量	备注
半圆形片	5	玉	1	
戈	15、44	石	2	
匕	12、13-1、16-1	石	3	
贝	1-1 ～ 1-360	石	360	
条形缀饰	13-2 ～ 13-11、16-2 ～ 16-21	石	30	2组30件
珠	2-1 ～ 2-492	陶	492	
棺钉	20-1 ～ 20-41	骨	41	
缀饰	14-2 ～ 14-9	象牙	8	
圆形蚌饰	4-1 ～ 4-13		13	
蛤蜊壳	130、131		2	

M2013 随葬器物登记表

器名		器号	质地	数量	备注
"C"形窃曲纹鼎		4	铜	1	
无珠重环纹鼎		3	铜	1	
"S"形窃曲纹鼎		1	铜	1	
醜姜匜		2	铜	1	
曲体龙纹匜		5	铜	1	
凸弦纹盘		6	铜	1	
季陵父匜		18	铜	1	
兽首形辖		26、27	铜	2	
銮铃		16、17	铜	2	
衔		7、8	铜	2	
龙首镳		9 ~ 12	铜	4	
"X"形节约		13-1 ~ 13-8	铜	8	
十字形节约		14-1 ~ 14-4	铜	4	
络饰		15-1 ~ 15-110	铜	110	
小铃		20、21、28	铜	3	
鱼		23-1 ~ 23-76	铜	76	
琮		31	玉	1	
璧		43	玉	1	
戈		19	玉	1	
玛瑙珠、玉佩组合项饰	龙纹佩	44-1	玉	1	1组74件（颗）
	束绢形佩	44-15、44-26、44-38、44-43、44-50、44-61	玉	6	
	珠	44-2 ~ 44-14、44-16 ~ 44-25、44-27 ~ 44-37、44-39 ~ 44-42、44-44 ~ 44-49、44-51 ~ 44-60、44-62 ~ 44-74	玛瑙	67	
玦		32、33	玉	2	
管状饰		30	玉	1	
鸟形口琀玉		34	玉	1	
鱼形口琀玉		35 ~ 40	玉	6	
长方形口琀玉		42	玉	1	
残片口琀玉		41	玉	1	

续附表四

器名	器号	质地	数量	备注
球	29	玉	1	
贝	25-1 ~ 25-230	石	230	
珠	24-1 ~ 24-299	陶	299	
钉	45-1 ~ 45-30	骨	30	
蛤蜊壳	22-1 ~ 22-51		51	

M2008 随葬器物登记表

器名	器号	质地	数量	备注
虢宫父鬲	13、SG：049	铜	2	
"S"形窃曲纹簋	8	铜	1	
重环纹簋（明器）	7	铜	1	
波曲纹匜	41	铜	1	
波曲纹方壶	（12、47）	铜	1	合为一件
"S"形窃曲纹方壶盖	16	铜	1	
虢宫父盘	SG：060	铜	1	
重环纹盘（明器）	9	铜	1	
虢宫父匜	42	铜	1	
素面方彝（明器）	14、15	铜	2	
素面爵（明器）	11	铜	1	
长胡五穿戈	1、2	铜	2	
中胡无穿戈（明器）	31	铜	1	
盾鍚	10-1、10-2	铜	2	
双翼内收形镞	54 ~ 56、62 ~ 64、66、67	铜	8	
无翼方锥锋镞	65	铜	1	
多棱形軎	49、50	铜	2	
素面辖	29、30、51、52	铜	4	
衔	27、39、43、69	铜	4	
无首镳	40-1、40-2、44-1、44-2	铜	4	
环首镳	70-1、70-2	铜	2	
龙首镳	28-1、28-2	铜	2	
兽面纹十字形节约	22-1 ~ 22-7	铜	7	
蝉纹十字形节约	22-8 ~ 22-13	铜	6	
"X"形节约	22-14 ~ 22-21	铜	8	
有箍络饰	23-1、23-7、23-8	铜	3	
素面络饰	23-2 ~ 23-6、23-9 ~ 23-150	铜	147	
兽首形大带扣	32 ~ 38	铜	7	
兽首形小带扣	58、59、71、73	铜	4	

续附表五

器名	器号	质地	数量	备注
牛首形带扣	68-1 ~ 68-3	铜	3	
小环	74	铜	1	
小铃	48、53	铜	2	
鱼	17-1 ~ 17-83	铜	83	
翣	3 ~ 5	铜	3	
薄片饰	6、45、46、72、76-1 ~ 76-5	铜	9	
长方钮合页	24 ~ 26	铜	3	
圆銎锥形饰	57	铜	1	
管	61	玉	1	
柱状饰	60	石	1	
贝	21-1 ~ 21-51	石	51	
珠	18-1 ~ 18-430	陶	430	
管状饰	78-1、78-2	骨	2	
棺钉	77-1、77-2	骨	2	
牛面饰	75	牙	1	
圆形蚌饰	20-1 ~ 20-11		11	
蛤蜊壳	19-1 ~ 19-140		140	

M2007 随葬器物登记表

器名	器号	质地	数量	备注
贝	1-1 ~ 1-7	石	7	

器名	器号	质地	数量	备注
虢姜鼎	1 ～ 6	铜	6	
重环纹鼎	27、28	铜	2	
"S"形窃曲纹鼎	29	铜	1	
"C"形窃曲纹鼎	30	铜	1	
素面鼎（明器）	16	铜	1	
虢姜鬲	7 ～ 10	铜	4	
虢姜方甗	11	铜	1	
"S"形窃曲纹簋	31	铜	1	
重环纹簋	17、32 ～ 34	铜	4	17 为明器
瓦垅纹簋（明器）	18	铜	1	
虢姜圆壶	12、13	铜	2	
凤鸟纹方壶	35、36	铜	2	
虢姜盘	14	铜	1	
素面盘（明器）	19 ～ 21	铜	3	
虢白（伯）吉□父匜	15	铜	1	
素面爵（明器）	24	铜	1	
素面觯（明器）	22	铜	1	
素面瓿（明器）	23	铜	1	
垂鳞纹小罐	37	铜	1	
短胡二穿戈	38	铜	1	
中胡三穿戈	39、40	铜	2	
中胡四穿戈	41	铜	1	
矛	42 ～ 44	铜	3	
双翼内收形镞	45-2 ～ 45-11	铜	10	
双翼外张形镞	45-1	铜	1	
兽首辖	46 ～ 49	铜	4	
素面辖	50 ～ 53	铜	4	
銮铃	25、26	铜	2	
衔	54 ～ 65	铜	12	

续附表七

器名	器号	质地	数量	备注
无首镳	66 ~ 68	铜	3	
龙首镳	69 ~ 81	铜	13	
"X"形节约	82-1	铜	1	
日形节约	82-2、82-3	铜	2	
络饰	83-1、83-2	铜	2	
泡形饰	93-1 ~ 93-52	铜	52	
鱼	84-1 ~ 84-5	铜	5	
棺环	85	铜	1	
双龙纹圆形饰	86-1 ~ 86-4	铜	4	
长方形钮合页	87 ~ 90	铜	4	
三通形构件	91、92	铜	2	
圭	94	石	1	
贝	95-1、95-2	石	2	
圆形蚌饰	96-1 ~ 96-8		8	

附表八　　　　　　　　　　　　98GM1 随葬器物登记表

器名	器号	质地	数量	备注
重环纹鼎（明器）	7	铜	1	
重环纹簋（明器）	4	铜	1	
素面盘（明器）	5	铜	1	
重环纹盉（明器）	6	铜	1	
长胡二穿戈	11	铜	1	
窄叶矛	1	铜	1	
波曲纹軎	2、3	铜	2	
素面辖	8、9	铜	2	
衔	13、14	铜	2	
蘑菇状帽首	12	铜	1	
薄片饰	10-1 ~ 10-4	铜	4	
龙纹玦	20	玉	1	
素面玦	21	玉	1	
匕	22	玉	1	
珠	18-1 ~ 18-8	玛瑙	8	
圭	23	石	1	
贝	17-1 ~ 17-63	石	63	
珠	19-1 ~ 9-66	陶	66	
镳	15-1 ~ 15-4	骨	4	
圆形蚌饰	16-1 ~ 16-5		5	

　　　　　　　　　　98GM2 随葬器物登记表

器名	器号	质地	数量	备注
口琀玉残片	1	玉	1	

虢国墓地北部外侧的三座西周墓

杨海青　郑立超　燕飞

第一节　墓葬概述

1998 年 3 月，在三门峡虢国博物馆北门外修建六峰北路时，发掘了三座竖穴土坑墓葬。因这三座墓似应与虢国墓地有关，故分别编号为 98GM1、98GM2 和 98GM3，其中"98"代表 1998年，"G"代表虢国墓地。由于这三座墓距虢国墓地北区中心较远，墓葬形制小且葬具简单，随葬器物也少，故把它们放在附录中介绍。

这三座墓均游离于虢国墓地北区的北部边缘外，因何葬于此处，原因不明。三座墓之间相距甚近。但其南与 M2009 相距约 100 米，西南与 M2001 相距约 140 米。

一　墓葬形制

三座墓均为长方形竖穴土坑墓，皆大致呈南北向。

（一）98GM1

墓口距现地表 1.30、南北长 3.60、东西宽 2.30 米；墓底大于墓口，长 4、宽 2.92、墓深 4.10 米。方向 25°。墓壁向外斜直外张，平底。墓底四周有熟土二层台，宽度不一，东宽 0.20 ~ 0.30、南宽 0.14、西宽 0.19 ~ 0.31、北宽 0.24 米，台残高 1.10 米。墓内填土稍加夯打，较硬，夯窝与夯层不明显（图七〇〇、七〇一）。

（二）98GM2

墓口距现地表 1.30、南北长 2.44、东西宽 1.10 米；墓底略大于墓口，长 2.76、宽 1.40 ~ 1.50、墓深 3.90 米。方向 350°。墓壁向外斜直外张，平底。墓内填土未夯打，较松软（图七〇二）。

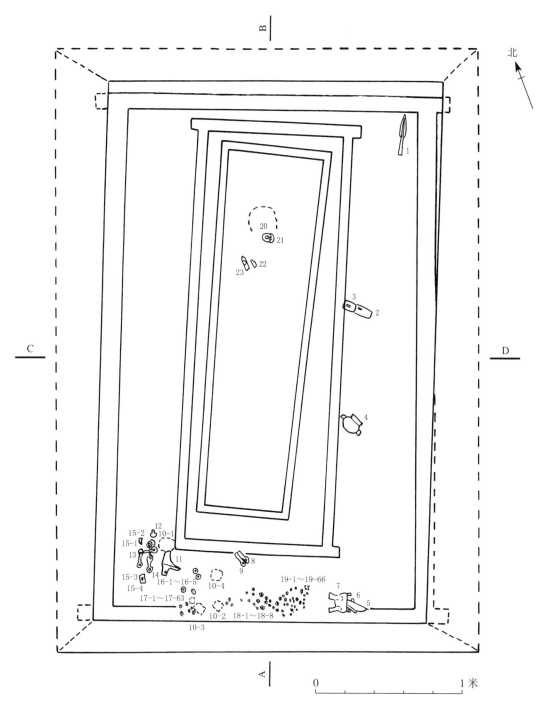

图七〇〇　98GM1 墓底部随葬器物平面图

1. 窄叶铜矛　2、3. 波曲纹铜害　4. 重环纹铜簋　5. 素面铜盘　6. 重环纹铜盉　7. 重环纹铜鼎　8、9. 素面铜辖　10-1～10-4. 薄铜片饰
11. 长胡二穿铜戈　12. 蘑菇状铜帽首　13、14. 铜衔　15-1～15-4. 骨镳　16-1～16-5. 圆形蚌饰　17-1～17-63. 石贝　18-1～18-8. 玛瑙珠
19-1～19-66. 陶珠　20. 龙纹玉玦　21. 素面玉玦　22. 玉匕　23. 石圭

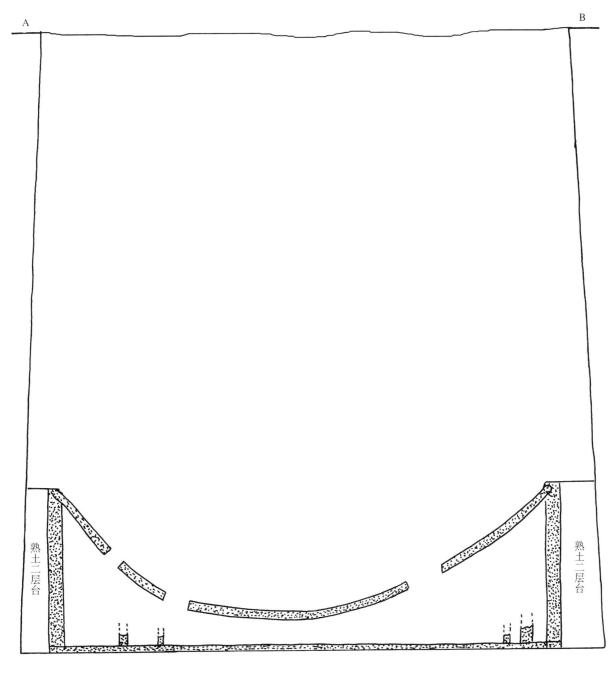

图七〇一　98GM1 剖面图

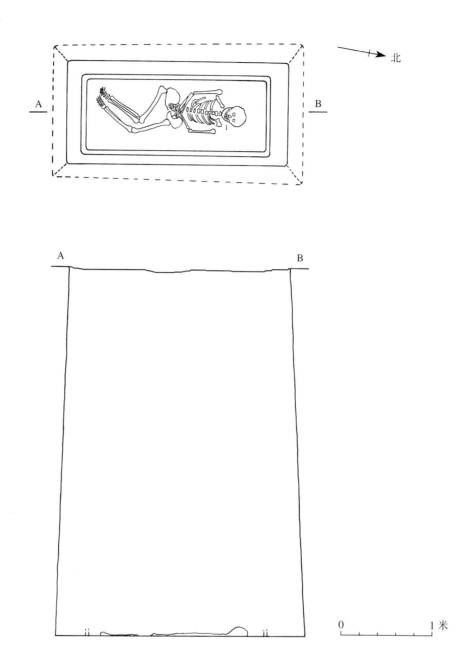

图七〇二　98GM2 平、剖面图
1. 口琀玉残片

（三）98GM3

墓口距现地表 1.30、南北长 2.08、东西宽 0.98 米；墓底略大于墓口，长 2.30、宽 1.10～1.16、墓深 2.80 米。方向 20°。墓壁向外斜直外张，平底。墓内填土未夯打，较松软（图七〇三）。

二　葬具与葬式

在这三座墓葬的葬具中，除 98GM1 为单椁重棺外，98GM2 和 98GM3 皆为单棺，且均已腐

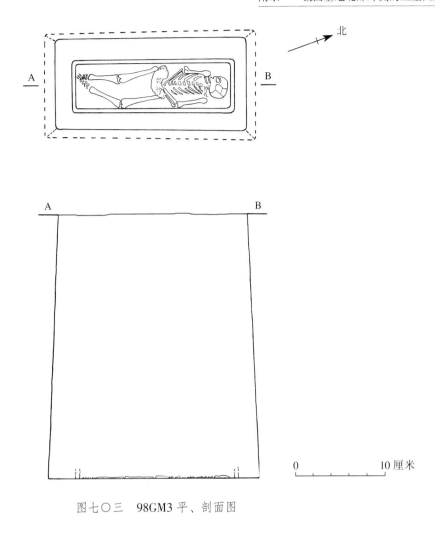

图七〇三　98GM3 平、剖面图

朽坍塌变形，仅留有灰白色和灰褐色木质痕迹。葬式皆为单人仰身葬。

（一）葬具

1. 木椁

仅 98GM1 有木椁，98GM2 和 98GM3 均无木椁。

98GM1 木椁由底板、壁板、挡板和盖板四部分组成。椁室虽已坍塌变形，但依据其灰痕及椁底尺寸与熟土二层台上残存的椁壁板高度，可知木椁长 3.55、宽 2.28、残高 1.10 米。椁底板是用木板呈南北纵向放置依次平铺而成；椁室四壁是用厚约 0.10 ~ 0.13 米的方木叠垒构筑而成；椁盖板是用木板呈东西向平铺于椁壁板上，但因腐朽与受压已塌陷在椁室内。

2. 木棺

这三座墓中，98GM1 木棺为重棺，98GM2 和 98GM3 皆为单木棺，它们均呈南北向放置于各墓内的中部。木棺虽已严重腐朽，但根据棺的木痕仍可知棺的大小。

（1）98GM1

木棺分为外棺和内棺。

① 外棺

外棺呈南北向放置于木椁中部，从木质灰痕推知外棺长 2.90、宽 1.08、壁板厚 0.06 米。盖板与底板均用南北向顺置的木板拼成，木板的宽度与厚度不明。

② 内棺

内棺长 2.50、宽 0.75、棺板厚 0.05 米。壁板与棺高均不详。

（2）98GM2

棺长 2.10、宽 0.86、残高 0.05 米。因木棺腐朽严重，结构不清。

（3）98GM3

棺长 1.88、宽 0.58、残高 0.06 米。因木棺腐朽严重，结构不清。

（二）葬式

三座墓的棺内各葬一人，皆为单人仰身葬，或直肢，或屈肢，头北足南。除 98GM1 内人骨架已腐朽成粉末外，其余人骨架均保存较好。

三　随葬器物的位置

除 98GM3 无随葬器物外，其他二座墓的随葬器物因用途差异分置于墓内不同位置。

（一）放在椁与棺之间

在椁与棺之间放置随葬器物的墓葬仅 98GM1，主要放置青铜器和玛瑙珠、陶珠等。其中在椁棺之间的东南角放置有铜鼎 1 件、铜盘 1 件、铜盉 1 件；西南角放置有铜戈 1 件、铜衔 2 件、蘑菇状铜帽首 1 件、薄铜片饰 1 件、骨镳 4 件；东北角放置有铜矛 1 件；东中部放置有铜簋 1 件、铜鬲 2 件；南中部放置有铜辖 2 件、薄铜片饰 3 件、玛瑙珠 8 颗、陶珠 66 颗、石贝 63 枚、圆蚌饰 5 枚。

（二）放在棺内

98GM1 在棺内墓主头骨附近放置有玉玦 2 件、残匕 1 件、石圭 1 件；98GM2 在棺内墓主口内放置有残玉片 1 件。

第二节　随葬器物

共出土随葬器物 168 件（颗）。其中 98GM1 出土 167 件（颗），98GM2 出土 1 件，98GM3 无随葬器物。可分为铜、玉、石、陶、骨蚌器五类。

一　铜器

17 件。均为 98GM1 出土。按用途可分为礼器、兵器、车器、马器和其他五类。

（一）礼器

4 件。均为明器。计有重环纹鼎、重环纹簋、素面盘与重环纹盉四种。

1. 重环纹鼎

1 件。

98GM1：7，口微敛，窄平折沿，方唇，立耳，半球形腹，三蹄足下端较粗大，内侧有一竖向凹槽并裸露范土。制作粗糙。腹上部饰一周有珠重环纹，腹下部饰两周垂鳞纹。通高 13.6、口径 12.6、腹径 12.2、腹深 6.4 厘米（图七〇四；彩版五三三，1）。

2. 重环纹簋

1 件。

98GM1：4，器身和盖浑铸为一体。盖面上隆，顶中部有喇叭形握手，鼓腹，腹部两侧有对称的半环形錾耳，无底，圈足。盖缘与腹部各饰一周有珠重环纹。通高 10.8、腹径 12.4、底径 9.2 厘米（图七〇五，1、2；彩版五三三，2）。

3. 素面盘

1 件。

98GM1：5，敞口，窄平折沿，方唇，附耳，浅腹，平底，圈足。通高 6.6、口径 17.2、盘深 2.6、圈足径 9 厘米（图七〇五，3；彩版五三四，1）。

4. 重环纹盉

1 件。

98GM1：6，盖、器浑铸。盖为四阿式屋顶形，椭圆体，一侧有半环形錾，一侧有无孔实心柱状鸭嘴形流，八字形扁支足，无底。内存范土。正、背两面各饰一周有珠重环纹，中心饰三角形窃曲纹。腹内存满范土。通高 11.4、流至錾长 14.8、厚 1.4 厘米（图七〇五，4、5；彩版五三四，2）。

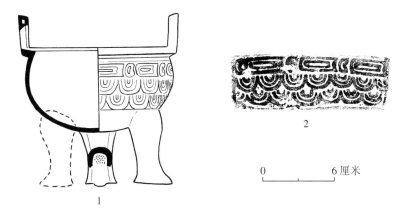

图七〇四　98GM1 重环纹铜鼎（98GM1：7）（明器）及拓本
1. 重环纹鼎　2. 腹部纹样拓本

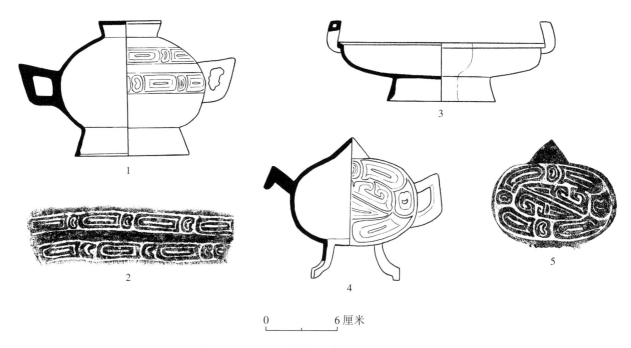

0 _____ 6厘米

图七〇五　98GM1铜簋、盘、盂（明器）及拓本

1.重环纹簋（98GM1：4）　2.重环纹簋（98GM1：4）腹部纹样拓本　3.素面盘（98GM1：5）　4.重环纹盂（98GM1：6）
5.重环纹盂（98GM1：6）腹部纹样拓本

（二）兵器

2件。计有长胡二穿戈和窄叶矛二种。

1.长胡二穿戈

1件。

98GM1：11，锋呈三角形，援上翘，援上刃斜直，胡较长，长方形内，栏侧二穿，内中部一穿。通长20.2、援长13、援宽2.9、胡长11.4、内宽3.3厘米（图七〇六，1；彩版五三五，1）。

2.窄叶矛

1件。

98GM1：1，器身呈柳叶形，尖锋与叶刃较锐利，中脊隆起，圆形骹銎自下向上渐细延至叶身前段，骹中下部有一长方形穿孔。通长27.5、叶身长15.6、宽3.3、骹口径2.3厘米（图七〇六，2；彩版五三五，2）。

（三）车器

4件。计有波曲纹軎和素面辖二种。

1.波曲纹軎

2件。成对。形制、纹样及大小相同。軎呈圆筒状，开口端较粗，顶端封闭较细，近口端有长方形对穿辖孔。器身中部饰两周凸弦纹，末段饰对称的波曲纹和回纹，顶端饰一周无珠重环纹。

98GM1：2，长10.2、口径3.8、顶端直径5、辖孔长2.4、宽1.4厘米（图七〇七，1～3；

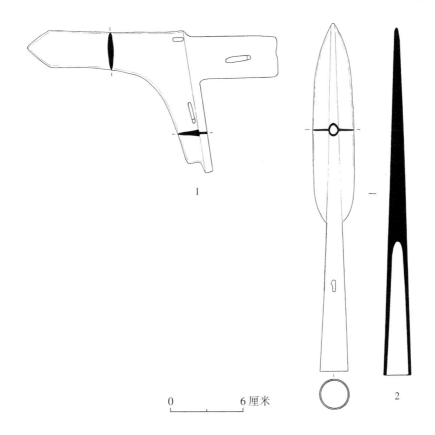

0　　　　　　　6厘米

图七〇六　98GM1 铜戈、矛
1. 长胡二穿戈（98GM1 ：11）　2. 窄叶矛（98GM1 ：1）

彩版五三六，1）。

98GM1 ：3，尺寸、大小与 98GM1 ：2 相同（彩版五三六，1）。

2. 素面辖

2 件。成对。形制、大小相同。由辖首和辖键两部分构成。辖首正面呈台阶状，背面平。两侧面有近方形的对穿孔。辖键呈扁长条状，末端为斜边。

98GM1 ：8，长 11.2、首宽 2.9、键长 7.8、键宽 2.1、厚 1.1 厘米（图七〇七，4；彩版五三六，1）。

98GM1 ：9，尺寸、大小与 98GM1 ：8 相同（彩版五三六，1）。

（四）马器

2 件。仅衔一种。形制、大小相同。均由两个 8 字形铜环套接而成，端环呈椭圆形。

98GM1 ：13，通长 12.7、端环长径 3.5、端环短径 4 厘米（图七〇七，5；彩版五三六，2）。

98GM1 ：14，尺寸、大小与 98GM1 ：13 相同（彩版五三六，2）。

（五）其他

5 件。计有蘑菇状帽首和薄片饰二种。

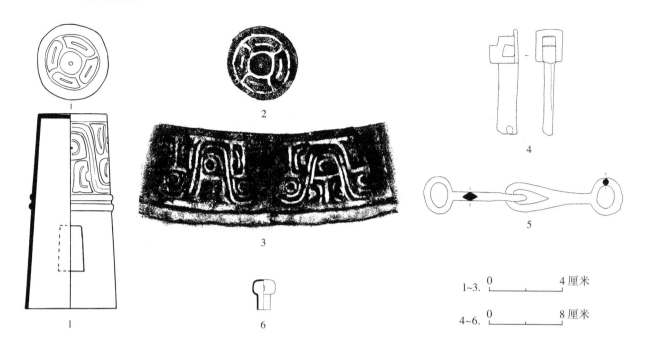

图七〇七　98GM1 铜軎、辖、衔、蘑菇状帽首及拓本

1. 波曲纹軎（98GM1：2）　2. 波曲纹軎（98GM1：2）顶部纹样拓本　3. 波曲纹軎（98GM1：2）上部纹样拓本
4. 素面辖（98GM1：8）　5. 衔（98GM1：13）　6. 蘑菇状帽首（98GM1：12）

1. 蘑菇状帽首

1 件。

98GM1：12，整体略似蘑菇状。上部近圆饼状，下部为圆形銎孔。高 3.2、上端径 2.4、下端径 1.4 厘米（图七〇七，6；彩版五三六，3）。

2. 薄片饰

4 件。形状、大小不一。因铜片太薄且锈蚀严重，仅存痕迹而已，无法起取。

二　玉　器

4 件。其中 98GM1 出土 3 件；98GM2 出土 1 件。可分为佩饰、殓玉和其他三类。

（一）佩饰

2 件。仅玦一种。出于墓主人的头部。形状、大小基本相同。皆圆形扁平体，有缺口，断面呈长方形。依纹样不同，可分为龙纹玦和素面玦二种。

1. 龙纹玦

1 件。

98GM1：20，青玉，有灰黄斑。玉质细腻，微透明。系用旧玉改制而成，正、背面均保留原器装饰的单阴线龙纹，龙首部有一圆穿孔。外径 5.2、内径 2.4、厚 0.3 厘米（图七〇八，1 ～ 3）。

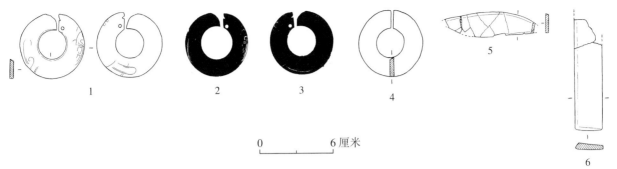

图七〇八　98GM1、98GM2玉玦、匕，口琀玉及拓本

1. 龙纹玦（98GM1：20）　2. 龙纹玦（98GM1：20）正面拓本　3. 龙纹玦（98GM1：20）背面拓本　4. 素面玦（98GM1：21）
5. 口琀玉（98GM2：1）　6. 匕（98GM1：22）

2. 素面玦

1件。

98GM1：21，青玉。玉质较细腻，微透明。素面。外径5.2、内径2.3、厚0.35厘米（图七〇八，4）。

（二）殓玉

1件。为口琀玉残片。

98GM2：1，出于墓主人口内。两端略残。青白玉。玉质细腻，微透明。器呈梭形扁平体，一侧有长方形豁口。残长7.3、宽2、厚0.25厘米（图七〇八，5；彩版五三七，1）。

(三) 用具

1件。为匕。

98GM1：22，出于墓主人头下部偏右处。匕一端残缺。青玉。玉质较细，微透明。扁薄长条形，一侧较薄，末端和较厚的侧边一面被磨成窄斜面。残长8.6、宽2.2、厚0.3～0.5厘米（图七〇八，6；彩版五三七，2）。

三　玛瑙珠与石器

72件。均为98GM1出土。计有玛瑙珠、石圭和石贝三种。

（一）玛瑙珠

8颗。出于椁室南中部。形状相同，大小不一。红色。皆为鼓形，中间有对穿圆孔（彩版五三七，3）。

标本98GM1：18-1，为大号珠。长1.3、径1.1厘米（图七〇九，1）。

标本98GM1：18-2，为中号珠，体较细。长0.8、径0.7厘米（图七〇九，2）。

标本98GM1：18-3，为中号珠，体较粗。长0.9、径1厘米（图七〇九，3）。

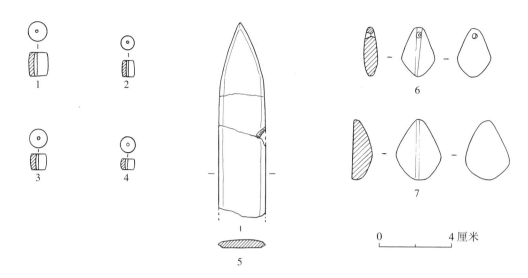

图七〇九 98GM1 玛瑙珠，石圭、贝

1. 玛瑙珠（98GM1：18-1） 2. 玛瑙珠（98GM1：18-2） 3. 玛瑙珠（98GM1：18-3） 4. 玛瑙珠（98GM1：18-4）
5. 石圭 （98GM1：23） 6. 石贝（98GM1：17-1） 7. 石贝（98GM1：17-32）

标本98GM1：18-4，为小号珠。长0.6、径0.8厘米（图七〇九，4）。

（二）石器

64件（颗）。计有圭、贝二种。

1. 圭

1件。

98GM1：23，出于墓主人头下部偏右处。下端残缺。白色。体呈扁长条形，三角形锋，两侧有钝刃。残长10.8、宽2.6、厚0.4厘米（图七〇九，5）。

2. 贝

63枚。形制相似，大小不一。前端较尖，后端略弧。正面较鼓，背面中部有一竖向刻槽。个别的在尖部钻有小圆穿（彩版五三七，4）。

标本98GM1：17-1，一端有对钻圆孔。长2.7、宽1.9、厚0.8厘米（图七〇九，6）。

标本98GM1：17-32，无穿孔。长3.3、宽2.5、厚1.1厘米（图七〇九，7）。

四　陶器

66颗。均为98GM1出土。仅陶珠一种，有大、小之分。皆泥质灰黑陶。菱形，断面为圆形。两端较尖，且透穿一个圆孔（彩版五三七，5）。

标本98GM1：19-2，为小号珠。长1.2、直径1.2厘米（图七一〇，1）。

标本98GM1：19-66，为大号珠。长1.6、直径1.6厘米（图七一〇，2）。

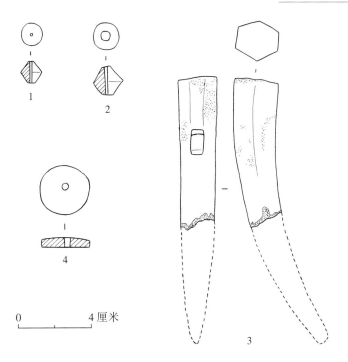

图七一〇 98GM1 陶珠，骨镳，蚌饰

1.陶珠（98GM1：19-2） 2.陶珠（98GM1：19-66） 3.骨镳（98GM1：15-1） 4.圆形蚌饰（98GM1：16-2）

五 骨与蚌饰

9件。均为98GM1出土。计有镳与圆蚌饰二种。

（一）骨镳

4件。出土时均已残破。形状、大小相同。器身略呈弧形，一端略粗，另一端稍细，背部有一长方形穿。

标本98GM1：15-1，残长8、宽2.5厘米（图七一〇，3）。

（二）圆形蚌饰

5件。形状、大小及颜色相同。白色。皆作扁圆形，正面上鼓，背面平。中部有一圆形穿孔。

标本98GM1：16-2，径2.7、厚0.5厘米（图七一〇，4）。

第三节 小结

一 墓葬的年代

(一)由于这三座墓中，仅98GM1出土随葬器物较多，故只能依据98GM1的随葬器物组合形式、器物形制及纹样等来推定三座墓的年代。首先，98GM1 的铜礼器虽为明器，但组合仍是鼎、簋、盘、盉，这种组合形式流行于西周晚期的中小型墓葬。其次，从随葬铜礼器的形制来看，该墓出土的鼎与西周晚期虢国墓地 M2012 出土的鼎形制相似[1]；簋、盘、盉分别与 M2011 出土的同类器物相同或相似[2]；此外，该墓出土的铜礼器上饰有重环纹、垂鳞纹、波曲纹等，这也是西周晚期流行的纹样。这些都表明 98GM1 的入葬年代应属西周晚期。

（二）98GM2、98GM3 墓中虽然几乎无随葬品，但两座墓不仅与 98GM1 相距甚近，而且墓葬形制也和 98GM1 完全一致，故推断 98GM2 和 98GM3 的时代也属西周晚期。

二　墓主人身份

98GM1、98GM2 和 98GM3 均位于墓葬北区的北部边缘外，但 98GM1 墓主人身份显然比 98GM2 和 98GM3 要高。

（一）98GM1 墓内不仅棺椁俱全，而且随葬的铜礼器有鼎、簋、盘、盉各 1 件。尽管该墓出土的铜器为明器，但仍属于一鼎墓。再结合该墓出土的戈、矛及车马器等，推测这座墓的墓主非一般庶人，但也非级别较高的贵族，生前应为最低的元士级没落贵族。

（二）虽然 98GM2 仅出土一件随葬器物且为口琀玉，98GM3 没有出土随葬器物，但它们能葬入虢国的公共墓地，说明墓主应为虢国人，进而依例推测墓主生前至少应为平民。

---

[1] 河南省文物考古研究所、三门峡市文物工作队：《三门峡虢国墓》（第一卷），文物出版社，1999 年。
[2] 河南省文物考古研究所、三门峡市文物工作队：《三门峡虢国墓》（第一卷），文物出版社，1999 年。

虢仲墓（M2009）所出虢仲钮编钟铭文刍释

张新俊

（中国海洋大学）

2009 年，河南省考古工作者在编号为 M2009 的三门峡虢国墓发掘出一大批西周晚期的青铜器，其中的虢仲钮编钟尤为珍贵。虢仲钮编钟共 1 套 8 件，有铭文 67 字（合文 6 字）。钟铭中有些字词是金文中新出现的，值得进一步讨论研究。我们先按照行款把编钟的铭文录写于下，然后再就相关的文字加以解释。

　　虢中乍宝铃钟，穌
　　盅，乓音铄＝鎗＝譜＝汤＝（以上钲部）
　　用田用
　　行，用匽嘉
　　宾，于道于行，中氏受福无疆。（以上左鼓）
　　丞首城且，
　　述匹皇王，妥龏万民，（以上钲部）
　　纉改
　　四方，受天屯
　　录，數＝鍠＝，中眉寿永宝用享。（以上左鼓部）

虢中（仲）

　　虢仲是器主。在 M2009 出土的青铜器铭文中，有关器主虢仲的器物有鼎、鬲、甗、盨、簋、叵（簠）、甫（铺）、壶、盘、盂、尊、爵等多件。从该墓的规格和随葬物品来看，虢仲应该是西周晚期虢国的某一代国君无疑[1]。

---

[1] 河南省文物考古研究所、三门峡市文物工作队：《三门峡虢国墓》（第一卷），文物出版社，1999 年，11 页。

宝铃钟

在钟镈类青铜乐器中，"钟"前的修饰词有多种，最为常见的是"龢钟"（《集成》[1]149）或"宝龢钟"、"协钟"，或者"宝协钟"、"宝协龢钟"、"大林龢钟"（《集成》238）、"宝林钟"（《集成》146）、"龢林钟"（《集成》103、246），偶尔有作"龢铃"者，如邾君钟"自作其龢钟龢铃"（《集成》50）。还有自称为"铃钟"的例子，如许子妝师钟"自作铃钟"（《集成》153）、陈大丧史仲高钟"作铃钟"（《集成》350～355）、楚太史登钟"自作铃钟"（《上海博物馆集刊》11辑[2]）。"铃钟"仍然指钟，学者或认为铃、钟都是乐器，连类相及[3]。陈梦家先生认为"铃钟"是"龢钟"的一种[4]。邾君钟、许子妝师钟、陈大丧史仲高钟、楚太史登钟都是春秋早期的器物，从自称"铃钟"这一点看，虢仲钟在用词上有西周晚期到春秋早期的特点。

龢盄

"盄"从"皿"、"弔"声，此字在金文中多见，用法不一。一种用法是读作"淑"，形容人的德行，如大克鼎"盄慎厥德"（《集成》2836）。一种是用作人名，如史盄父鼎（《集成》2196）。第三种用法是常常与"龢"连用，见于钟镈铭文，如戎生编钟说"取厥吉金，用作宝协钟。厥音雍雍鎗鎗铺铺镮镮肃肃，既龢且盄"[5]。虢仲钟铭文中的"龢盄"可以看成是"既龢且盄"的缩略形式。宋代发现的秦公镈铭文说"作盄龢【钟】"，"盄龢"与"龢盄"意思是相同的。"盄"应该读作"调"。《说文》："调，龢也。""龢，调也。""龢"、"调"二字互训，意思相近[6]，后世多易"龢"为"和"。过去学术界多引用《尔雅·释诂》"淑，善也"为训，认为"龢淑"是"龢善"一类的意思[7]，现在看来是不正确的。"和调"一词文献中常见，如《墨子·非乐上》有如下一段话：

> 今王公大人唯毋处高台厚榭之上而视之，钟犹是延鼎也，弗撞击将何乐得焉哉？其说将必撞击之。惟勿撞击，将必不使老与迟者，老与迟者耳目不聪明，股肱不毕强，声不和调，明不转朴。将必使当年，因其耳目之聪明，股肱之毕强，声之和调，眉之转朴[8]。

文献中或者作"调和"。如《史记·乐书》：

> 故云《雅》《颂》之音理而民正，嚘噭之声兴而士奋，郑、卫之曲动而心淫。及其调和谐合，鸟兽尽感，而况怀五常，含好恶，自然之势也[9]。

《晋书·律历志上》六：

> 及依典制，用十二律造笛象十二枚，声均调和，器用便利。讲肆弹击，必合律吕，况乎

［1］中国社会科学院考古研究所编著：《殷周金文集成》，香港中文大学中国文化研究所，2001年。以下简称"《集成》"。
［2］吴镇锋编著：《商周青铜器铭文暨图像集成》28册，上海古籍出版社，2012年，421～441页。以下简称"《铭图》"。
［3］赵平安：《铭文中值得注意的几种用词现象》，《古汉语研究》1993年2期，11页。
［4］陈梦家：《西周铜器断代》，中华书局，2004年，486～488页。
［5］刘雨、卢岩编著：《近出殷周金文集录》，中华书局，2002年，40～57页。李学勤：《戎生编钟论释》，《文物》1999年9期，75～82页。裘锡圭：《戎生编钟铭文考释》，《裘锡圭学术文集·金文及其他古文字卷》，复旦大学出版社，2012年，118页。
［6］段玉裁：《说文解字注》，上海古籍出版社，1988年，93页。
［7］李学勤：《戎生编钟论释》，《文物》1999年9期，75～82页。
［8］孙诒让：《墨子间诂》，中华书局，2001年，254页。
［9］（汉）司马迁：《史记》（点校本二十四史修订本），中华书局，2013年，1392页。

宴飨万国，奏之庙堂者哉[1]。

《新书·六术》：

是故五声宫、商、角、徵、羽，唱和相应而调和，调和而成理谓之音[2]。

虢仲钟铭文中的"乍（作）宝铃钟，龢盠"，"龢盠"后置在"宝铃钟"之后，是修饰语，大致相当于金文中常见的"作协龢钟"。

铄=鎗=潇=汤=

"铄="读作"肃肃"。"潇="读作"雍雍"。在编钟类铭文中，形容钟声动听悦耳时，有多种形容词的组合方式，常见的有如下几种：

肃肃雍雍　《集成》188、190、192、193、266～270，《补》[3]26 等

肃肃雍雍鎗鎗恩恩　《近出》[4]106～108

鎗鎗鍐鍐肃肃雍雍《集成》188、190、192、260

雍雍鎗鎗鋪鋪㷀㷀肃肃　《近出》30+《近出》31

稻稻（肃肃）仓仓（鎗鎗）《铭图》1034

"汤"在金文中用作形容词的时候，多用来修饰鼎或钟。如"汤钟"，学者一般认为"汤"读作"锡"，于省吾先生认为"锡系良铜，以良铜铸钟，故称之为锡钟"[5]。或"汤鼎"，有学者认为是鼎的专名[6]。淅川下寺春秋楚墓出土的黣钟铭文，在形容钟的声音的时候，说"其音嬴小则汤"，李家浩先生认为这里的"汤"应该读作"荡"，是"放荡"之义[7]。"汤汤"在文献中多用于形容水流涌动之状，如《诗经·氓》"淇水汤汤"，《诗经·载驱》"汶水汤汤"。朱熹《诗集传》："汤汤，水盛貌。"[8]《诗经·钟鼓》"淮水汤汤"。朱熹《诗集传》："汤汤，沸腾之貌。"[9]在虢仲钟铭文里，用来形容钟声悠扬动听，像流水一样。"汤汤"与肃肃鎗鎗雍雍的组合，在金文中也是首见。

在1986年陕西凤翔南指挥村1号秦公大墓出土的石磬铭文上，也有类似的话。如85凤南M1：300磬残铭文说："汤汤厥商，百乐咸奏允乐孔煌。"

凤南M1：550+579磬铭残文说"……煌，龢盠，厥音铄铄瑲瑲"，文辞与秦公镈铭"其音铄铄雍雍孔煌"近似。[10]

用田用行：

周人做青铜器的目的，除了放置于宗庙场所用于祭祀之外，也常常用于各种外出的场合，如

［1］（唐）房玄龄等撰：《晋书·律历志上》，中华书局，1974年，481页。

［2］（汉）贾谊撰，闫振益、钟夏校注：《新书校注》，中华书局，2000年，317页。

［3］张桂光主编：《商周金文摹释总集》第八册，中华书局，2010年，简称"《补》"。

［4］刘雨、卢岩编著：《近出殷周金文集录》，中华书局，2002年。以下简称《近出》。

［5］于省吾：《读金文札记五则》，《考古》1966年2期。

［6］刘广和：《徐国汤鼎铭文试释》，《考古与文物》1985年1期。

［7］李家浩：《黣钟铭文考释》，《著名中年语言学家自选集·李家浩卷》，安徽教育出版社，2002年，72页。

［8］朱熹：《诗集传》，中华书局，2017年，58、95页。

［9］朱熹：《诗集传》，中华书局，2017年，236页。

［10］王辉、焦南烽、马振智：《秦公大墓石磬铭文残铭考释》，《一粟集——王辉学术文存》，艺文印书馆，2002年，344页。

出征、远行、田猎等[1]。金文中最常见是"以征以行"（《集成》4442～4445、4631、4632、《补》1151）、"用征用行"（《集成》947、2715、2716、4406，《补》263、241）、"用征行"（《集成》9657、9961）、"从王征行"（《集成》4579）、"北南西行"（《集成》11665）、"南行西行"（《集成》11718）、"以从我师行"（《补》11、13）。也有明确说是用于田猎的，如"其用田狩"（《近》503～505、《新》[2]856）。虢仲钟说"用田用行"，可见除了田猎之外，也可以用在其他出行的时候。

用匽（宴）嘉宾

西周乐器铭文中，最为常见的是"用乐嘉宾"之类成语。如"用乐嘉宾父兄大夫朋友"（《集成》51）、"用乐嘉宾大夫及我朋友"（《集成》153、154）、"用乐我嘉宾及我正卿"（《集成》102）、"以乐嘉宾朋友诸贤兼以我父兄庶士"（《集成182》）、"以乐嘉宾我父兄庶士"（《集成》203）、"用乐嘉宾父兄及我朋友"（《集成》261）、"以乐楚王诸侯嘉宾及我父兄诸士"（《近出》60～71、73、78～80，《近出》83+84）等。

"匽（宴）"在西周金文中，则多作"用宴以喜"（《集成》13～19、《近出》60～79）等。或者说"用宴喜"（《集成》52）、"用宴用喜"（《集成》142）、"用宴用宁"《近出》15+16、《近出》23+24）、"以宴以喜"（《集成》203），或者说"以宴大夫"（《集成》150～152）、"以宴皇公"（《集成》263、266～269）、"用宴乐诸父朋友"（《新》1479）。虢仲钟"用宴嘉宾"这种说法，还是首次出现。王孙遗者钟铭文说"用宴以喜，用乐嘉宾"。"宴"与"乐"对文。郑公牼钟铭文说"以乐其身，以宴大夫，以喜诸士"，则是"乐"、"宴"、"喜"并举，可见三者意思相近。虢仲钟铭文的"用宴嘉宾"，"宴"应该也是"乐"的意思。类似的用法在传世文献中也比较常见，如《诗经·谷风》"宴尔新婚"，朱熹《诗集传》"宴，乐也。"[3]《左传·成公二年》"衡父不忍数年之不宴"，杜预注："宴，乐也。"[4]

于道于行

"道"字从"行"、"首"、"又"，形体与师道簋（《铭图》5328）"道"字相同。"道"和"行"是先秦文献中最为常见的一组同义词。《说文》："道，所行道也。从辵从首。一达谓之道。""行，人之步趋也。从彳从亍。"按照《说文》的解释，"道"是名词，指人们所行走的道路。"行"是动词，指人的行走。但是，实际上"道"和"行"每每互训。如《诗经·行露》"厌浥行露"，毛注："行，道也。"[5]《诗经·小弁》"行有死人，尚或墐之"。毛传："行，道也。"[6]段玉裁《说文解字注》："道者，人所行，故亦谓之行。"[7]"道"和"行"正所谓"对文则异，散文则通"。如曾伯㮦簋铭文说"金道锡行"（《集成》4632），"道"、"行"同义。

［1］陈英杰：《西周金文作器用途铭辞研究》，线装书局，2008年，533、534页。
［2］钟柏生、陈昭容、黄铭崇、袁国华：《新收殷周青铜器铭文暨器影汇编》，艺文印书馆，2006年。以下简称"《新》"。
［3］朱熹：《诗集传》，中华书局，2017年，32页。
［4］《春秋左传正义》，十三经注疏整理委员会：《十三经注疏》，北京大学出版社，2000年，815页。
［5］《毛诗正义》，十三经注疏整理委员会：《十三经注疏》，北京大学出版社，2000年，94页。
［6］《毛诗正义》，十三经注疏整理委员会：《十三经注疏》，北京大学出版社，2000年，879页。
［7］段玉裁：《说文解字注》，凤凰出版社，2015年，134页。

伯硕父鼎铭文则说："用道用行"。[1]或者"行道"连文，如《诗·雅·禄》"柞棫枝矣，行道兑矣。"俞樾《群经平议·毛诗四》："行道连文，行亦道也。"[2]

丞首城且

"丞"字写作如下之形：

此字从"卩"从"廾"，形体与战国文字中的"丞"极为接近。如下是战国文字中的"丞"字：

（天星观楚简）　　（包山楚简 209 ）　《楚文字编》675、676 页[3]

（奾蚉壶）（九年承匡鼎）（令狐君壶）《三晋文字编》1665 页[4]

"丞"后一字作，似为"首"字。卯簋"首"字作（《金文编》625 页），与此形近。"丞首"应该是修饰"成祖"的。类似的例子，如墙盘铭文中的"青幽高祖"、"讯圉武王"、"宪圣成王"、"渊慎康王"、"弘鲁昭王"、"祇覍穆王"等等。我们认为"丞"可以读作"蒸"。《庄子·知北游》"舜问乎丞曰"，《列子·天瑞》作"舜问乎蒸曰"。典籍中从"丞"得声的字，多可以与"蒸"相通。"蒸"可以作为美叹之词，如《诗经·大雅·文王有声》"文王蒸哉"，"蒸"，陆德明《音义》引《韩诗》云"美也"[5]。《尚书·尧典》"克谐以孝蒸蒸乂"，"蒸蒸"，或引《广雅·释诂》训为"美"。清王引之《经义述闻》则把"克谐"属上读，"以孝蒸蒸"作一句读，以"蒸蒸"形容孝德之美[6]。如《广雅·释训》："蒸蒸，孝也。"[7]

只是"丞首"一词金文首见，"首"字该如何理解，还需要考虑。另外一种思路，是"丞"似乎也有可能是官职名。《史记·淮南衡山列传》"以承辅天子"，《汉书·淮南衡山济北王传赞》引作"丞"。《礼记·文王世子》"有疑丞"，《列子·天瑞》"舜问乎丞曰"，陆德明《经典释文》谓"辅弼疑丞之官"[8]。不过这又与金文"青幽高祖"的文例不符。"城且"即"成祖"。"成祖"很可能指班簋铭文中"王令毛伯更虢城公服"之"虢成公"。郭沫若认为"虢城公"是成王时期的器物[9]，于省吾、杨树达、李学勤等都认为是穆王时期的器物[10]。虢仲钟既然称虢城公为祖，那么他的时代应该比较晚。从各种证据来看，他很有可能是生活在西周晚期甚至是两周之际的人。

述匹皇王

"皇王"一词，在西周早中晚期的铭文中都曾出现过。如早期的作册矢令簋（《集成》4300、4301），中期的瘌钟（《集成》248 ~ 250），晚期的眉寿钟（《集成》40、41）、梁其钟（《集

［1］吴镇烽：《商周青铜器铭文暨图像集成》5 卷 2438 号，上海古籍出版社，2012 年，267、268 页。

［2］俞樾：《群经平议》，收入徐德明、吴平主编《清代学术笔记丛刊》28 册，学苑出版社，2006 年，172 页。

［3］李守奎编著：《楚文字编》，华东师范大学出版社，2004 年。

［4］汤志彪编著：《三晋文字编》，作家出版社，2013 年。

［5］《毛诗正义》，十三经注疏整理委员会：《十三经注疏》，北京大学出版社，2000 年，1332 页。

［6］顾颉刚、刘起釪：《尚书校释译论》，中华书局，2005 年，93 页。

［7］顾颉刚、刘起釪：《尚书校释译论》，中华书局，2005 年，93 页。

［8］高亨纂著、董治安整理：《古字通假会典》，齐鲁社，1989 年，38、39 页。

［9］郭沫若：《班簋的再发现》，《文物》1972 年 9 期。

［10］李学勤：《班簋续考》，见《古文字研究》第十三辑，中华书局，1986 年，181 ~ 187 页。

成》188、192）。"述匹"则是西周中晚期金文中常见的成语，如墙盘"惠乙祖述匹厥辟"（《集成》10175）。述盘铭文中的"述匹成王"（《新出》757）、"述匹先王"（《集成82》）等。虢仲钟说"述匹皇王"，从用词上正反映了西周晚期的特征。

妥聒万民

西周金文中的"妥"，读作"绥"，多出现在嘏辞中[1]。如"用妥福"（《集成》2820、2824）、"用妥多福"（《集成》4021、4022、4198）、"用敦祀大神妥多福"（《集成4170～4177》）、"融妥厚多福"（《集成》246、253+252）、"鬷妥厚多福"（《集成》246～250）、"用妥髮禄"（《集成》2662）。"妥"的对象也有人或者鬼神的，如"用妥神鬼"（《集成》4115）、"用妥宾"（《集成》21、22）、"用妥朋友"（《近出》502）、"用康柔妥怀远迩君子"（《集成》2826）"妥立余小子"（《集成》4342）。

"聒"字金文首见，此字左从"弓"右从"舌"，姑且可以隶定作"聒"。是西周金文中新出现的字。原篆作如下之形：

古文字中有从"弓"的字，略举数例如下：

（《金文编》929页）　　（清华简《子仪》6）

（《金文编》545页）

（新蔡乙四128）　　（新蔡零533）　　（曹沫之阵48）

从文字构形来看，"聒"可以看成一个从"舌"、"聑"声的字。从文字构形来看，"聒"可以看成一个从"舌"、"弓"声的字。"弓"形该怎么理解，学界主要有"聑"、"祝"两种不同的看法[2]。最近赵平安先生根据新出的清华简资料，认为仍当看作"聑"[3]。从上博简、清华简中从"聑"的字多读作"辑"来看，钟铭中的"聒"可以读作"辑"。《说文》"辑，车和辑也。"引申为凡和之称。典籍中多用"辑"来形容百姓和乐之貌。如《国语·鲁语上》"契为司徒而民辑"，韦昭注："辑，和也。"[4]《庄子·天地》"民孰敢不辑"，《经典释文》引《尔雅》云"辑，和也。"[5]《大戴礼记·保傅》"则百姓黎民化辑于下矣"，王聘珍《大戴礼记解诂》："辑，和也。"[6]《汉书·礼乐志》"泽汪濊，辑万国"，颜师古注："辑，和也。"[7]

"绥"有绥和、安定、安抚的意思。如《尚书·周官》"绥厥兆民"。孔颖达疏引《尔雅·释诂》"绥，安也"，解释为"所以安其海内兆民"[8]。《诗经·周颂·雍》"绥予孝子"，朱熹《诗集传》："绥，安也"[9]。《公羊传·宣公十二年》"使帅一二耋老而绥焉"。何休注："绥，

[1]徐中舒：《金文嘏辞释例》，《徐中舒历史论文选辑》，中华书局，1998年，516、517页。
[2]沈培：《说古文字里的"祝"及相关之字》，《简帛》第二辑，上海古籍出版社，2007年，1～31页。
[3]赵平安：《从"聑"字的释读谈到甲骨文中的"巴方"》，《文献》2019年5期。
[4]徐元诰：《国语集解》，中华书局，2002年，158页。
[5]郭庆藩：《庄子集释》，中华书局，1962年，430页。
[6]王聘珍：《大戴礼记解诂》，中华书局，1983年，52页。
[7]（汉）班固：《后汉书》，中华书局，1962年，1069、1070页。
[8]《尚书正义》，十三经注疏整理委员会：《十三经注疏》，北京大学出版社，2000年，567页。
[9]朱熹：《诗集传》，中华书局，2017年，349页。

安也"[1]。《墨子·非命上》"下无以降绥天下贤可之士"，孙诒让《墨子间诂》引《尔雅·释诂》"绥，安也"[2]。《汉书·谷永传》"养绥百姓而已"，颜师古注："绥，安也。"[3]"绥辑万民"就是使老百姓生活安定和乐义。西周金文中有"协龢万民"（《集成》270）、"惠于万民"（《集成 2836》）、"乂我万民"（《集成 2826》）、"万民是敕"（《集成 4315》）等说法，可以相参看。

受天屯（纯）录（禄）：

"屯"读作"纯"，训为"大"。《诗经·小雅·宾之初筵》"赐尔纯嘏"，郑玄笺："纯，大也"[4]。"录"读作"禄"。"纯禄"一词，见于西周晚期的羌伯簋铭文："用祈纯禄永命鲁寿"（《集成》4331）。西周金文中更多情况下把"通禄"和"纯佑"连用。如"受余通禄康娱纯佑"（《集成》64），"用祈匄康娱纯佑绰绾通禄"（《集成》188、190），"祈匄康娱纯佑通禄永命"（《集成》2827 ~ 2829、4182、4332 ~ 4339、9731 ~ 9732），"降余康娱纯佑通禄永命"（《新》745 ~ 757、1962）等[5]。

嶪酘四方

"嶪"字在三件钟铭上分别写作如下之形：

嶪 M2009 ∶ 294、嶪 M2009 ∶ 296、嶪 M2009 ∶ 303

此字从"嶪"从"大"。古文字中与此形体相同的字，有三见：

嶪瘐钟（《集成》249）

嶪秦公镈（《集成》270）

嶪海 5.39（《传抄古文字编》258 页）

上揭传抄古文（《海》5.39），当源自秦公镈。如果把瘐钟和秦公镈中的"嶪"字分别与异器同铭的文字相对照，不难发现，上揭二字所从的"大"，实际上乃"去"形之省。

嶪瘐钟（《集成》247）　　嶪秦公簋（《集成》4315）　　嶪（九年卫鼎《集成》2831）

《说文》"业"字的古文写作嶪，所以杨树达先生释"嶪"为"业"，认为"业"与"乂"、"艾"同声，秦公钟"保嶪"犹《诗》、《书》中之"保乂"、"保艾"，是"辅助"、"佐助"的意思。瘐钟"嶪妥（绥）厚多福"，"嶪妥（绥）"是同义连用，谓"安定"之义[6]。几本著录西周金文的工具书，如容庚先生《金文编》把上字收录在"嶪"下[7]。董莲池先生《新金文编》、江学旺先生《西周金文字表》、张俊成先生《西周金文字编》都把此形收录在"业"字下[8]。在此次出土的虢仲编钟铭文中，"嶪"字皆写作"嶪"从"大"，不从"去"。本文认为它 应该是

[1]《春秋公羊传注疏》，十三经注疏整理委员会：《十三经注疏》，北京大学出版社，2000 年，406 页。
[2] 孙诒让：《墨子间诂》，中华书局，2001 年，273 页。
[3]（汉）班固：《汉书》，中华书局，1962 年，3466 页。
[4]《毛诗正义》，十三经注疏整理委员会：《十三经注疏》，北京大学出版社，2000 年，1035 页。
[5] 张桂光主编：《商周金文辞类纂》，中华书局，2014 年，131、133、134 页。
[6] 杨树达：《积微居金文说》，中华书局，1997 年，26 页。
[7] 容庚编著：《金文编》，中华书局，1985 年，348 页。
[8] 董莲池编著：《新金文编》，作家出版社，2011 年，278 页。江学旺编著：《西周金文字表》，上海古籍出版社，2017 年，92 页。张俊成编著：《西周金文字编》，上海古籍出版社，2018 年，115 页。

"斁"字的异体。

　　"龄"字原篆作龄，与墙盘铭文中的龄字为一字之异体，当释作"照"。"龄照四方"不太容易解释。《说文》"业"字的古文写作龄，所以杨树达先生释"龄"为"业"，认为"业"与"乂"、"艾"同声，秦公钟"保龄"犹《诗》、《书》中之"保乂"、"保艾"，是"辅助"、"佐助"的意思。瘨钟"龄妥（绥）厚多福"，"龄妥（绥）"是同义连用，谓"安定"之义[1]。但是杨氏的这个说法，在虢仲钟铭文中似乎不太适合。既然"龄"是"业"字异体，"严"、"业"读音相近，可以相通。如《齐语·齐语》"择其善者而严用之"[2]，《管子·小匡》作"择其善者举而业用之"。若此，"龄照四方"似可以读作"严照四方"。《说苑·辨物》"夫惟凤为能究万物，通天祉，象百状，达于道。去则有灾，见则有福。览九州，观八极，备文武，正王国，严照四方，仁圣皆伏"[3]。钟铭是说虢仲的先祖成公，能够安抚百姓，受到上天赐予的洪福，光明普照四方。

敷＝鍠＝

　　在西周晚期的钟镈类金文中，以"严在上，翼在下，敷敷熏熏，降余多福"（或"降余厚多福"、"降余鲁多福"、"降余大鲁福"等），最为习见。如士父钟（《集成》145～148）、梁其钟（《集成》188～192）、虢叔旅钟（《集成》238～241）、晋侯苏编钟（《近出殷周金文集录》47、48）、逨编钟（《近出》106～108）。"敷敷熏熏"这一成语，偶尔也出现在钟镈之外的铭文中，如善夫克盨（《集成》4465）、逨鼎（《近出殷周金文集录二编》328、339）。过去有"蓬蓬勃勃"、"蓬蓬薄薄"、"蓬蓬渊渊"等多种释读意见，迄今尚未有定论。但它所要表达的意思，为祈求降福繁多则是毫无疑问的。进入东周之后，"敷敷熏熏"被"它它熙熙"一类的词语完全替代[4]。虢仲钟铭文说"敷＝鍠＝"则是新出现的词语，"鍠鍠"可以读作"皇皇"或者"煌煌"。《诗经·小雅·皇皇者华》："皇皇者华，于彼原隰。"毛传："皇皇，犹煌煌也。"[5]"皇皇"有美盛、光明、显著、广大一类的意思。《诗经·鲁颂·泮水》："烝烝皇皇，不吴不扬。"毛传："皇皇，美也。"[6]《庄子·知北游》："其来无迹，其往无崖，无门无房，四达之皇皇也。"成玄英疏："皇，大也。"[7]春秋时期的金文中，经常出现"銧銧（皇皇）熙熙"（《集成》261）、"韹韹（皇皇）熙熙"（《集成》182）、"皇皇熙熙"（《集成》203）、"皝皝（皇皇）熙熙"（《集成》153）等修饰语。"熙熙"则多指和乐之貌。如《左传·庄公二十九年》"为之歌《大雅》，曰：'广哉！熙熙乎！'"杜预注："熙熙，和乐声。"[8]有学者认为"皇皇熙熙"指钟声洪大和谐，似有不妥[9]。从东周时期相关的青铜器铭文来看，凡是说到"皇皇熙熙"或者"它它熙熙"的，大概都是指作器者受福多而言。这一点与西周晚期铭文中"敷敷熏熏"均指降福一方是不同的。虢仲钟铭文的"敷＝鍠＝"，也许可以看作是从"敷敷熏熏"到"皇

［1］杨树达：《积微居金文说》，中华书局，1997年，26页。

［2］徐元诰：《国语集解》，中华书局，2002年，223页。

［3］刘向撰，赵善诒疏证：《说苑疏证》，华东师范大学出版社，1985年，535页。

［4］陈英杰：《西周金文作器用途铭辞研究》，线装374～378页。

［5］《毛诗正义》，十三经注疏整理委员会：《十三经注疏》，北京大学出版社，2000年，659页。

［6］《毛诗正义》，十三经注疏整理委员会：《十三经注疏》，北京大学出版社，2000年，1650页。

［7］郭庆藩：《庄子集释》，中华书局，1962年，742页。

［8］《春秋左传正义》，十三经注疏整理委员会整理：《十三经注疏》，北京大学出版社，2000年，1267页。

［9］陈双新：《西周青铜乐器铭辞研究》，河北大学出版社，2003年，144页。

皇熙熙”的过渡形态，这也反映了两周之际的贵族，在现实生活和心理世界的转换：即西周时期无不是小心翼翼地祈求祖先福佑，进入东周之后，贵族们则更多是优哉游哉地享受时下的快乐时光。

与大多数乐器铭文一样，虢仲钟是有韵的，其韵脚为汤、行、行、疆、王、方、锽、享，全部是阳部韵。

附录三

虢仲墓（M2009）出土玉器研究之器物分期篇

陈启贤

一

位于今河南省三门峡市市区北部的虢国墓地发现于 1956 年，先后经过四次钻探及两次大规模的考古发掘。

第一次考古发掘于 1956 至 1957 年，由夏鼐、安志敏先生率领，林寿晋先生主持。共发掘了 234 座墓葬、3 座车马坑、1 座马坑，出土文物 14000 余件[1]。发掘报告《上村岭虢国墓地》一书，由科学出版社于 1959 年出版。

第二次考古发掘于 1990 至 1999 年，由姜涛先生率领河南省文物考古研究所与三门峡市文物工作队联合发掘。在国君兆域区内共清理了各类墓葬 18 座、车马坑 4 座、马坑 2 座，出土各类文物 23000 余件（颗）[2]。

一代国君——虢季墓（M2001）共出土各类文物 5293 件，其中玉器超过 960 件（颗）。其腰围金带，头戴玉，身佩玉，脸盖玉，手握玉，口琀玉，足踏玉，甚至脚趾缝内都夹着玉。

虢文公——虢仲墓（M2009）除墓葬规模较虢季墓大之外，墓室深达 20 米，出土了各类随葬品近 5000 件。

马承源先生曾经感叹：从来没有见过数量如此众多，品类如此之全，质量如此之高的西周玉器。即使将我们几个国家级大馆所藏的所有西周玉器全都集中在一起，也赶不上虢仲墓所出的丰富。

二

笔者从虢仲墓（M2009）发掘清理迄今，近 20 年间多次前往三门峡研究这批玉器，每次的抚

［1］林寿晋：《上村岭发掘的学术贡献》，香港中文大学，《中国文化研究所学报》第六卷上册，1978 年。
［2］河南省文物考古研究所、三门峡市文物工作队：《三门峡虢国墓》（第一卷），文物出版社，1999 年。

触、观摩、检测、讨论都带来新的解读及新的认识与新的迷思，至今仍然无法得窥堂奥之妙。

虢仲墓（M2009）出土玉器，除了马承源先生所说的质量、品类、数量之最外，其涵盖史前至西周晚期的玉文化之浓郁，特别是青白玉龙纹大玉璧与透雕白玉多璜组玉佩所昭示的"天子用白"的习俗。可以说：明白了这批玉器，西周玉器就没有不懂的了。

尤其是虢季墓（M2001）那把斜躺在器物堆，距盗洞不足 10 厘米的玉柄铁剑，一来标志铁器的始用年代上限；二来隐约提示玉器"雕琢"工艺将因为铁器出现而提升到玉器"辗琢"的新台阶。

三

虢仲墓（M2009）出土的随葬玉器，其年代从史前的红山文化、后石家河文化、齐家文化，夏时期的陶寺文化，商文化，遍及整个西周早、中、晚期。

笔者按器形、纹饰的规律性变化将 M2009 出土玉器做一年代分类，同时就教于各方学者专家。

红山文化玉器

M2009 ∶ 810 猪龙形玉佩、M2009 ∶ 813 勾云形玉饰。

后石家河文化玉器

其中包括未经修改的原器与局部经过修改的改制器。

M2009 ∶ 147 玉笄、M2009 ∶ 231 玉笄、M2009 ∶ 751 玉笄、M2009 ∶ 800 玉笄、M2009 ∶ 864 圆锥状玉柄形饰。

齐家文化玉器

M2009 ∶ 81 素面玉璜。

陶寺文化玉器

M2009 ∶ 118 璜形玉器、M2009 ∶ 120 素面玉璜。

商代早期玉器

M2009 ∶ 204 鸟形玉佩、M2009 ∶ 209 人面纹腕形玉饰、M2009 ∶ 263 兽面纹玉斧。

商代中期玉器

M2009 ∶ 187 鹗形玉佩、M2009 ∶ 197 宽援玉戈、M2009 ∶ 208 菱形纹玉戈、M2009 ∶ 264 兽面纹玉斧。

商代晚期玉器

M2009∶945 宽援玉戈、M2009∶85 墨书玉戈、M2009∶102 墨书玉戈、M2009∶176 鹗形玉佩、

M2009：183 鹦鹉形玉佩、M2009：190 人形玉佩、M2009：207 龟形玉佩、M2009：212 宽援玉戈、M2009：230 蛇形玉佩、M2009：262 兽面纹玉斧、M2009：331 兽面纹玉杖头、M2009：968 龙纹玉觿、M2009：572 人形玉璜、M2009：574 蝉形玉佩、M2009：713 宽援玉戈、M2009：753 羊形玉佩、M2009：755 兽面纹玉饰、M2009：764 环状龙形玉佩、M2009：768 燕形玉佩、M2009：781 燕形玉佩、M2009：804 龙纹圆形玉饰、M2009：817 兽面形玉佩、M2009：823 鸟形玉佩、M2009：845 牛首形玉佩、M2009：861 兽面形玉佩、M2009：875 鳖形玉佩、M2009：895 牛形玉佩、M2009：898 虎形玉佩、M2009：899 兽面形玉佩、M2009：904 鸬鹚形玉佩、M2009：918 蝉形玉佩、M2009：925 人形玉佩、M2009：944 玉戚、M2009：946 宽援玉戈、M2009：955 龙首纹玉璜、M2009：996 宽援玉戈、M2009：1004 菱形纹玉戈、M2009：1007 弓背鱼形玉佩、M2009：1008 鱼尾龙形玉佩、M2009：1017 宽援玉戈、M2009：1022 脚趾夹玉、M2009：1034 菱形纹玉戈、M2009：1038 脚趾夹玉、M2009：761 象形玉佩。

商代玉器

个别器物的器形与纹饰特征不足以进行分期者，归入此类。

M2009：1011 小臣系玉璧、M2009：84 长条形玉柄形器、M2009：859 素面玉琮、M2009：104 长条形玉柄形器、M2009：106 平刃玉匕、M2009：127 长条形玉柄形器、M2009：138 小臣玉琮、M2009：156 管状玉柄形器、M2009：189 弦纹圆形玉管、M2009：200 多棱形玉柄形器、M2009：214 长条形玉柄形器、M2009：220 素面玉琮、M2009：711 长条形玉柄形器、M2009：718 圆锥状玉柄形器、M2009：792 云雷纹圆形玉管、M2009：793 "王伯"玉管、M2009：801 刻铭弦纹玉璧、M2009：805 龟形玉佩、M2009：835 长条形玉柄形器、M2009：868 长条形玉柄形器、M2009：870 蜘蛛形玉佩、M2009：882 弦纹椭圆形玉管、M2009：905 蝉形玉佩、M2009：921 龟形玉管、M2009：922 云纹椭圆形玉管、M2009：932 素面玉琮、M2009：935 长条形玉柄形器、M2009：936 长条形玉柄形器、M2009：937 长条形玉柄形器、M2009：1002 手握玉、M2009：1003 凹弦纹腕形玉饰、M2009：1013 长条形玉柄形器、M2009：217 长条形玉柄形器。

西周早期

M2009：83 长条鱼形玉佩、M2009：103 宽援玉戈、M2009：115 宽援玉戈、M2009：141 凤形玉佩、M2009：144 鹦鹉形玉佩、M2009：145 兽面形玉佩、M2009：146 长条形玉柄形器、M2009：148 宽援玉戈、M2009：149 宽援玉戈、M2009：150 鹿形玉佩、M2009：151 兔形玉佩、M2009：154 素面圆形玉管、M2009：161 鹿形玉佩、M2009：163 夔龙形玉佩、M2009：164 牛形玉佩、M2009：165 牛形玉佩、M2009：166 燕形玉佩、M2009：169 牛形玉佩、M2009：170 鹦鹉形玉佩、M2009：171 鹿形玉佩、M2009：172 鹦鹉形玉佩、M2009：173 虎形玉佩、M2009：174 虎形玉佩、M2009：175 鹿形玉佩、M2009：192 鸟形玉佩、M2009：193 鹿形玉佩、M2009：1033 龙凤纹玉戈、M2009：201 宽援玉戈、M2009：203 弓背鱼形玉佩、M2009：219 菱形纹玉戈、M2009：232 龟形玉佩、

M2009 : 466 窄援玉戈、M2009 : 569 鸟形玉佩、M2009 : 570 兽面纹玉鞢、M2009 : 571 牛形玉佩、M2009 : 575 虎形玉佩、M2009 : 577 夔龙形玉佩、M2009 : 762 鹦鹉形玉佩、M2009 : 765 鹅形玉佩、M2009 : 766 鸟形玉佩、M2009 : 769 鼓形玉佩、M2009 : 772 素面玉鞢、M2009 : 785 龙首纹玉饰、M2009 : 796 龙凤纹玉佩、M2009 : 798 兔形玉佩、M2009 : 803 蝉形玉佩、M2009 : 812 燕形玉佩、M2009 : 814 兽面形玉佩、M2009 : 821 虎形玉佩、M2009 : 822 蝉形玉佩、M2009 : 824 鸟形玉佩、M2009 : 840 蝉形玉佩、M2009 : 847 鸟形玉佩、M2009 : 852 鸟形玉佩、M2009 : 858 蝉形玉佩、M2009 : 867 燕形玉佩、M2009 : 874 人形玉佩、M2009 : 877 牛形玉佩、M2009 : 887 鸟形玉佩、M2009 : 891 长条形玉柄形器、M2009 : 894 鸟形玉佩、M2009 : 906 兽面形玉佩、M2009 : 943 宽援玉戈、M2009 : 947 兔形玉佩、M2009 : 960 鸟形玉佩、M2009 : 962 玉鼻、M2009 : 990 兔形玉佩、M2009 : 742 弦纹圆形玉管、M2009 : 998 宽援玉戈、M2009 : 1005 宽援玉戈、M2009 : 1006 窄援玉戈、M2009 : 1009 獠牙形玉觽、M2009 : 1016 獠牙形玉觽。

西周中期

M2009 : 112 弓背鱼形玉佩、M2009 : 152 鹿形玉佩、M2009 : 162 鹿形玉佩、M2009 : 178 人形玉佩、M2009 : 211 鹿形玉佩、M2009 : 749 鹿形玉佩、M2009 : 758 虎形玉佩、M2009 : 815 凤鸟纹椭圆形玉饰、M2009 : 818 凤鸟纹椭圆形玉饰、M2009 : 837 鸟形玉佩、M2009 : 842 鸟形玉佩、M2009 : 846 鸟形玉佩、M2009 : 854 燕形玉佩、M2009 : 860 鸟形玉佩、M2009 : 883 残玉饰、M2009 : 916 龙首戈形玉佩、M2009 : 926 衔尾龙形玉佩、M2009 : 1018 右脚趾夹玉、M2009 : 1021 左脚趾夹玉。

西周晚期

M2009 : 871 凤形玉佩、M2009 : 76 玉刀、M2009 : 80 玉圭、M2009 : 88 玉圭、M2009 : 95 角刃玉匕、M2009 : 97 单切角玉匕、M2009 : 98 素面玉璜、M2009 : 100 平刃玉匕、M2009 : 101 长条形玉饰、M2009 : 786 口形玉饰、M2009 : 117 平刃玉匕、M2009 : 119 角刃玉匕、M2009 : 96 尖尾双龙纹玉璜、M2009 : 126 平刃玉匕、M2009 : 132 素面玉环、M2009 : 142 鹦鹉形玉佩、M2009 : 143 "C" 形龙形玉佩、M2009 : 153 人龙合纹玉璋、M2009 : 155 兽面形玉佩、M2009 : 157 圆形玉棒饰、M2009 : 158 平刃玉匕、M2009 : 159 人龙合纹玉佩、M2009 : 160 玉凿、M2009 : 167 圆形玉棒饰、M2009 : 168 玉凿、M2009 : 177 "C" 形龙形玉佩、M2009 : 179 蚕形玉佩、M2009 : 185 兽面形绿松石饰、M2009 : 181 龙纹圆形绿松石环、M2009 : 182 "C" 形龙形玉佩、M2009 : 188 素面玉琮、M2009 : 191 龙纹小玉环、M2009 : 869 人龙合纹玉佩、M2009 : 199 锤形玉佩、M2009 : 205 鹿形玉佩、M2009 : 213 有榫龙形玉佩、M2009 : 216 素面大玉璧、M2009 : 215 龙纹大玉环、M2009 : 218 长条形玉饰、M2009 : 221 素面大玉璧、M2009 : 222 素面大玉璧、M2009 : 223 素面大玉璧、M2009 : 224 平刃玉匕、M2009 : 225 素面大玉璧、M2009 : 227 角刃玉匕、M2009 : 226 平刃玉匕、M2009 : 252-2 素面小玉环、M2009 : 402 鼓形玉珠、M2009 : 573 素面小玉璧、M2009 : 403 鼓形玉珠、M2009 : 445 兽面形玉佩、M2009 : 576 兽面形玉佩、M2009 : 578 玉笄、M2009 : 612 蘑菇状玉饰、

M2009：707 窄援玉戈、M2009：728 玉圭、M2009：734-1 眼形嵌饰、M2009：738-1 獠牙形玉觿、M2009：738-11 长条鱼形玉佩、M2009：997 右手握玉、M2009：746 兽蹄形玉管、M2009：747 玉削、M2009：748 鼠形玉佩、M2009：750 镯形玉饰、M2009：757 素面玉璜、M2009：754 镯形玉饰、M2009：756 人龙合纹玉佩、M2009：759 方形玉管、M2009：763 盘龙形玉觿、M2009：774 方形玉管、M2009：776 鱼尾形玉片、M2009：777 蜻蜓形玉佩、M2009：782 素面圆形玉管、M2009：901 梭形玉饰、M2009：790 扇形玉片、M2009：789 "C"形龙形玉佩、M2009：791 圆形玉片、M2009：794 残玉饰、M2009：975 缠尾双龙纹玉块、M2009：797 蝉形玉佩、M2009：799 蚕形玉佩、M2009：802 素面玉琮、M2009：806 "L"形玉饰、M2009：880 蝉形玉佩、M2009：809 尖尾双龙纹玉璜、M2009：811 "L"形玉饰、M2009：816 龙纹玉佩、M2009：819 兽面形玉佩、M2009：820 双鸟纹玉纽形饰、M2009：825 弓背鱼形玉佩、M2009：829 素面大玉璧、M2009：827 龙纹大玉环、M2009：830 素面大玉环、M2009：831 鸟形玉佩、M2009：832 三棱鱼形玉佩、M2009：833 衔尾龙形玉佩、M2009：834 "C"形龙形佩、M2009：836 扇形玉佩、M2009：838 长条形玉柄形器、M2009：839 梯形玉片、M2009：841 素面圆形玉管、M2009：843 残玉饰、M2009：844 蝉形玉佩、M2009：848 方形玉饰、M2009：849 梯形玉片、M2009：850 不规则形玉片、M2009：855 扁圆形玉管、M2009：856 素面圆形玉饰、M2009：866 素面小玉璧、M2009：857 蝉纹玉佩、M2009：863 梯形玉片、M2009：865 镯形玉饰、M2009：872 龙纹圆形玉饰、M2009：876 凤鸟纹圆形玉饰、M2009：878 束绢形玉佩、M2009：884 残玉饰、M2009：888 "C"形龙形玉佩、M2009：889 凤鸟纹圆形玉饰、M2009：897 圆弧形玉片、M2009：890 龙纹圆形玉饰、M2009：879 盘龙形玉佩、M2009：896 "C"形龙纹玉佩、M2009：902 素面圆形玉饰、M2009：903 马蹄形玉片、M2009：907 人龙合纹玉佩、M2009：908 璜形玉器、M2009：910 蘑菇状玉饰、M2009：911 刀形玉片、M2009：912 梭形玉饰、M2009：923 长条形玉片、M2009：917 长条形玉饰、M2009：920 兽面纹玉饰、M2009：924 尖尾双龙纹圆形玉管、M2009：927 蘑菇形玉饰、M2009：928 圆棒形玉饰、M2009：931 残玉片、M2009：933 圆纽扣形玉饰、M2009：939 残玉饰、M2009：940 素面大玉璧、M2009：950 尖尾双龙纹玉璜、M2009：951 人鱼合纹玉璜、M2009：952 鸟形玉佩、M2009：953 玉耳（右）、M2009：954 人龙合纹玉块、M2009：956 玉眼（左）、M2009：957 玉眼（右）、M2009：958 "C"形龙形玉佩、M2009：959 "C"形龙形玉佩、M2009：961 玉下腭、M2009：979 玉胡（右）、M2009：964 玉耳（左）、M2009：965 缠尾双龙纹玉璜、M2009：966 缠尾双龙纹玉块、M2009：967 人龙合纹玉块、M2009：970-5 叠尾人首纹玉璜、M2009：970-4 缠尾双牛首纹玉璜、M2009：970-3 透雕人龙纹玉璜、M2009：970-2 透雕人龙纹玉璜、M2009：970-1 人龙合雕纹玉璜、M2009：980-1 人龙合纹玉佩、M2009：980-33 圆形玛瑙管、M2009：982 玉额、M2009：988 树形玉佩、M2009：989 素面玉琮、M2009：993 三叉形玉片、M2009：999 獠牙形玉觿、M2009：1000 獠牙形玉觿、M2009：1001 龙纹玉韘、M2009：1010 素面大玉璧、M2009：1014 平刃玉匕、M2009：1015 平刃玉匕、M2009：1024 左踏玉、M2009：1025 右踏玉、M2009：1027 龙纹玉璧、M2009：1028 素面大玉璧、M2009：1032 人龙合纹玉璜、M2009：1035 人龙合纹玉璜、M2009：1036 素面

大玉璧、M2009：1037素面大玉璧、M2009：734-2眼形玉嵌饰、M2009：826龙纹玉璧、M2009：1026素面大玉璧。

四

玉器流传到后世，由于时代风格的更迭，功能的变化，或者拥有者个人好恶等等不一而足的原因，许多器物会被改制，因而一件器物兼具了几个时代特征的情况层出不穷。兹将M2009中较为特殊的器物说明于下：

1. M2009：810猪龙形玉佩（图1）

本器器形瘦高，与辽西地区的大水滴器形不同，说明本器在西周时期经过修改。其通天中孔（图1.1）为红山时期所无，当为西周时期所钻。

2. M2009：1033龙凤纹玉戈（图2）

玉戈中脊与脊侧凹弧横贯全器，栏部尾端浅"V"字形中隔槽与斜"C"字形扉棱，乃商代晚期玉戈的重要特征。唯栏部出现斜刀凤首与上下反向龙首之刻划纹样（图2.1）。本玉戈原为商器，在西周晚期描样，施工未竟。

图1　M2009：810猪龙形玉佩

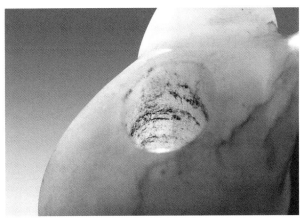

图1.1　通天中孔

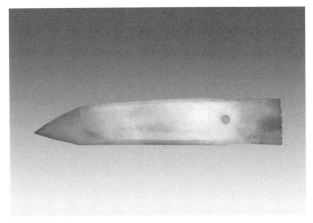

图2　M2009：1033龙凤纹玉戈

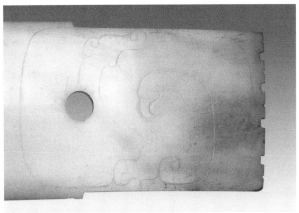

图2.1　凤首与上下反向龙首之刻划纹样

图 3　M2009：209 人面纹腕形玉饰

图 3.1　人面纹线

图 4　M2009：898 虎形玉佩

图 4.1　背腹间的断箭

3. M2009：209 人面纹腕形玉饰（图 3）

本器原为红山文化独有之箍形玉器，其人面纹样（图 3.1）充满龙山文化风格，剔地高浮雕的工艺乃沿袭后石家河文化工法。此乃红山晚期玉器在商代早期加饰人面纹饰的作品。

4. M2009：898 虎形玉佩（图 4）

仔细观察本器，可以在背腹之间发现一节残留的断箭（图 4.1），商时期玉工的设计巧思，令人莞尔。

2017 年 12 月 7 日于惠州

附录四

虢仲墓（M2009）出土玉器研究之工艺微痕篇

陈启贤

前　言

笔者自 2002 年开始进行玉雕工艺显微研究[1]迄今，使用了各式各样工具、辅具与玉料进行了大量仿古玉雕工艺实验，这些实验品的工艺显微痕迹经与科学发掘出土玉器的工艺显微痕迹对比，大致整理出了一些脉络。也就是观察点呈现出来的晶粒状凸点、晶团状凸脊与凹洼、长条状凸脊与凹槽的分布比例和分布特征；凸脊高耸与否，沟底凹窿与否，底面粗糙与否等现象。这些现象可以反证工具类别、玉料类别及施工手法。

下文将各时代的玉器，按型依式，个别分析、对比观察点所表现出来的特征，以还原当代玉雕的制作程序，使用的工具与加工手法，期与学者专家共同探索西周玉器切、雕、琢、磨的真相。

史前玉器

从虢仲墓（M2009）出土的史前玉器中取四件，个别分析如下：

1. M2009 ：800 玉笄（图 1）

观察点 A 放大至 120 倍(图 1–1 ~ 1–3)，可以观察到圆弧上的小平面。观察点 B 放大至 120 倍(图 1–4 ~ 1–7)，可以观察到砂岩[2]磨石单向锉磨痕迹。显示本器下料成胚后，完全经由各级砂岩磨石锉磨而成。

---

[1] 使用金像显微镜将出土玉雕工艺痕迹放大 20、40、60 乃至 120 倍，据以观查晶粒状凸点、晶团状凸脊与凹洼、长条状凸脊与凹槽的分布情况；同时观察阴线的沟边、沟壁、沟底特征、断面形态、宽深比例，再以考古类型学的手法将其分型分式，对比仿古玉雕的显微痕迹，以还原当代玉工使用的工具种类与施工手法。

[2] 砂岩分布于山巅水涯，古人类居所四周四处可得，敲开选形即可使用。

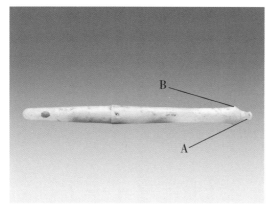

图 1　M2009：800 玉笄

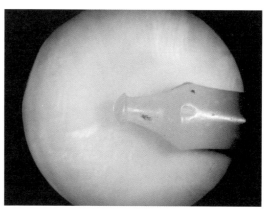

图 1-1　观察点 A 放大 20 倍

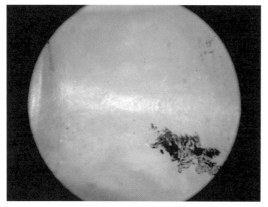

图 1-2　观察点 A 放大 60 倍

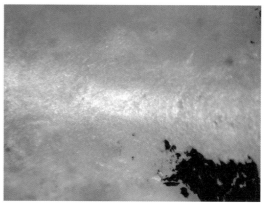

图 1-3　观察点 A 放大 120 倍

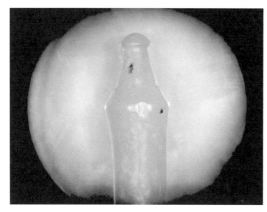

图 1-4　观察点 B 放大 20 倍

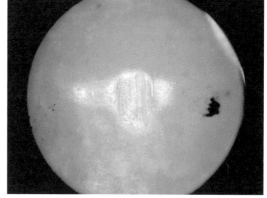

图 1-5　观察点 B 放大 40 倍

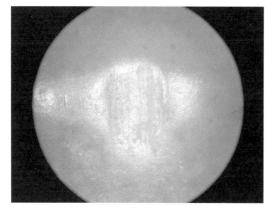

图 1-6　观察点 B 放大 60 倍

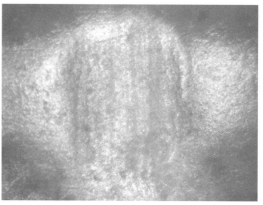

图 1-7　观察点 B 放大 120 倍

2. M2009 ：810 猪龙形玉佩（图2）

2.1. 猪龙形玉佩观察点 A（图 2.1）放大至 120 倍（图 2.1-1 ～ 2.1-4），可以观察到凹槽中间石核[1]刮蹭痕迹与两侧砂岩锉磨痕迹。

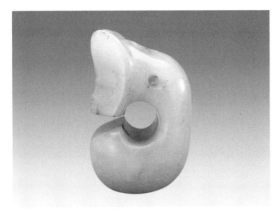

图 2　M2009 ：810 猪龙形玉佩

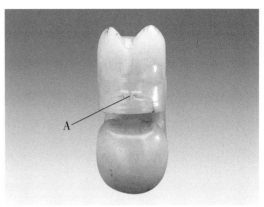

图 2.1　猪龙形玉佩观察点 A

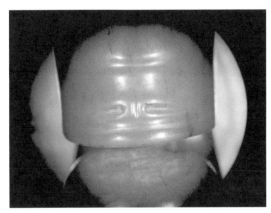

图 2.1-1　观察点 A 放大 20 倍

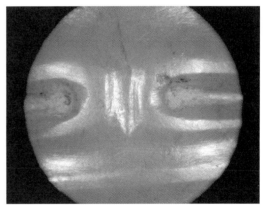

图 2.1-2　观察点 A 放大 40 倍

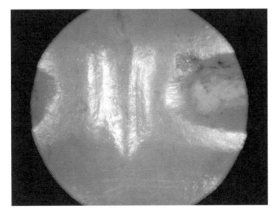

图 2.1-3　观察点 A 放大 60 倍

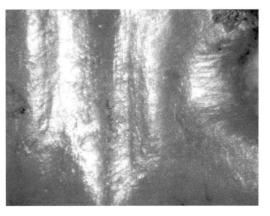

图 2.1-4　观察点 A 放大 120 倍

[1]陈启贤：《荆州楚王陵园出土玉器辗琢工艺分析》，《荆州楚王陵园出土玉器精粹》，众志美术出版社，2015 年、74~89 页。

2.2. 猪龙形玉佩观察点 B（图 2.2）放大至 120 倍（图 2.2-1 ~ 2.2-3），可以观察到鼻孔乃使用实心砂岩钻头旋钻痕迹。

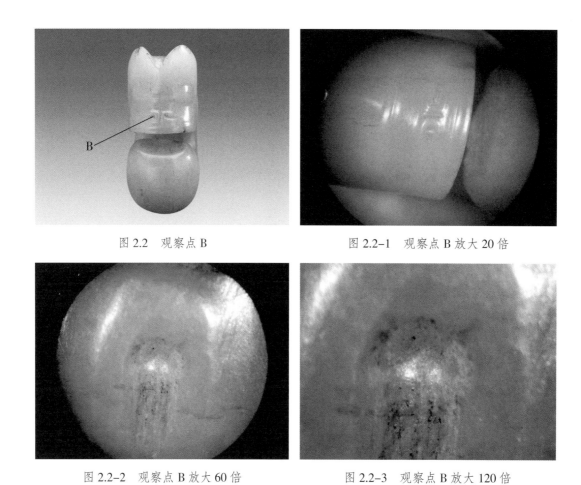

图 2.2　观察点 B

图 2.2-1　观察点 B 放大 20 倍

图 2.2-2　观察点 B 放大 60 倍

图 2.2-3　观察点 B 放大 120 倍

2.3. 猪龙形玉佩观察点 C（图 2.3）放大至 120 倍（图 2.3-1 ~ 2.3-3），可以观察到阴线底部满布砂岩磨石往复细致抛磨痕。

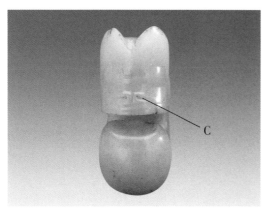

图 2.3　观察点 C

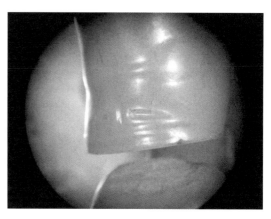

图 2.3-1　观察点 C 放大 20 倍

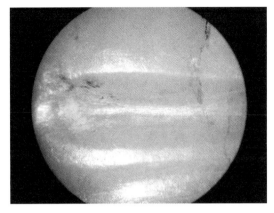

图 2.3-2　观察点 C 放大 60 倍

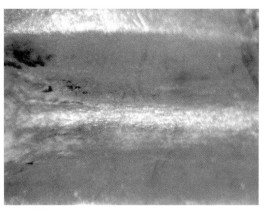

图 2.3-3　观察点 C 放大 120 倍

2.4. 猪龙形玉佩观察点 D（图 2.4）放大至 120 倍（图 2.4-1 ～ 2.4-3），可以观察到阴线底部中间遗留石核刮蹭痕迹与两侧砂岩磨石往复锉磨痕迹。

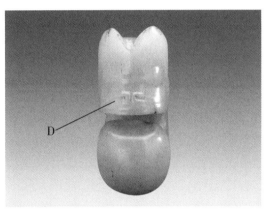

图 2.4　观察点 D

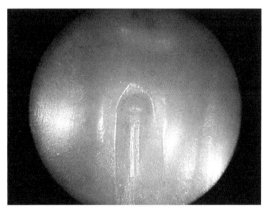

图 2.4-1　观察点 D 放大 40 倍

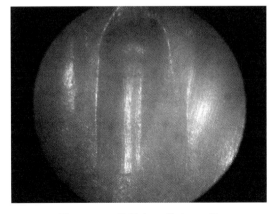

图 2.4-2　观察点 D 放大 60 倍

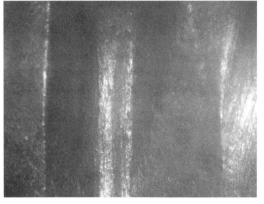

图 2.4-3　观察点 D 放大 120 倍

2.5. 猪龙形玉佩观察点 E（图 2.5）放大至 120 倍（图 2.5-1 ~ 2.5-3），可以观察到额眉之间使用粉级砂岩磨石的细致抛磨痕迹。

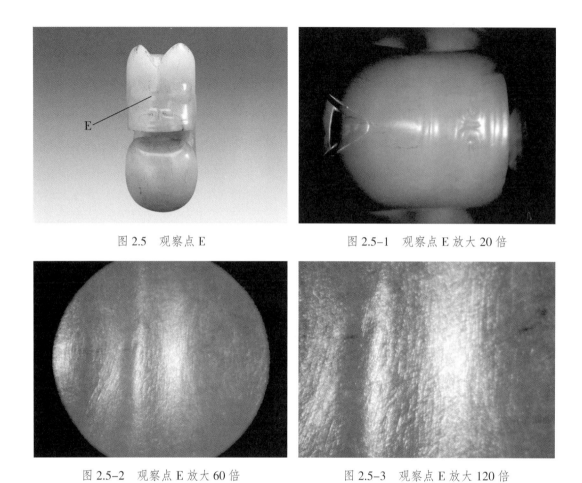

图 2.5　观察点 E　　　　　　　　　图 2.5-1　观察点 E 放大 20 倍

图 2.5-2　观察点 E 放大 60 倍　　　　图 2.5-3　观察点 E 放大 120 倍

2.6. 猪龙形玉佩观察点 F（图 2.6）放大至 120 倍（图 2.6-1 ~ 2.6-3），可以观察到头耳之间通天孔旁使用石核镌刻的田（？）字痕迹。

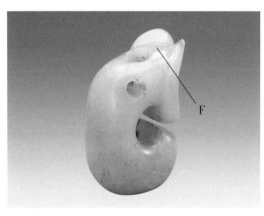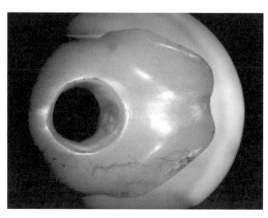

图 2.6　观察点 F　　　　　　　　　图 2.6-1　观察点 F 放大 20 倍

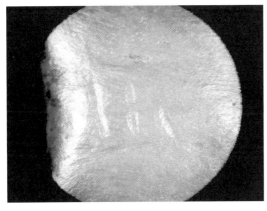
图 2.6-2 观察点 F 放大 60 倍

图 2.6-3 观察点 F 放大 120 倍

2.7.综合以上，对猪龙形玉佩的 A ~ F 观察点的整体观察结果，本件器物系在成胚之后，经由石核的刮蹭镌刻与各级砂岩磨石的锉、抛、研磨工艺制作而成。

3. M2009 ： 813 勾云形玉饰

3.1 勾云形玉饰观察点 A（图 3.1）放大至 120 倍（图 3.1-1 ~ 3.1-3），可以观察到中间部位石核刮蹭痕迹与两侧砂岩磨石锉磨单向痕迹。

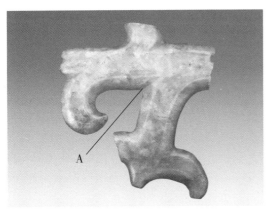
图 3.1 勾云形玉饰观察点 A

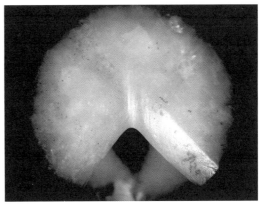
图 3.1-1 观察点 A 放大 20 倍

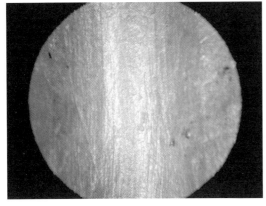
图 3.1-2 观察点 A 放大 60 倍

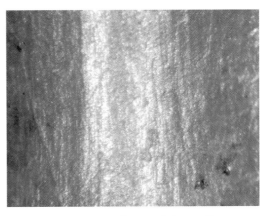
图 3.1-3 观察点 A 放大 120 倍

　　3.2. 勾云形玉饰观察点 B（图 3.2）放大至 120 倍（图 3.2-1 ～ 3.2-3），可以观察到整个斜凹部位满布砂岩磨石单向锉磨痕迹。

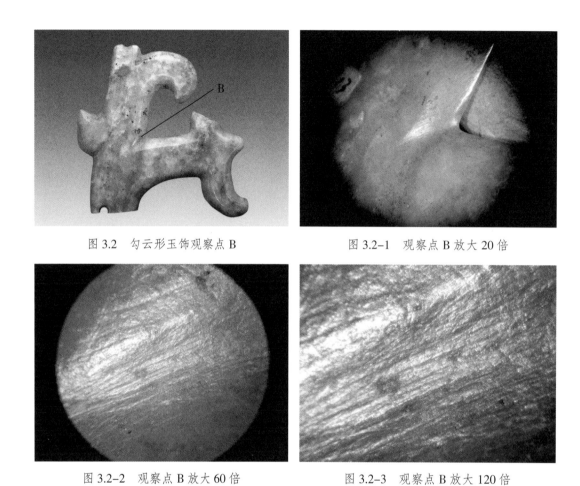

图 3.2　勾云形玉饰观察点 B　　　　　　图 3.2-1　观察点 B 放大 20 倍

图 3.2-2　观察点 B 放大 60 倍　　　　　　图 3.2-3　观察点 B 放大 120 倍

　　3.3. 勾云形玉饰观察点 C（图 3.3）放大至 120 倍（图 3.3-1 ～ 3.3-3），可以观察到最少换用四次大小不一的实心砂岩钻头的往复钻痕。此系孔乃双面对钻而成。

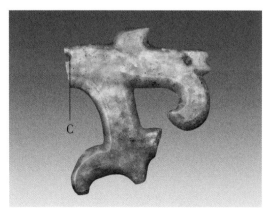
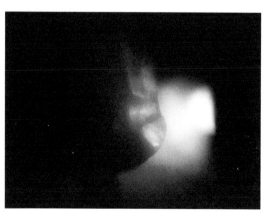

图 3.3　勾云形玉饰观察点 C　　　　　　图 3.3-1　观察点 C 放大 20 倍

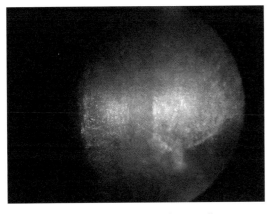
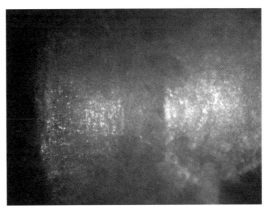

图 3.3-2 观察点 C 放大 60 倍 图 3.3-3 观察点 C 放大 120 倍

3.4. 勾云形玉饰观察点 D（图 3.4）放大至 120 倍（图 3.4-1），可以观察到八字形高山丘陵状的顶部满布抛磨砂痕，内侧剔地平面残留石核刮蹭痕迹与满布的抛磨砂痕。

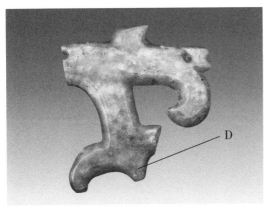
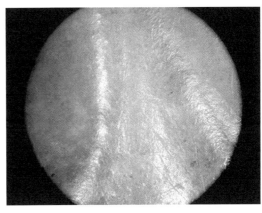

图 3.4 勾云形玉饰观察点 D 图 3.4-1 观察点 D 放大 120 倍

3.5. 勾云形玉饰观察点 E（图 3.5）放大至 120 倍（图 3.5-1 ~ 3.5-3），可以观察到剔地后右上角残留的石核刮蹭痕迹与左下半部的往复抛磨砂痕。此砂痕经过四五千年的风化淋滤作用，溶蚀了较为松散的受工部位，致结构紧密的晶团特别突出。

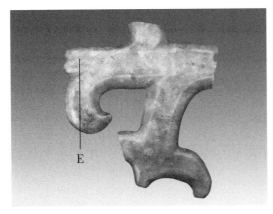
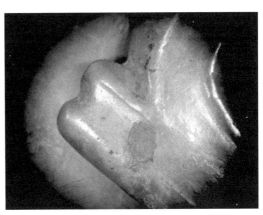

图 3.5 勾云形玉饰观察点 E 图 3.5-1 观察点 E 放大 20 倍

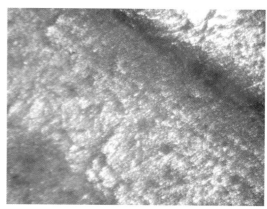

图 3.5-2　观察点 E 放大 60 倍　　　　　　　图 3.5-3　观察点 E 放大 120 倍

4. M2009 ： 864 圆锥状玉柄形器

4.1 圆锥状玉柄形器观察点 A（图 4.1）放大至 120 倍（图 4.1-1 ~ 4.1-3），可以观察到整个凹陷部位满布砂岩磨石往复锉磨砂痕。

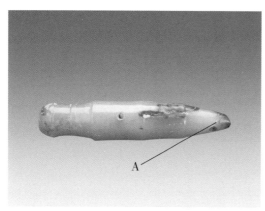

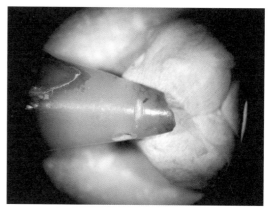

图 4.1　圆锥状玉柄形器观察点 A　　　　　　图 4.1-1　观察点 A 放大 20 倍

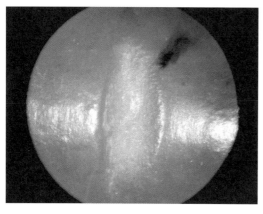

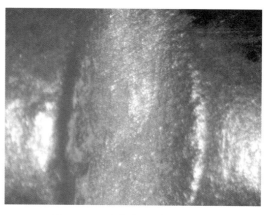

图 4.1-2　观察点 A 放大 60 倍　　　　　　　图 4.1-3　观察点 A 放大 120 倍

4.2. 圆锥状玉柄形器观察点 B（图 4.2）放大至 120 倍（图 4.2-1 ～ 4.2-3），可以观察到束腰处由以面为圆的不规则小平面上满布砂岩磨石单向锉磨痕迹。

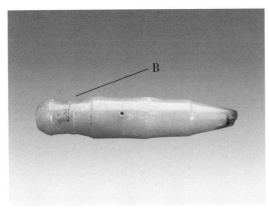

图 4.2 圆锥状玉柄形器观察点 B

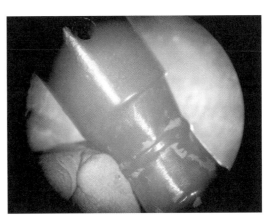

图 4.2-1 观察点 B 放大 20 倍

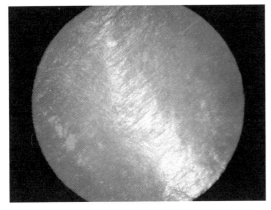

图 4.2-2 观察点 B 放大 60 倍

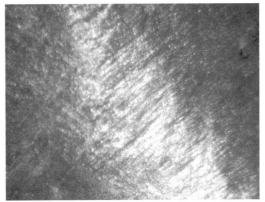

图 4.2-3 观察点 B 放大 120 倍

综观上述四件玉器在成胚之后使用的工具只有各种不同形状规格的髓石片或石核与砂岩磨石、钻头，使用的工作手法有刮、蹭（雕琢）与锉、研、抛磨、旋钻等。

商代玉器

将虢仲墓（M2009）出土的商代玉器中的按片切割微痕迹（Microtraces of Flake cutting；TFC）、直线微痕迹（Microtraces of Straight Line；TSL）、弧线微痕迹（Microtraces of Curve Line；TCL）、岔线微痕迹（Microtraces of Fork Line；TFL）、斜刀微痕迹（Microtraces of Oblique Line；TOL）、刀尖微痕迹（Microtraces of Tip；TOT）、圆圈微痕迹（Microtraces of Circle Line；TCL）、钻头微痕迹（Microtraces of Gimlet；TOG）、管钻微痕迹（Microtraces of Tube drill；TTD）、槽边微痕迹（Microtraces of Raisedsurface；TRS）、边缘微痕迹（Microtraces of marginal；TOM）、表面微痕迹（Microtraces of surface；TOS），分别表述于下。

1. 片切割微痕迹（Microtraces of Flake cutting；TFC）

BC1600TFCA 型

将 M2009 ∶ 1003 凹弦纹玉腕形饰（图 5.1）观察点 A 放大至 120 倍（图 5.1–1 ~ 5.1–5），可以观察到切割停止处遗留几道长条状凸脊与凹槽，切割面残留模糊的类平行条状凸脊与凹槽线现象。此乃石片工具未加解玉砂直接切割玉料所遗留痕迹。

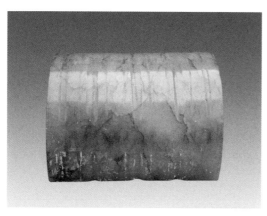

图 5.1　M2009 ∶ 1003 凹弦纹玉腕形饰

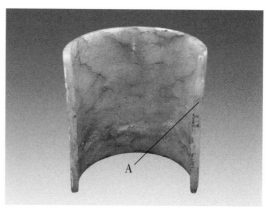

图 5.1–1　凹弦纹玉腕形饰观察点 A

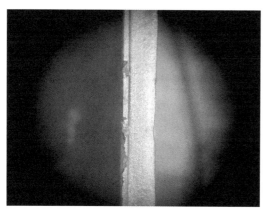

图 5.1–2　观察点 A 放大 20 倍

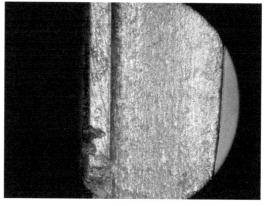

图 5.1–3　观察点 A 放大 40 倍

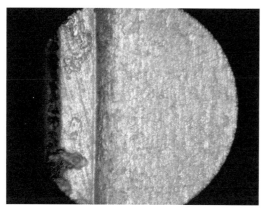

图 5.1–4　观察点 A 放大 60 倍

图 5.1–5　观察点 A 放大 120 倍

BC1600TFCB 型

将 M2009 ：835 长条形玉柄形器（图 5.2）观察点 B 放大至 120 倍（图 5.2-1 ～ 5.2-5），可以观察到沟槽底部满布平行排列条状凸脊与团状凸脊，此乃石片工具直接单向切割所遗留痕迹。

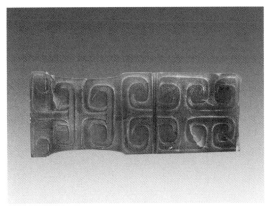

图 5.2　M2009 ：835 长条形玉柄形器

图 5.2-1　长条形玉柄形器观察点 B

图 5.2-2　观察点 B 放大 20 倍

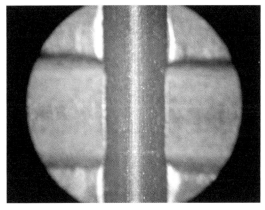

图 5.2-3　观察点 B 放大 40 倍

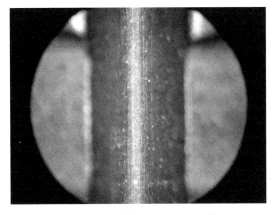

图 5.2-4　观察点 B 放大 60 倍

图 5.2-5　观察点 B 放大 120 倍

BC1600TFCC 型

将 M2009 ∶ 859 素面玉琮（图 5.3）观察点 C 放大至 120 倍（图 5.3-1 ～ 5.3-5），可以观察到切割停止处遗留 2 至 3 道平行长条状凸脊与长凹槽，整个切割面满布矿物原生集合的山丘与山谷状态。此乃切割工作之后，切割面经过三千多年的风化淋滤作用，切面的工艺痕迹被水蚀，致遗留粗糙、平整的矿物结合面。

图 5.3　M2009 ∶ 859 素面玉琮

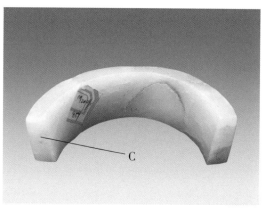

图 5.3-1　素面玉琮观察点 C

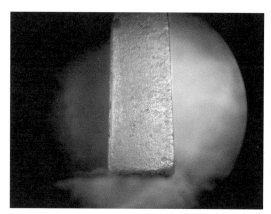

图 5.3-2　观察点 C 放大 20 倍

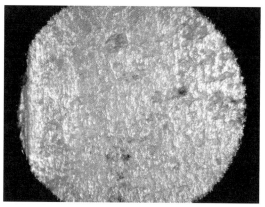

图 5.3-3　观察点 C 放大 40 倍

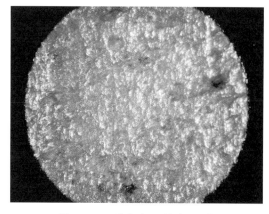

图 5.3-4　观察点 C 放大 60 倍

图 5.3-5　观察点 C 放大 120 倍

BC1600TFCD 型

将 M2009 ： 936 长条形玉柄形器（图 5.4）观察点 D 放大至 120 倍（图 5.4-1 ~ 5.4-5），可以观察到工作停止处分布高低起伏、大小不一、定向排列的不规则晶团状凸脊与满布的晶粒状凸点。此乃软性片状工具（竹片、木片等）带动蘸水解玉砂切割玉料时，工作停止处会出现的痕迹。

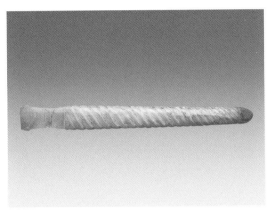

图 5.4　M2009 ： 936 长条形玉柄形器

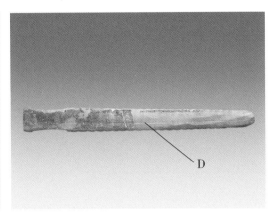

图 5.4-1　长条形玉柄形器观察点 D

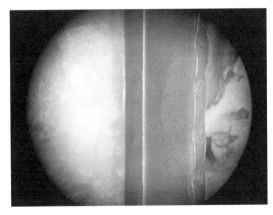

图 5.4-2　观察点 D 放大 20 倍

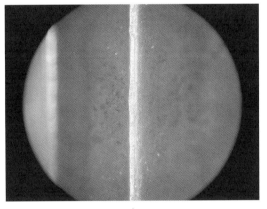

图 5.4-3　观察点 D 放大 40 倍

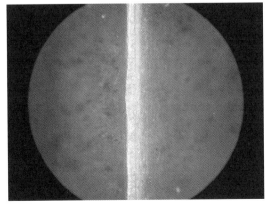

图 5.4-4　观察点 D 放大 60 倍

图 5.4-5　观察点 D 放大 120 倍

2. 直线微痕迹（Microtraces of Straight Line；TSL）

BC1600TSLA 型

将 M2009 ∶ 138 小臣玉琮（图 6.1）观察点 A 放大至 120 倍（图 6.1-1 ～ 6.1-5），可以观察到短阴线四周满布不规则、粗糙的长条状凸脊与晶团状凸脊，阴线底部分布大小不一、不规则晶团状凸脊现象。此乃石核工具点蹭形成的痕迹。

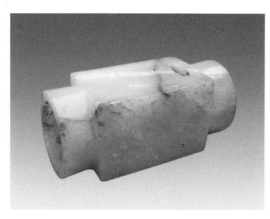

图 6.1　M2009 ∶ 138 小臣玉琮

图 6.1-1　小臣玉琮观察点 A

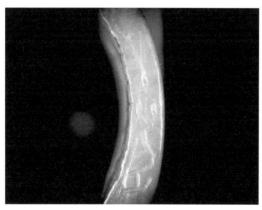

图 6.1-2　观察点 A 放大 20 倍

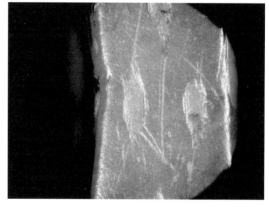

图 6.1-3　观察点 A 放大 40 倍

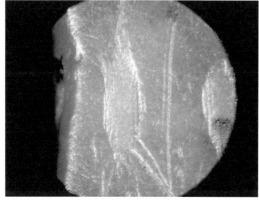

图 6.1-4　观察点 A 放大 60 倍

图 6.1-5　观察点 A 放大 120 倍

BC1600TSLB 型

将 M2009 ：183 鹦鹉形玉佩（图 6.2）观察点 B 放大至 120 倍（图 6.2-1 ～ 6.2-5），可以观察到阴线沟边沟壁粗糙，沟底高低落差特甚，分布不规则晶团状、长条状凸脊与深隆的凹洼、凹槽，阴线断面不规则，宽深比不规则现象。此乃石核工具连续短蹭加刮蹭，用力不均所形成的痕迹。

图 6.2　M2009 ：183 鹦鹉形玉佩

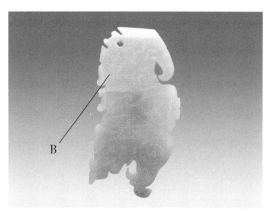

图 6.2-1　鹦鹉形玉佩观察点 B

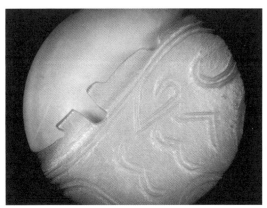

图 6.2-2　观察点 B 放大 20 倍

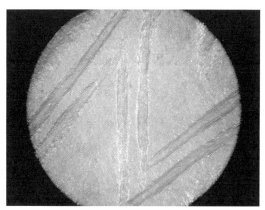

图 6.2-3　观察点 B 放大 40 倍

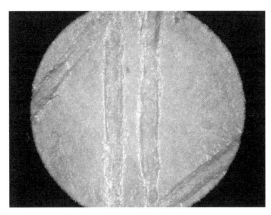

图 6.2-4　观察点 B 放大 60 倍

图 6.2-5　观察点 B 放大 120 倍

BC1600TSLC 型

将 M2009 ∶ 176 鸮形玉佩（图 6.3）观察点 C 放大至 120 倍（图 6.3-1 ～ 6.3-5），可以观察到阴线沟边沟壁粗缓，沟底粗糙满布同向不规则晶团状凸脊、长条状凸脊、宽窄不一的长凹槽，阴线断面不规则"U"字形，宽深比约 2 ∶ 1 现象。此乃使用较细的石核或较薄的石片，细致地反复刮蹭所形成的阴线痕迹。

图 6.3　M2009 ∶ 176 鸮形玉佩

图 6.3-1　鸮形玉佩观察点 C

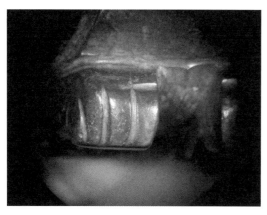

图 6.3-2　观察点 C 放大 20 倍

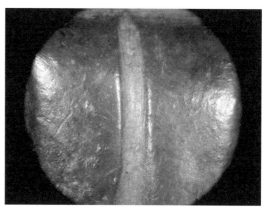

图 6.3-3　观察点 C 放大 40 倍

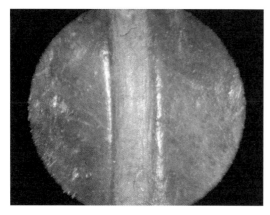

图 6.3-4　观察点 C 放大 60 倍

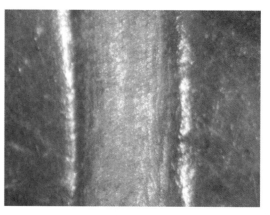

图 6.3-5　观察点 C 放大 120 倍

BC1600TSLD 型

将 M2009 ：138 小臣玉琮（图 6.4）观察点 D 放大至 120 倍（图 6.4-1 ~ 6.4-5），可以观察到阴线沟边沟壁粗糙平斜，沟底较深，高低落差很大，分布同向排列、大小不一的晶团状凸脊、细条状凸脊、凹洼、深窿现象。此乃先使用较细的石核或较薄的石片镌刻出较深的细阴线，再使用较粗的石核沿线刮宽，使字迹达到所需的宽度所致。

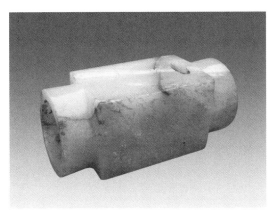

图 6.4　M2009 ：138 小臣玉琮

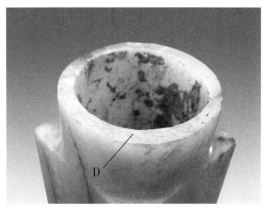

图 6.4-1　小臣玉琮观察点 D

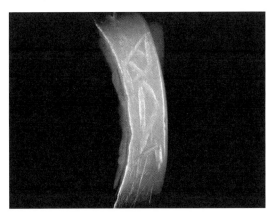

图 6.4-2　观察点 D 放大 20 倍

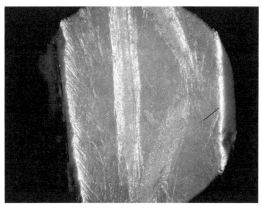

图 6.4-3　观察点 D 放大 40 倍

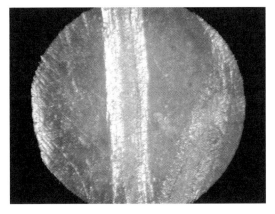

图 6.4-4　观察点 D 放大 60 倍

图 6.4-5　观察点 D 放大 120 倍

BC1600TSLE 型

将 M2009：187 鹗形玉佩（图 6.5）观察点 E 放大至 120 倍（图 6.5-1 ～ 6.5-5），可以观察到阴线沟边沟壁粗缓，沟底粗糙满布高低起伏晶团状凸脊、凹洼与晶粒状凸点，阴线截断面"U"字形，宽深比 3：2 现象。此乃粗细宽窄不一的石核细致往复镌刻而出的阴线，全器完成后再经兽皮等软性工具加粉晶级抛光砂细致的研磨抛光而成。

图 6.5　M2009：187 鹗形玉佩

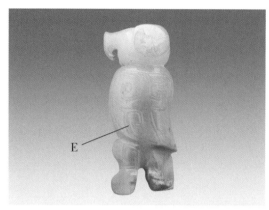

图 6.5-1　鹗形玉佩观察点 E

图 6.5-2　观察点 E 放大 20 倍

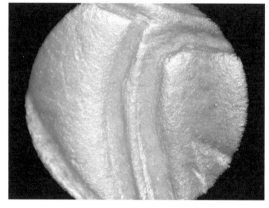

图 6.5-3　观察点 E 放大 40 倍

图 6.5-4　观察点 E 放大 60 倍

图 6.5-5　观察点 E 放大 120 倍

BC1600TSLF 型

将 M2009 ：204 鸟形玉佩（图 6.6）观察点 F 放大至 120 倍（图 6.6-1 ～ 6.6-5），可以观察到双羽之间阴线，沟边沟壁粗缓，沟底满布同向排列粗细、宽窄、深浅不一的长条状凸脊与凹槽现象。此乃较细的石核或较薄的石片同向细致刮蹭的痕迹。

图 6.6 M2009 ：204 鸟形玉佩

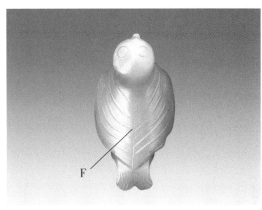

图 6.6-1 鸟形玉佩观察点 F

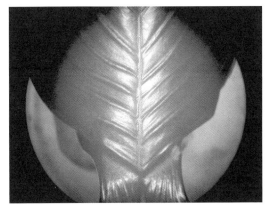

图 6.6-2 观察点 F 放大 20 倍

图 6.6-3 观察点 F 放大 40 倍

图 6.6-4 观察点 F 放大 60 倍

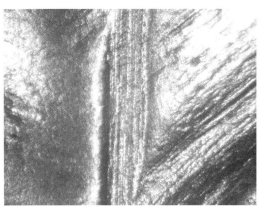

图 6.6-5 观察点 F 放大 120 倍

BC1600TSLG 型

将 M2009 ： 1011 小臣系璧（图 6.7）观察点 G 放大至 120 倍（图 6.7-1 ～ 6.7-5），可以观察到沟边粗糙、沟底满布同向晶团状凸脊与晶粒状凸点，阴线出现的中脊乃是两次刮蹭阴线时的边界。

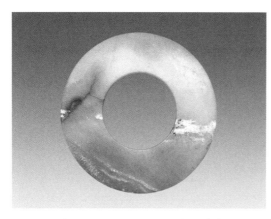

图 6.7　M2009 ： 1011 小臣系璧

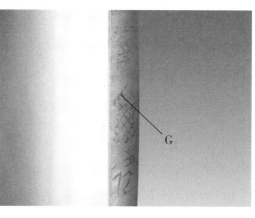

图 6.7-1　小臣系璧观察点 G

图 6.7-2　观察点 G 放大 20 倍

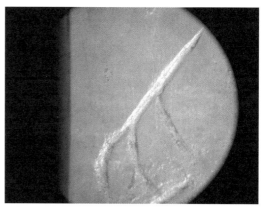

图 6.7-3　观察点 G 放大 40 倍

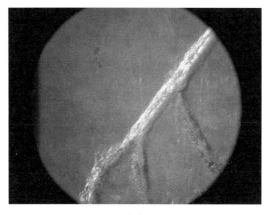

图 6.7-4　观察点 G 放大 60 倍

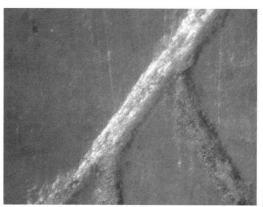

图 6.7-5　观察点 G 放大 120 倍

BC1600TSLH 型

将 M2009 ：1011 小臣系璧（图 6.8）观察点 H 放大至 120 倍（图 6.8-1 ～ 6.8-5），可以观察到阴线沟边平直、沟壁沟底满布同向排列的长条状凸脊与高低起伏的晶团状凸脊、阴线断面平底"V"字形现象。此乃石核工具细致单向刻划所成。

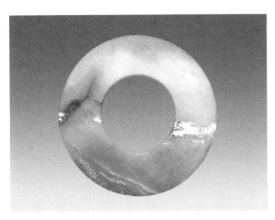

图 6.8 M2009 ：1011 小臣系璧

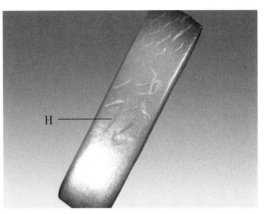

图 6.8-1 小臣系璧观察点 H

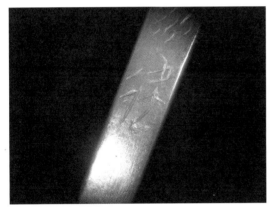

图 6.8-2 观察点 H 放大 20 倍

图 6.8-3 观察点 H 放大 40 倍

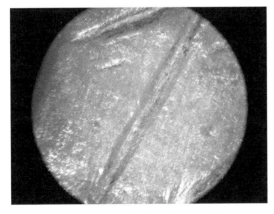

图 6.8-4 观察点 H 放大 60 倍

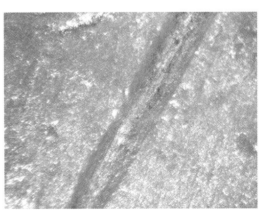

图 6.8-5 观察点 H 放大 120 倍

BC1600TSLI 型

将 M2009：219 菱形纹玉戈（图 6.9）观察点 I 放大至 120 倍（图 6.9-1～6.9-5），可以观察到阴线沟边平直、沟边与沟底两侧满布断续细条状凸脊与凹槽、沟底中间满布晶粒状凸点与凹洼、阴线截断面"U"字形，宽深比 3：2 现象。此乃圆首石核工具沿着尺子[1]单向多次刻划所成。阴线沟边之所以平直，乃因成器之后，用砂岩工具全器细致抛磨时将沟边糙痕磨去所致。

图 6.9　M2009：219 菱形纹玉戈

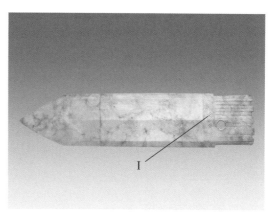

图 6.9-1　菱形纹玉戈观察点 I

图 6.9-2　观察点 I 放大 20 倍

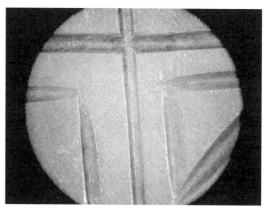

图 6.9-3　观察点 I 放大 40 倍

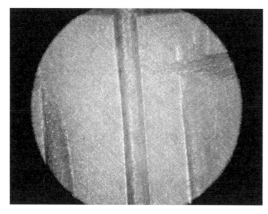

图 6.9-4　观察点 I 放大 60 倍

图 6.9-5　观察点 I 放大 120 倍

[1] 最好的尺子当为竹片。

3. 曲线微痕迹（Microtraces of Curve Line；TCL）

BC1600TCLA 型

将 M2009 ：183 鹦鹉形玉佩（图 7.1）观察点 A 放大至 120 倍（图 7.1–1 ～ 7.1–5），可以观察到曲线内廓粗缓及外廓粗糙、模糊、毛刺现象。此乃石核或石片工具沿着内廓曲面依序刮蹭，用力较大所形成的痕迹。

图 7.1　M2009 ：183 鹦鹉形玉佩

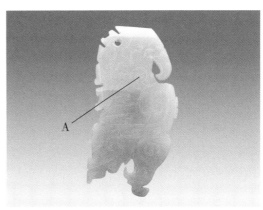

图 7.1–1　鹦鹉形玉佩观察点 A

图 7.1–2　观察点 A 放大 20 倍

图 7.1–3　观察点 A 放大 40 倍

图 7.1–4　观察点 A 放大 60 倍

图 7.1–5　观察点 A 放大 120 倍

BC1600TCLB 型

将 M2009 ：138 小臣玉琮（图 7.2）观察点 B 放大至 120 倍（图 7.2-1 ～ 7.2-5），可以观察到曲线内廓粗缓及外廓粗糙、毛刺，阴线底部满布晶粒状凸点。此乃石核工具沿着所需曲度重复轻微刮蹭所形成的痕迹。

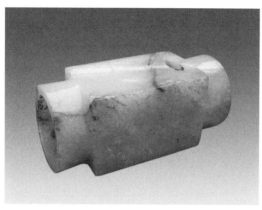

图 7.2 M2009 ：138 小臣玉琮

图 7.2-1 小臣玉琮观察点 B

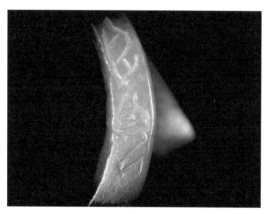

图 7.2-2 观察点 B 放大 20 倍

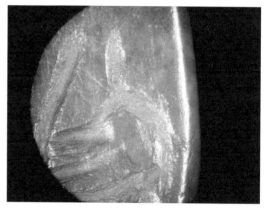

图 7.2-3 观察点 B 放大 40 倍

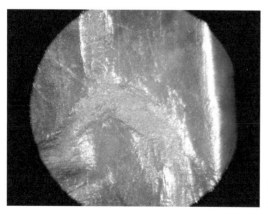

图 7.2-4 观察点 B 放大 60 倍

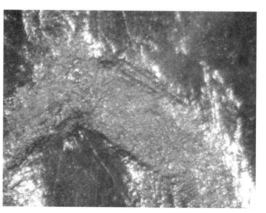

图 7.2-5 观察点 B 放大 120 倍

BC1600TCLC 型

将 M2009 ：230 蛇形玉佩（图 7.3）观察点 C 放大至 120 倍（7.3–1 ~ 7.3–5），可以观察到曲线内廓圆缓、廓壁与斜面满布同向修弧的刮痕现象。此乃锐利的石核或锐利的石片沿着所需曲度同向减地修弧为斜面所形成的痕迹。

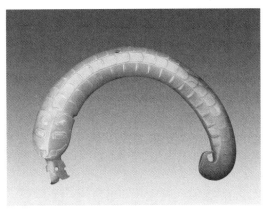

图 7.3 M2009 ：230 蛇形玉佩

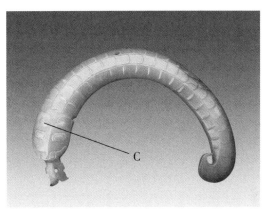

图 7.3–1 蛇形玉佩观察点 C

图 7.3–2 观察点 C 放大 20 倍

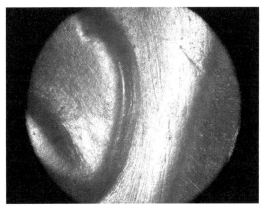

图 7.3–3 观察点 C 放大 40 倍

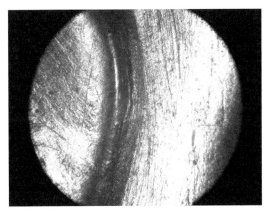

图 7.3–4 观察点 C 放大 60 倍

图 7.3–5 观察点 C 放大 120 倍

BC1600TCLD 型

将 M2009 ：755 兽面纹玉饰（图 7.4）观察点 D 放大至 120 倍（图 7.4-1 ～ 7.4-5），可以观察到曲线内廓平缓、廓壁陡直满布细条状凸脊、外廓扇形毛刺、斜面内侧满布晶粒状凸点、外侧满布放射状细条状凸脊与细凹槽现象。此乃锐利的石片或石核沿曲度定向修弧所形成的痕迹。

图 7.4　M2009 ：755 兽面纹玉饰　　　　图 7.4-1　兽面纹玉饰观察点 D

 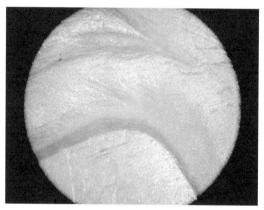

图 7.4-2　观察点 D 放大 20 倍　　　　图 7.4-3　观察点 D 放大 40 倍

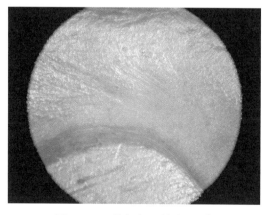 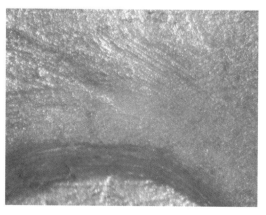

图 7.4-4　观察点 D 放大 60 倍　　　　图 7.4-5　观察点 D 放大 120 倍

4. 岔线微痕迹（Microtraces of Fork Line；TFL）

BC1600TFLA 型

将 M2009 ：183 鹦鹉形玉佩（图 8.1）观察点 A 放大至 120 倍（图 8.1-1 ～ 8.1-5），可以观察到两条阴线交会处满布石核工具刮蹭的痕迹。

图 8.1　M2009 ：183 鹦鹉形玉佩

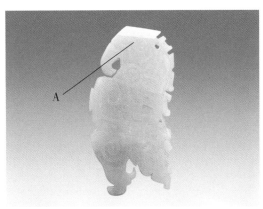

图 8.1-1　鹦鹉形玉佩观察点 A

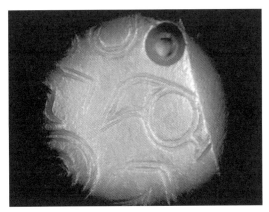

图 8.1-2　观察点 A 放大 20 倍

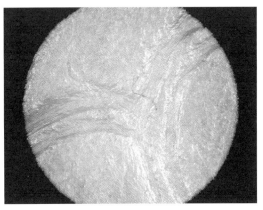

图 8.1-3　观察点 A 放大 40 倍

图 8.1-4　观察点 A 放大 60 倍

图 8.1-5　观察点 A 放大 120 倍

BC1600TFLB 型

将 M2009 ：1011 小臣系璧（图 8.2）观察点 B 放大至 120 倍（图 8.2-1 ～ 8.2-3），可以观察到阴线交会处沟边粗糙、沟底满布晶粒状凸点现象。此乃石核或石片工具细刮所形成的痕迹。

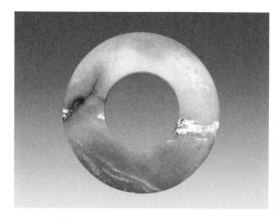

图 8.2　M2009：1011 小臣系璧

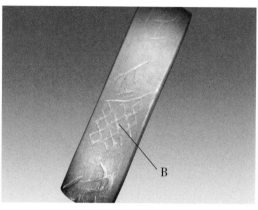

图 8.2-1　小臣系璧观察点 B

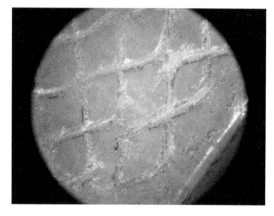

图 8.2-2　观察点 B 放大 60 倍

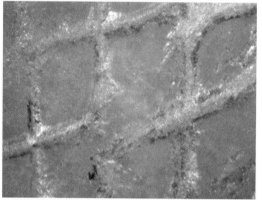

图 8.2-3　观察点 B 放大 120 倍

BC1600TFLC 型

将 M2009 ：1034 菱形纹玉戈（图 8.3）观察点 C 放大至 120 倍（图 8.3-1 ～ 8.3-5），可以观察到阴线沟边平直、沟边与沟底两侧满布断续细条状凸脊与凹槽、沟底中间满布晶粒状凸点与凹洼、阴线截断面"U"字形、宽深比 3 ：2 现象。此乃钝首石核工具沿着尺子单向多次刻划所成。

图 8.3　M2009：1034 菱形纹玉戈

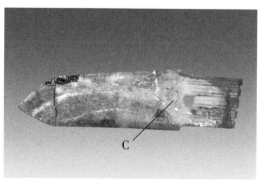

图 8.3-1　菱形纹玉戈观察点 C

 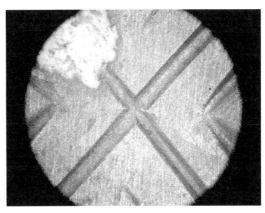

图 8.3-2 观察点 C 放大 20 倍　　　　　图 8.3-3 观察点 C 放大 40 倍

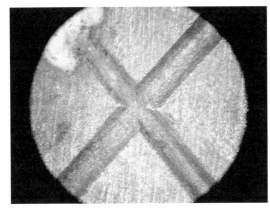 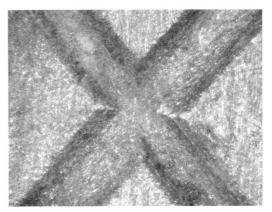

图 8.3-4 观察点 C 放大 60 倍　　　　　图 8.3-5 观察点 C 放大 120 倍

5. 斜刀工艺痕迹 （Microtraces of Oblique Line；TOL）

BC1600TOLA 型

将 M2009：208 菱形纹玉戈（图 9.1）观察点 A 放大至 120 倍（图 9.1-1 ~ 9.1-5），可以观察到右廓边平直、廓壁廓底满布平行细条状凸脊、斜面满布片状凸脊与凹洼。此乃阴线左廓使用石片工具刮斜之后，再使用砂岩磨石磨平斜面所形成的痕迹。

 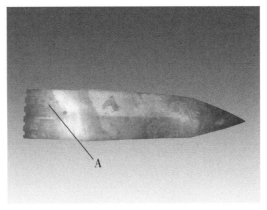

图 9.1 M2009：208 菱形纹玉戈　　　　　图 9.1-1 菱形纹玉戈观察点 A

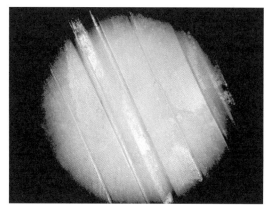

图 9.1-2　观察点 A 放大 20 倍

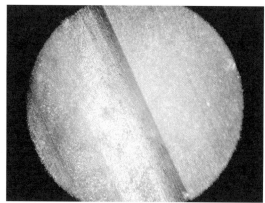

图 9.1-3　观察点 A 放大 40 倍

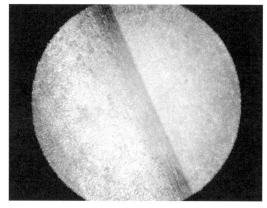

图 9.1-4　观察点 A 放大 60 倍

图 9.1-5　观察点 A 放大 120 倍

BC1600TOLB 型

　　将 M2009 ： 263 兽面纹玉斧（图 9.2）观察点 B 放大至 120 倍（图 9.2-1 ～ 9.2-5），可以观察到斜面底部满布石核工具刮蹭的平行条状凸脊与凹洼。

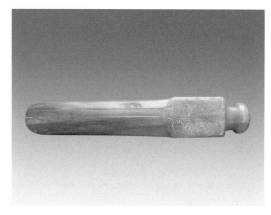

图 9.2　M2009 ： 263 兽面纹玉斧

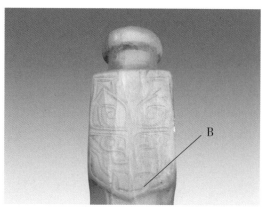

图 9.2-1　兽面纹玉斧观察点 B

图 9.2-2　观察点 B 放大 20 倍

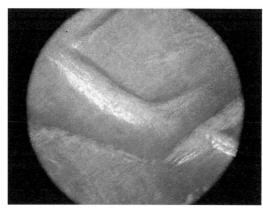

图 9.2-3　观察点 B 放大 40 倍

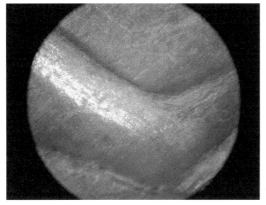

图 9.2-4　观察点 B 放大 60 倍

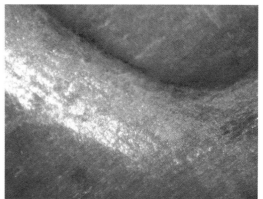

图 9.2-5　观察点 C 放大 120 倍

BC1600TOLC 型

将 M2009 ：331 兽面纹玉杖头（图 9.3）观察点 C 放大至 120 倍（图 9.3-1 ~ 9.3-5），可以观察到左廓壁与斜面满布砂岩磨石单向锉磨的平行长条状凸脊与凹槽痕迹。

图 9.3　M2009 ：331 兽面纹玉杖头

图 9.3-1　兽面纹玉杖头观察点 C

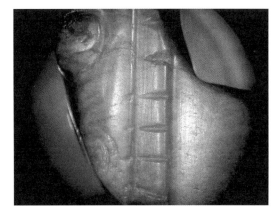

图 9.3-2　观察点 C 放大 20 倍

图 9.3-3　观察点 C 放大 40 倍

图 9.3-4　观察点 C 放大 60 倍

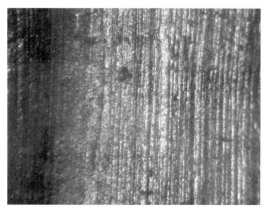

图 9.3-5　观察点 C 放大 120 倍

BC1600TOLD 型

将 M2009 ：768 燕形玉佩（图 9.4）观察点 D 放大至 120 倍（图 9.4-1 ～ 9.4-5），可以观察到左廓廓边圆缓、廓壁与廓底满布平行细条状凸脊与凹槽、斜面满布放射状条状凸脊与凹槽现象。此阴线与斜面皆使用锐利的石核或锐利的石片细致镌刻而成。

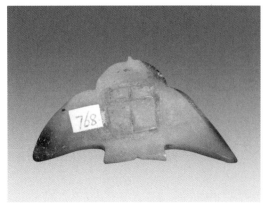

图 9.4　M2009 ：768 燕形玉佩

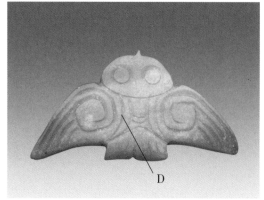

图 9.4-1　燕形玉佩观察点 D

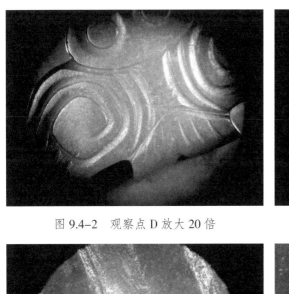

图 9.4-2 观察点 D 放大 20 倍

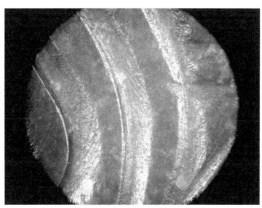

图 9.4-3 观察点 D 放大 40 倍

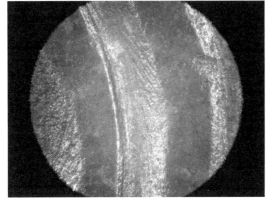

图 9.4-4 观察点 D 放大 60 倍

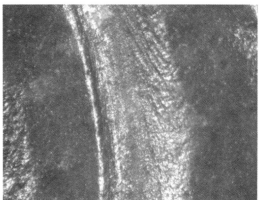

图 9.4-5 观察点 D 放大 120 倍

6. 刀尖微痕迹（Microtraces of Tip；TOT）

BC1600TOTA 型

将 M2009 ：183 鹦鹉形玉佩（图 10.1）观察点 A 放大至 120 倍（图 10.1-1 ～ 10.1-5），可以观察到阴线收刀处使用石核工具点蹭而成的粗糙边廓与起伏特甚的底部痕迹。

图 10.1 M2009 ：183 鹦鹉形玉佩

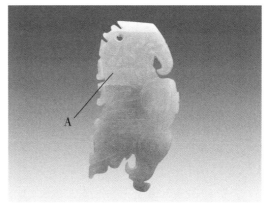

图 10.1-1 鹦鹉形玉佩观察点 A

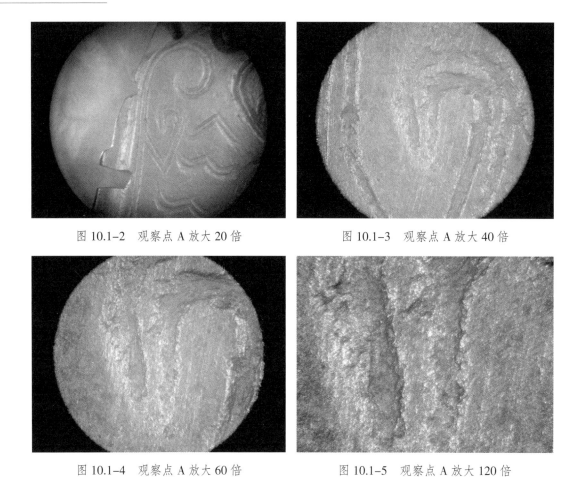

图 10.1-2　观察点 A 放大 20 倍　　　　　图 10.1-3　观察点 A 放大 40 倍

图 10.1-4　观察点 A 放大 60 倍　　　　　图 10.1-5　观察点 A 放大 120 倍

BC1600TOTB 型

　　将 M2009：793"王伯"玉管（图 10.2）观察点 B 放大至 120 倍（图 10.2-1 ～ 10.2-5），可以观察到交叉收刀处沟边粗缓、沟壁满布平行长条状凸脊与凹槽、沟底满布同向晶团状凸脊与凹洼、阴线截断面"U"字形现象。此乃石核重复单向刮蹭阴线所成的痕迹。

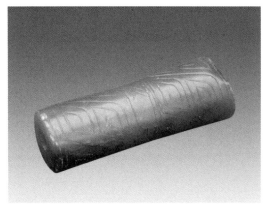

图 10.2　M2009：793"王伯"玉管

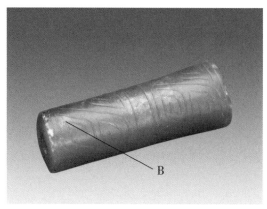

图 10.2-1　"王伯"玉管观察点 B

图 10.2-2　观察点 B 放大 20 倍

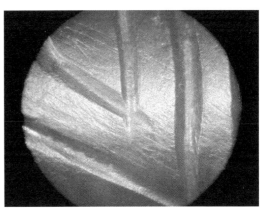

图 10.2-3　观察点 B 放大 40 倍

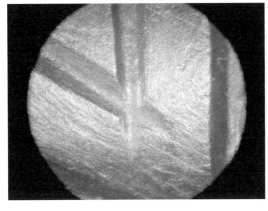

图 10.2-4　观察点 B 放大 60 倍

图 10.2-5　观察点 B 放大 120 倍

BC1600TOTC 型

将 M2009：208 菱形纹玉戈（图 10.3）观察点 C 放大至 120 倍（图 10.3-1 ～ 10.3-5），可以观察到收尖处阴线沟边平直、沟边与沟底两侧满布断续细条状凸脊与凹槽、沟底中间满布晶粒状凸点与凹洼、阴线截断面"U"字形现象。此乃石核工具沿着尺子单向多次刻划所成的痕迹。

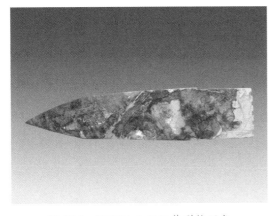

图 10.3　M2009：208 菱形纹玉戈

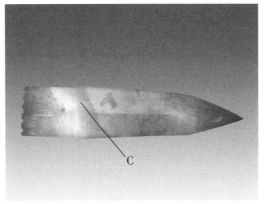

图 10.3-1　菱形纹玉戈观察点 C

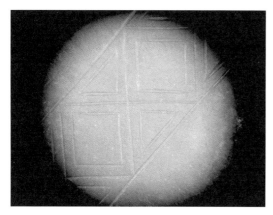

图 10.3-2　观察点 C 放大 20 倍

图 10.3-3　观察点 C 放大 40 倍

图 10.3-4　观察点 C 放大 60 倍

图 10.3-5　观察点 C 放大 120 倍

7. 圆圈微痕迹（Microtraces of Circle Line；TCL）

BC1600TCLA 型

将 M2009：204 鸟形玉佩（图 11.1）观察点 A 放大至 120 倍（图 11.1-1 ～ 11.1-5），可以观察到圈线内廓圆缓、廓壁与斜面满布同向修弧的刮痕现象。此乃锐利的石核或锐利的石片沿着所需曲度同向减地修弧为斜面所形成的痕迹。

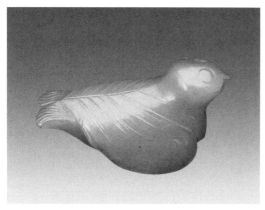

图 11.1　M2009：204 鸟形玉佩

图 11.1-1　鸟形玉佩观察点 A

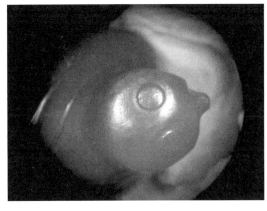

图 11.1–2　观察点 A 放大 20 倍

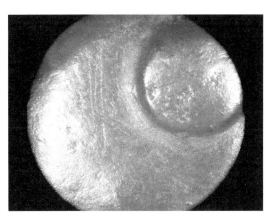

图 11.1–3　观察点 A 放大 40 倍

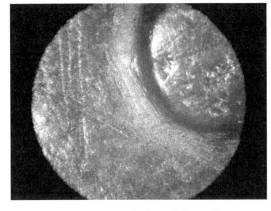

图 11.1–4　观察点 A 放大 60 倍

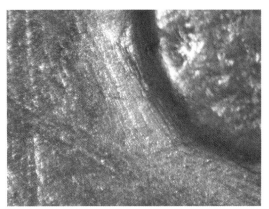

图 11.1–5　观察点 A 放大 120 倍

BC1600TCLB 型

　　将 M2009 ： 230 蛇形玉佩（图 11.2）观察点 B 放大至 120 倍（图 11.2–1 ～ 11.2–5），可以观察到内廓圆缓、廓壁与沟底满布同向修弧的刮蹭痕迹现象。此乃锐利的石核或锐利的石片沿着所需曲度同向刮蹭所形成的痕迹。

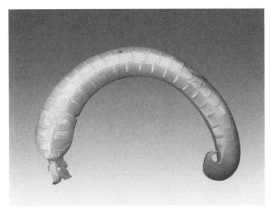

图 11.2　M2009 ： 230 蛇形玉佩

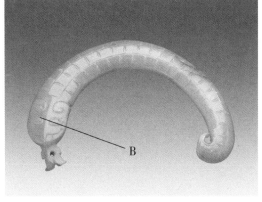

图 11.2–1　蛇形玉佩观察点 B

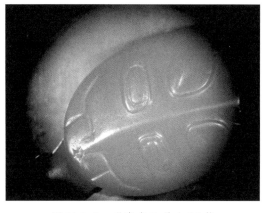

图 11.2-2　观察点 B 放大 20 倍

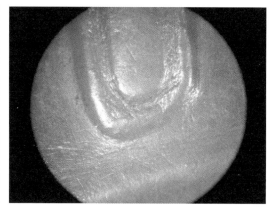

图 11.2-3　观察点 B 放大 40 倍

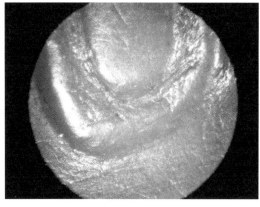

图 11.2-4　观察点 B 放大 60 倍

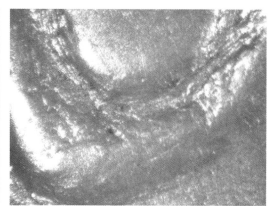

图 11.2-5　观察点 B 放大 120 倍

BC1600TCLC 型

　　将 M2009 ： 263 兽面纹玉斧（图 11.3）观察点 C 放大至 120 倍（图 11.3-1 ～ 11.3-5），可以观察到内廓圆缓、廓壁与沟底两侧满布同向修圆的刮蹭痕迹、沟底中间满布晶团状凸脊与凹洼现象。此乃石核工具或石片沿着圆圈刮蹭所形成的痕迹。

图 11.3　M2009 ： 263 兽面纹玉斧

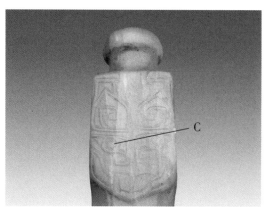

图 11.3-1　兽面纹玉斧观察点 C

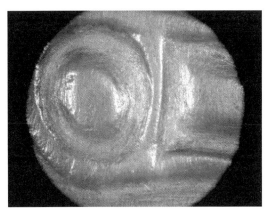

图 11.3-2　观察点 C 放大 20 倍　　　　图 11.3-3　观察点 C 放大 40 倍

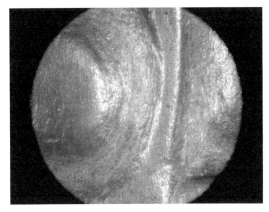
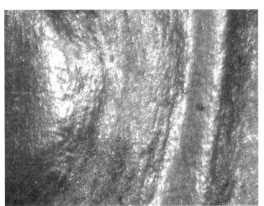

图 11.3-4　观察点 C 放大 60 倍　　　　图 11.3-5　观察点 C 放大 120 倍

BC1600TCLD 型

将 M2009：572 人形玉璜（图 11.4）观察点 D 放大至 120 倍（图 11.4-1 ~ 11.4-5），可以观察到内外廓粗缓、廓壁与沟底满布同向刮蹭的晶团状凸脊与凹洼痕迹。此乃锐利的石核或锐利的石片沿着圆圈推蹭所形成的痕迹。

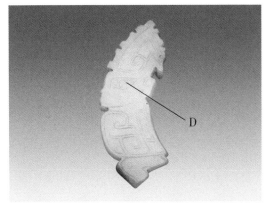

图 11.4　M2009：572 人形玉璜　　　　图 11.4-1　人形玉璜观察点 D

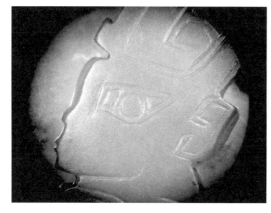

图 11.4-2　观察点 D 放大 20 倍

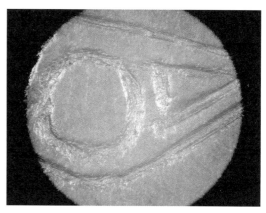

图 11.4-3　观察点 D 放大 40 倍

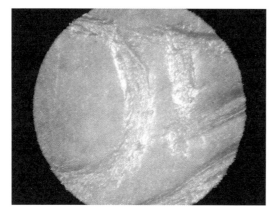

图 11.4-4　观察点 D 放大 60 倍

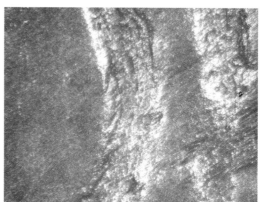

图 11.4-5　观察点 D 放大 120 倍

BC1600TCLE 型

将 M2009：768 燕形玉佩（图 11.5）观察点 E 放大至 120 倍（图 11.5-1 ～ 11.5-5），可以观察到左廓廓边圆缓、廓壁与廓底满布细条状凸脊与凹槽、斜面满布放射状条状凸脊与凹槽现象。此阴线与斜面皆使用锐利的石核或锐利的石片双向细致镌刻而成。

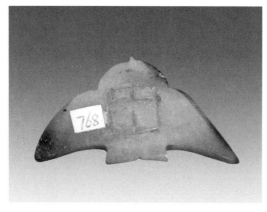

图 11.5　M2009：768 燕形玉佩

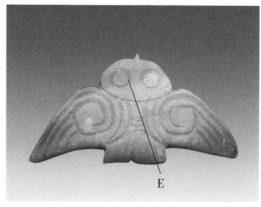

图 11.5-1　燕形玉佩观察点 E

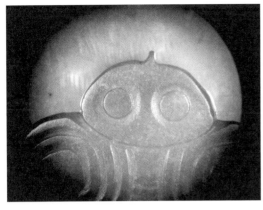

图 11.5-2　观察点 E 放大 20 倍

图 11.5-3　观察点 E 放大 40 倍

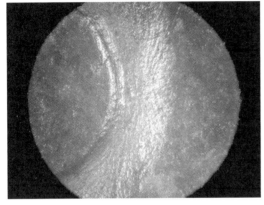

图 11.5-4　观察点 E 放大 60 倍

图 11.5-5　观察点 E 放大 120 倍

8. 钻头微痕迹（Microtraces of Gimlet；TOG）

BC1600TOGA 型

将 M2009：861 兽面形玉佩（图 12.1）观察点 A 放大至 120 倍（图 12.1-1 ～ 12.1-5），可以观察到圆洞边廓圆缓、洞壁与洞底满布同心排列晶团状凸脊与凹洼、洞底中心凸起现象。此乃细竹枝带动蘸水解玉砂往复旋钻玉料所形成的痕迹。由于竹枝中心结构松软致旋钻后遗留一中心凸点。

图 12.1　M2009：861 兽面形玉佩

图 12.1-1　兽面形玉佩观察点 A

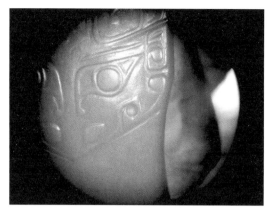

图 12.1-2　观察点 A 放大 20 倍

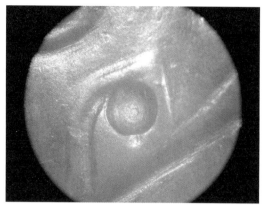

图 12.1-3　观察点 A 放大 40 倍

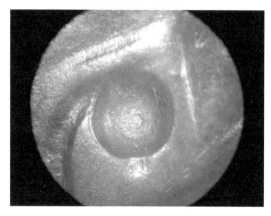

图 12.1-4　观察点 A 放大 60 倍

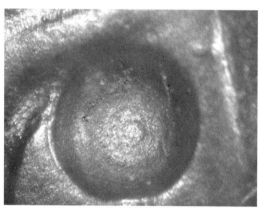

图 12.1-5　观察点 A 放大 120 倍

BC1600TOGB 型

将 M2009 ：209 人面纹腕形玉饰（12.2）观察点 B 放大至 40 倍（图 12.2-1 ～ 12.2-3），可以观察到石核钻头直接旋钻玉料所遗留之痕迹。

图 12.2　M2009 ：209 人面纹腕形玉饰

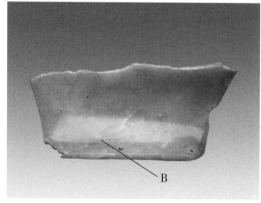

图 12.2-1　人面纹腕形玉饰观察点 B

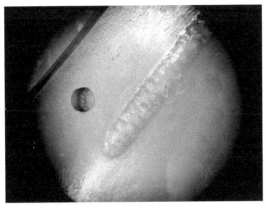
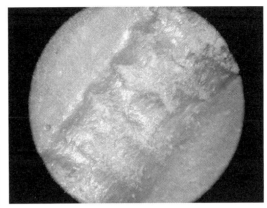

图 12.2-2 观察点 B 放大 20 倍 　　　　　图 12.2-3 观察点 B 放大 40 倍

BC1600TOGC 型

将 M2009：569 鸟形玉佩（图 12.3）观察点 C 放大至 120 倍（图 12.3-1 ～ 12.3-5），可以观察到孔壁满布同心长条状凸脊与凹槽状旋痕，这些乃隧孔钻成后砂岩钻头旋磨所遗留的痕迹。

图 12.3 M2009：569 鸟形玉佩 　　　　　图 12.3-1 鸟形玉佩观察点 C

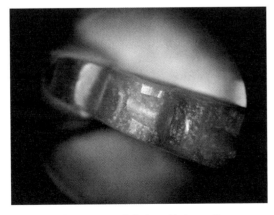

图 12.3-2 观察点 C 放大 20 倍 　　　　　图 12.3-3 观察点 C 放大 40 倍

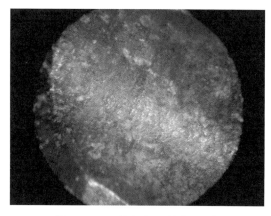

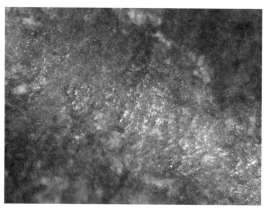

图 12.3-4　观察点 C 放大 60 倍　　　　　　　图 12.3-5　观察点 C 放大 120 倍

BC1600TOGD 型

将 M2009 ：574 蝉形玉佩（图 12.4）观察点 D 放大至 120 倍（图 12.4-1 ～ 12.4-5），可以观察到孔壁遗留同心长条状凹槽状旋痕。此孔由石核旋钻成后再使用砂岩钻头旋磨，未将原始石核钻痕完全磨去所形成的痕迹。

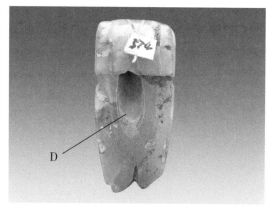

图 12.4　M2009 ：574 蝉形玉佩　　　　　　　图 12.4-1　蝉形玉佩观察点 D

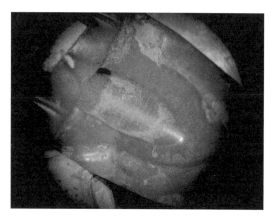

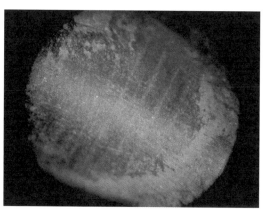

图 12.4-2　观察点 D 放大 20 倍　　　　　　　图 12.4-3　观察点 D 放大 40 倍

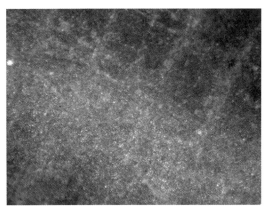

图 12.4-4　观察点 D 放大 60 倍　　　　　　图 12.4-5　观察点 D 放大 120 倍

9. 管钻微痕迹（Microtraces of Tube drill；TTD）

BC1600TTDA 型

将 M2009 ： 209 人面纹腕形玉饰（图 13.1）观察点 A 放大至 120 倍（图 13.1-1 ～ 13.1-5），可以观察到圈纹的内外廓皆圆缓、圈壁分布同心条状旋痕、圈底满布同心排列晶团状凸脊现象。此乃管状工具带动蘸水解玉砂往复旋钻而成的痕迹。

图 13.1　M2009 ： 209 人面纹腕形玉饰　　　　图 13.1-1　人面纹腕形玉饰观察点 A

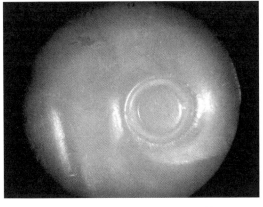

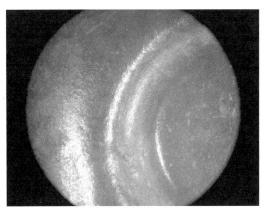

图 13.1-2　观察点 A 放大 20 倍　　　　　　图 13.1-3　观察点 A 放大 40 倍

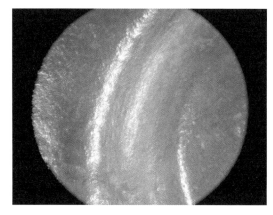

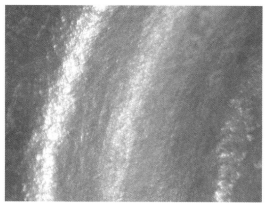

图 13.1-4　观察点 A 放大 60 倍　　　　　　图 13.1-5　观察点 A 放大 120 倍

BC1600TTDB 型

将 M2009：212 宽援玉戈（图 13.2）观察点 B 放大至 120 倍（图 13.2-1 ～ 13.2-5），可以观察到管状工具带动醮水解玉砂旋钻玉戈，工作停止处满布晶团状凸脊的底部。

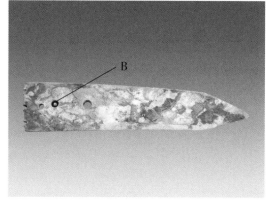

图 13.2　M2009：212 宽援玉戈　　　　　　图 13.2-1　宽援玉戈观察点 B

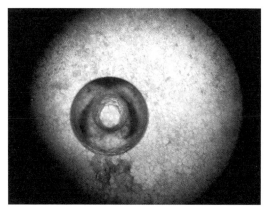

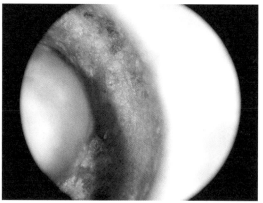

图 13.2-2　观察点 B 放大 20 倍　　　　　　图 13.2-3　观察点 B 放大 40 倍

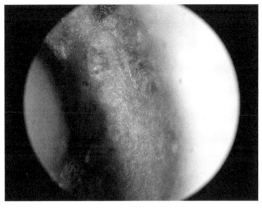

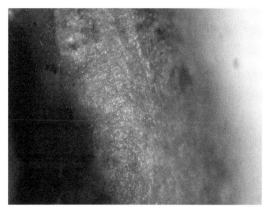

图 13.2-4　观察点 B 放大 60 倍　　　　　图 13.2-5　观察点 B 放大 120 倍

BC1600TTDC 型

将 M2009 : 262 兽面纹玉斧（图 13.3）观察点 C 放大至 120 倍（图 13.3-1 ～ 13.3-5），可以观察到圆洞边廓圆缓、洞壁与洞底满布同心排列晶团状凸脊、洞底中心凸起现象。此乃细竹枝带动醮水解玉砂往复旋钻玉料所形成的痕迹。由于竹枝中心结构松软致旋钻后遗留中心凸点。

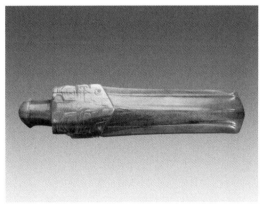

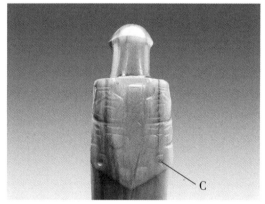

图 13.3　M2009 : 262 兽面纹玉斧　　　　　图 13.3-1　兽面纹玉斧观察点 C

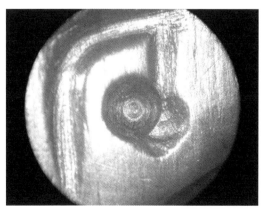

图 13.3-2　观察点 C 放大 20 倍　　　　　图 13.3-3　观察点 C 放大 40 倍

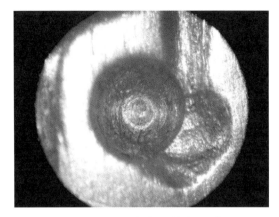
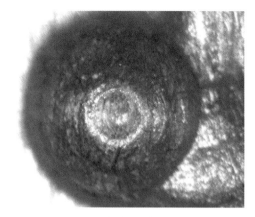

图 13.3–4　观察点 C 放大 60 倍　　　　　图 13.3–5　观察点 C 放大 120 倍

BC1600TTDD 型

将 M2009 ∶ 331 兽面纹玉杖头（图 13.4）观察点 D 放大至 120 倍（图 13.4–1 ～ 13.4–5），可以观察到砂岩钻头旋钻玉料后的同心排列晶团状凸脊痕迹。

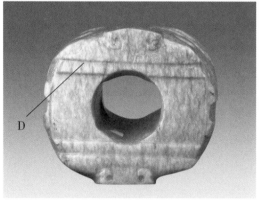

图 13.4　M2009 ∶ 331 兽面纹玉杖头　　　　图 13.4–1　兽面纹玉杖头观察点 D

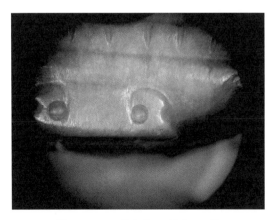
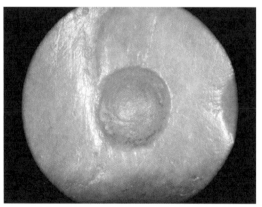

图 13.4–2　观察点 D 放大 20 倍　　　　　图 13.4–3　观察点 D 放大 40 倍

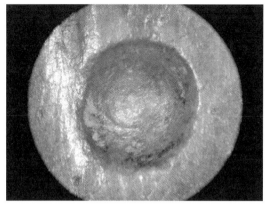
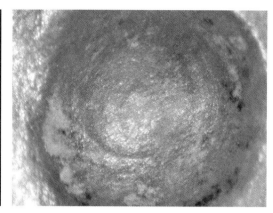

图 13.4-4 观察点 D 放大 60 倍 　　　　　图 13.4-5 观察点 D 放大 120 倍

10. 槽边微痕迹（Microtraces of Raisedsurface；TRS）

BC1600TRSA 型

将 M2009 ：156 管状玉柄形器（图 14.1）观察点 A 放大至 120 倍（图 14.1-1 ~ 14.1-5），可以观察到弦纹侧面与底部满布平行长条状凸脊与凹槽、稍远处的平面则满布同向排列的晶团状凸脊与凹洼现象。此乃砂岩磨石锉磨弦纹后所遗留的痕迹。

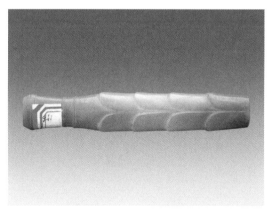
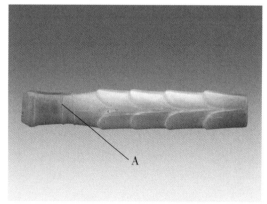

图 14.1　M2009 ：156 管状玉柄形器 　　　　　图 14.1-1　管状玉柄形器观察点 A

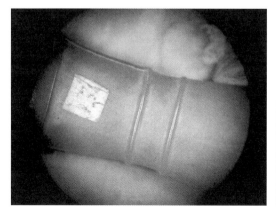
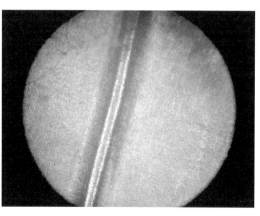

图 14.1-2　观察点 A 放大 20 倍 　　　　　　　图 14.1-3　观察点 A 放大 40 倍

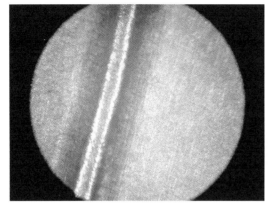
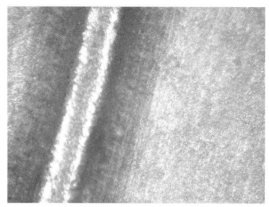

图 14.1-4 观察点 A 放大 60 倍   图 14.1-5 观察点 A 放大 120 倍

BC1600TRSB 型

将 M2009 ∶ 187 鸮形玉佩（图 14.2）观察点 B 放大至 120 倍（图 14.2-1 ～ 14.2-5），可以观察到羊角底部同向弯曲排列的短条状凸脊与凹槽，旁边则为砂岩磨石锉磨而成的三个满布晶团状凸脊与凹洼平面。

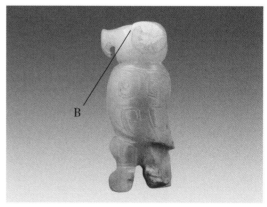

图 14.2 M2009 ∶ 187 鸮形玉佩   图 14.2-1 鸮形玉佩观察点 B

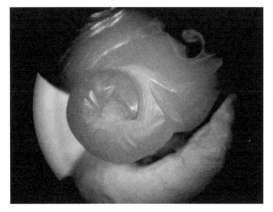
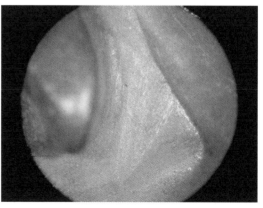

图 14.2-2 观察点 B 放大 20 倍   图 14.2-3 观察点 B 放大 40 倍

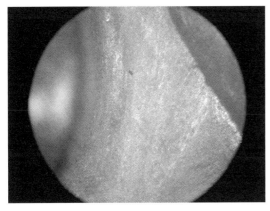

图 14.2-4　观察点 B 放大 60 倍

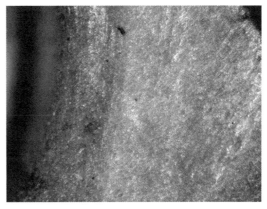

图 14.2-5　观察点 B 放大 120 倍

BC1600TRSC 型

将 M2009 ：204 鸟形玉佩（图 14.3）观察点 C 放大至 120 倍（图 14.3-1 ~ 14.3-5），可以观察到阳纹剔地平面满布细条状凸脊与细凹槽现象。本器阳纹剔地乃使用锐利的石核或锐利的石片，细致地刮蹭器表而成。

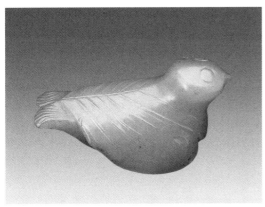

图 14.3　M2009 ：204 鸟形玉佩

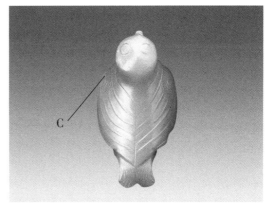

图 14.3-1　鸟形玉佩观察点 C

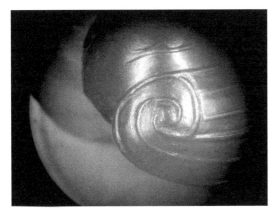

图 14.3-2　观察点 C 放大 20 倍

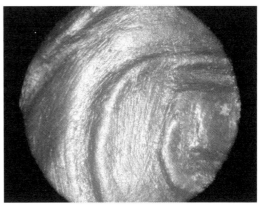

图 14.3-3　观察点 C 放大 40 倍

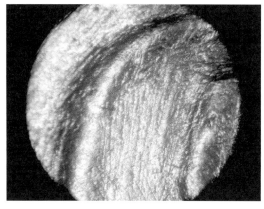

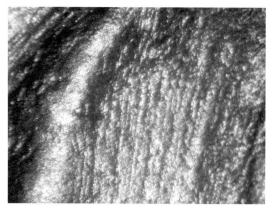

图 14.3-4 观察点 C 放大 60 倍   图 14.3-5 观察点 C 放大 120 倍

BC1600TRSD 型

将 M2009 : 263 兽面纹玉斧（图 14.4）观察点 D 放大至 120 倍（图 14.4-1 ～ 14.4-5），可以观察到两眼之间，使用锐利的石核或锐利的石片细致地刮蹭使成满布平行长条状凸脊与凹槽的地子。

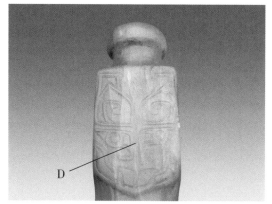

图 14.4 M2009 : 263 兽面纹玉斧   图 14.4-1 兽面纹玉斧观察点 D

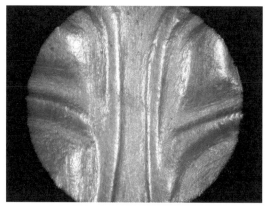

图 14.4-2 观察点 D 放大 20 倍   图 14.4-3 观察点 D 放大 40 倍

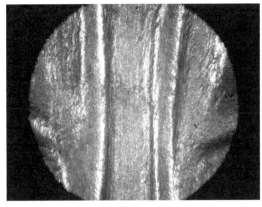

图 14.4–4　观察点 D 放大 60 倍

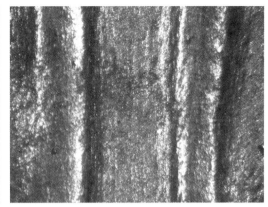

图 14.4–5　观察点 D 放大 120 倍

11. 边缘微痕迹（Microtraces of marginal；TOM）

BC1600TOMA 型

将 M2009 ：262 兽面纹玉斧（图 15.1）观察点 A 放大至 120 倍（图 15.1–1 ～ 15.1–5），可以观察到圆柱表面满布砂岩磨石锉磨的平行条状与凹槽痕迹。

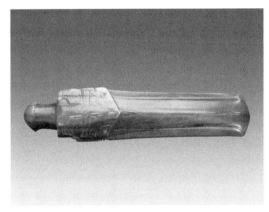

图 15.1　M2009 ：262 兽面纹玉斧

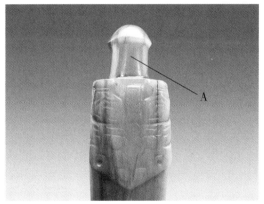

图 15.1–1　兽面纹玉斧观察点 A

图 15.1–2　观察点 A 放大 20 倍

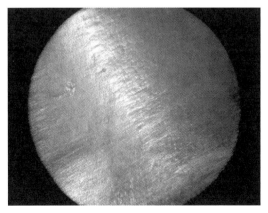

图 15.1–3　观察点 A 放大 40 倍

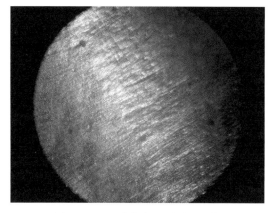

图 15.1-4　观察点 A 放大 60 倍　　　　　　图 15.1-5　观察点 A 放大 120 倍

BC1600TOMB 型

将 M2009：968 龙纹玉觿（图 15.2）观察点 B 放大至 120 倍（图 15.2-1～15.2-5），可以观察到内侧边缘两边使用砂岩磨石锉斜使成类似圆弧且满布长条状凸脊的表面。

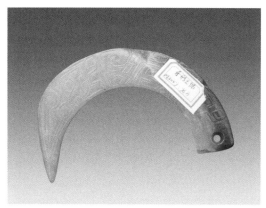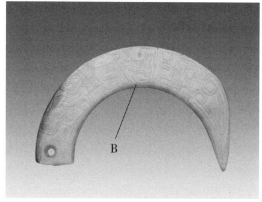

图 15.2　M2009：968 龙纹玉觿　　　　　　图 15.2-1　龙纹玉觿观察点 B

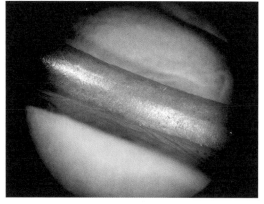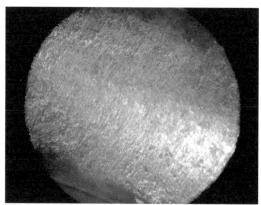

图 15.2-2　观察点 B 放大 20 倍　　　　　　图 15.2-3　观察点 B 放大 40 倍

图 15.2-4　观察点 B 放大 60 倍

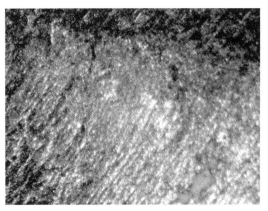

图 15.2-5　观察点 B 放大 120 倍

BC1600TOMC 型

将 M2009 ：572 人形玉璜（图 15.3）观察点 C 放大至 120 倍（图 15.3-1 ～ 15.3-5），可以观察到整个器缘表面满布砂岩磨石锉磨后的晶团状凸脊与凹洼痕迹。

图 15.3　M2009 ：572 人形玉璜

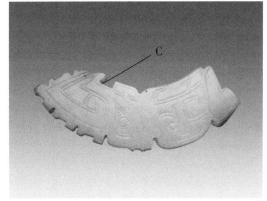

图 15.3-1　人形玉璜观察点 C

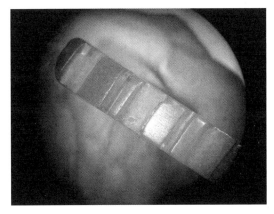

图 15.3-2　观察点 C 放大 20 倍

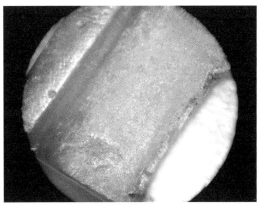

图 15.3-3　观察点 C 放大 40 倍

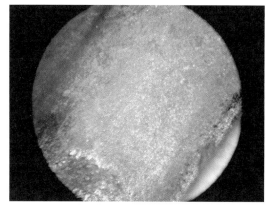

图 15.3-4　观察点 C 放大 60 倍　　　　　图 15.3-5　观察点 C 放大 120 倍

12. 表面微痕迹（Microtraces of surface；TOS）

BC1600TOSA 型

将 M2009 ∶ 204 鸟形玉佩（图 16.1）观察点 A 放大至 120 倍（图 16.1-1 ~ 16.1-5），可以观察到阳纹之间的平面满布锐利石核或石片剔地形成的长条状刮蹭痕迹。

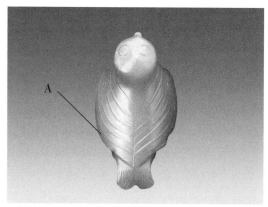

图 16.1　M2009 ∶ 204 鸟形玉佩　　　　　图 16.1-1　鸟形玉佩观察点 A

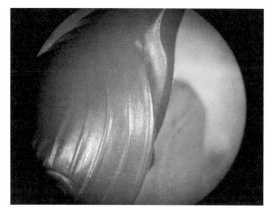

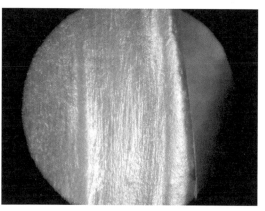

图 16.1-2　观察点 A 放大 20 倍　　　　　图 16.1-3　观察点 A 放大 40 倍

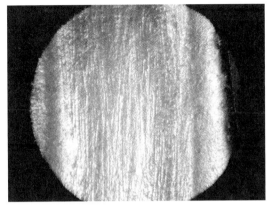

图 16.1-4　观察点 A 放大 60 倍

图 16.1-5　观察点 C 放大 120 倍

BC1600TOSB 型

将 M2009 ：209 人面纹腕形玉饰（图 16.2）观察点 B 放大至 120 倍（图 16.2-1 ～ 16.2-5），可以观察到凹面上使用砂岩磨石单向抛磨的平行长条状凸脊与凹槽痕迹。

图 16.2　M2009 ：209 人面纹腕形玉饰

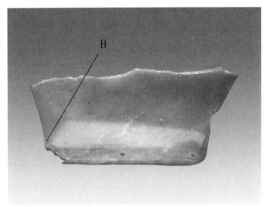

图 16.2-1　人面纹腕形玉饰观察点 B

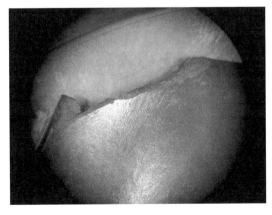

图 16.2-2　观察点 B 放大 20 倍

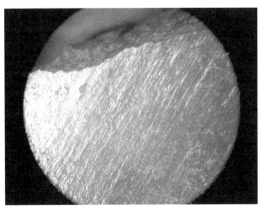

图 16.2-3　观察点 B 放大 40 倍

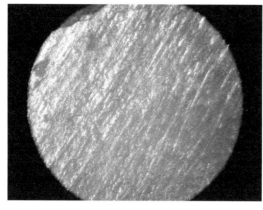

图 16.2-4　观察点 B 放大 60 倍

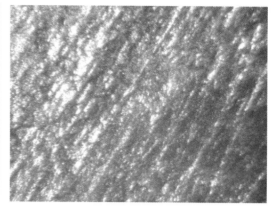

图 16.2-5　观察点 B 放大 120 倍

BC1600TOSC 型

将 M2009：331 兽面纹玉杖头（图 16.3）观察点 C 放大至 120 倍（图 16.3-1 ~ 16.3-5），可以观察到孔口表面满布粗缓不规则晶团状凸脊与凹洼现象。此乃器物经过三千多年的风化淋滤作用，器表工艺痕迹被溶蚀而遗留结合强度较高的晶团结构。

图 16.3　M2009：331 兽面纹玉杖头

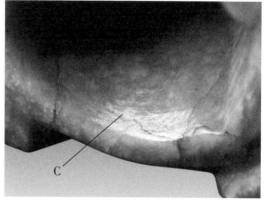

图 16.3-1　兽面纹玉杖头观察点 C

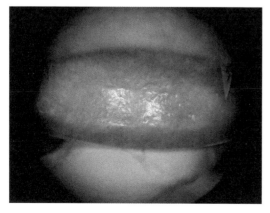

图 16.3-2　观察点 C 放大 20 倍

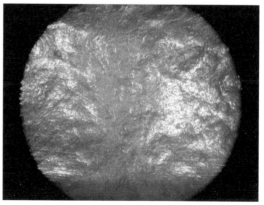

图 16.3-3　观察点 C 放大 40 倍

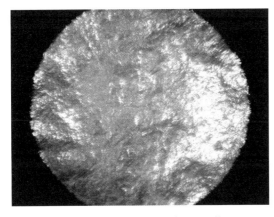

图 16.3-4　观察点 C 放大 60 倍

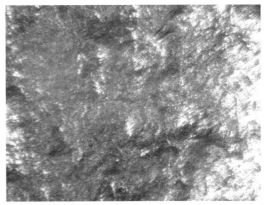

图 16.3-5　观察点 C 放大 120 倍

BC1600TOSD 型

将 M2009 ：968 龙纹玉觿（图 16.4）观察点 D 放大至 120 倍（图 16.4-1 ～ 16.4-5），可以观察到阳纹之间的平面满布锐利石核或石片剔地形成的长条状刮蹭痕迹。

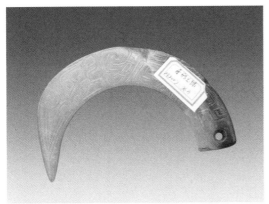

图 16.4　M2009 ：968 龙纹玉觿

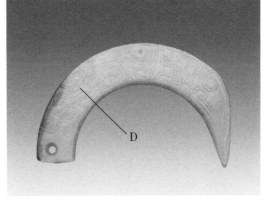

图 16.4-1　龙纹玉觿观察点 D

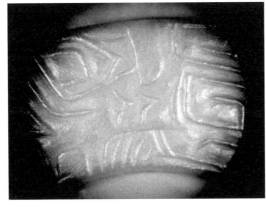

图 16.4-2　观察点 D 放大 20 倍

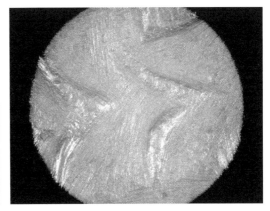

图 16.4-3　观察点 D 放大 40 倍

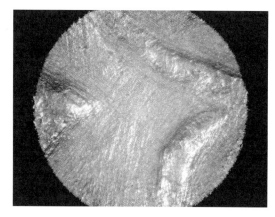

图 16.4-4 观察点 D 放大 60 倍

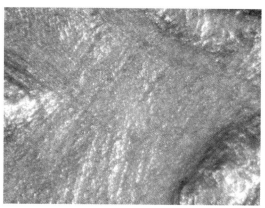

图 16.4-5 观察点 D 放大 120 倍

BC1600TOSE 型

将 M2009 ：755 兽面纹玉饰（图 16.5）观察点 E 放大至 120 倍（图 16.5-1 ～ 16.5-5），可以观察到榫部表面使用砂岩磨石锉磨而成的平行条状痕迹。

图 16.5 M2009 ：755 兽面纹玉饰

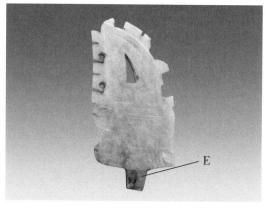

图 16.5-1 兽面纹玉饰观察点 E

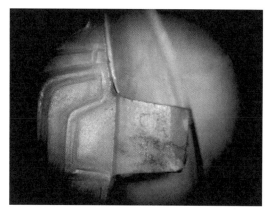

图 16.5-2 观察点 E 放大 20 倍

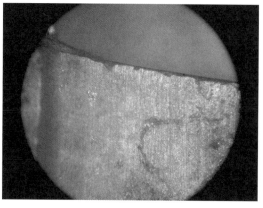

图 16.5-3 观察点 E 放大 40 倍

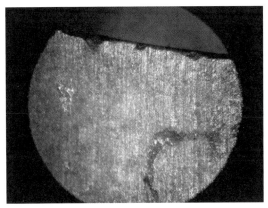

图 16.5-4　观察点 E 放大 60 倍

图 16.5-5　观察点 E 放大 120 倍

BC1600TOSF 型

将 M2009：870 蜘蛛形玉佩（图 16.6）观察点 F 放大至 120 倍（图 16.6-1 ～ 16.6-5），可以观察到凹痕表面使用砂岩磨石往复锉磨而成的平行条状凸脊与凹槽痕迹。

图 16.6　M2009：870 蜘蛛形玉佩

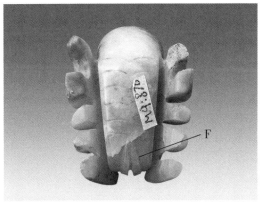

图 16.6-1　蜘蛛形玉佩观察点 F

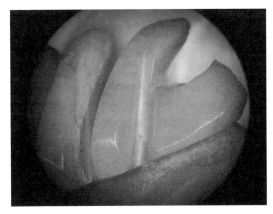

图 16.6-2　观察点 F 放大 20 倍

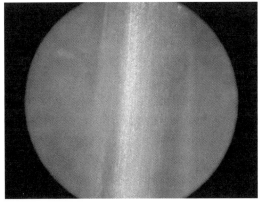

图 16.6-3　观察点 F 放大 40 倍

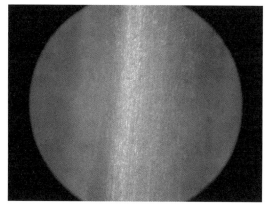

图 16.6-4　观察点 F 放大 60 倍

图 16.6-5　观察点 F 放大 120 倍

BC1600TOSG 型

将 M2009：895 牛形玉佩（图 16.7）观察点 G 放大至 120 倍（图 16.7-1 ～ 16.7-5），可以观察到器物表面因为风化淋滤作用所形成的橘皮现象。

图 16.7　M2009：895 牛形玉佩

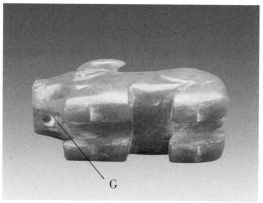

图 16.7-1　牛形玉佩观察点 G

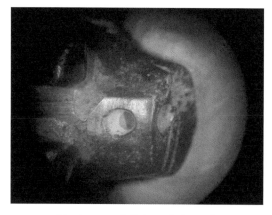

图 16.7-2　观察点 G 放大 20 倍

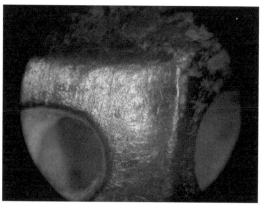

图 16.7-3　观察点 G 放大 40 倍

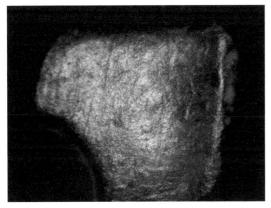

图 16.7-4　观察点 G 放大 60 倍

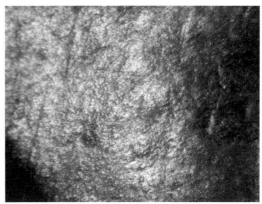

图 16.7-5　观察点 G 放大 120 倍

西周早期玉器

现分别就虢仲墓（M2009）出土西周早期玉器的片切割痕迹（Microtraces of Flake cutting；TFC）、直线微痕迹（Microtraces of Straight Line；TSL）、曲线微痕迹（Microtraces of Curve Line；TCL）、斜刀微痕迹 （Microtraces of Oblique Line；TOL）、钻头微痕迹（Microtraces of Gimlet；TOG）、管钻微痕迹（Microtraces of Tube drill；TTD）、器缘微痕迹（Microtraces of marginal；TOM）、表面微痕迹（Microtraces of surface；TOS）叙述如下：

1. 片切割痕迹（Microtraces of Flake cutting；TFC）

BC1046TFCA 型

将 M2009：150 鹿形玉佩（图 17.1）观察点 A 放大至 120 倍（图 17.1-1 ～ 17.1-5），可以观察到切割工作停止处的底面满布同向排列的长条状凸脊与凹槽及散布的不规则凹洼现象。此乃片状石片工具直接切割玉料所遗留的痕迹。

图 17.1　M2009：150 鹿形玉佩

图 17.1-1　鹿形玉佩观察点 A

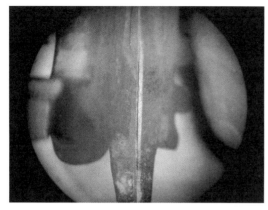

图 17.1-2　观察点 A 放大 20 倍

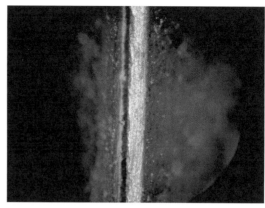

图 17.1-3　观察点 A 放大 40 倍

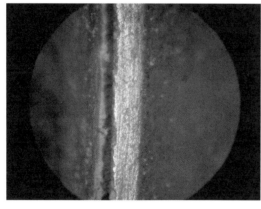

图 17.1-4　观察点 A 放大 60 倍

图 17.1-5　观察点 A 放大 120 倍

BC1046TFCB 型

　　将 M2009：163 夔龙形玉佩（图 17.2）观察点 B 放大至 120 倍（图 17.2-1 ～ 17.2-5），可以观察到直阴线沟边粗缓、沟壁陡直、沟底满布同向排列细团状凸脊与晶粒状凸点现象。此乃石片切割工具往复切割玉料所遗留的痕迹。

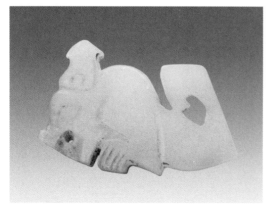

图 17.2　M2009：163 夔龙形玉佩

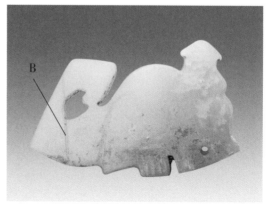

图 17.2-1　夔龙形玉佩观察点 B

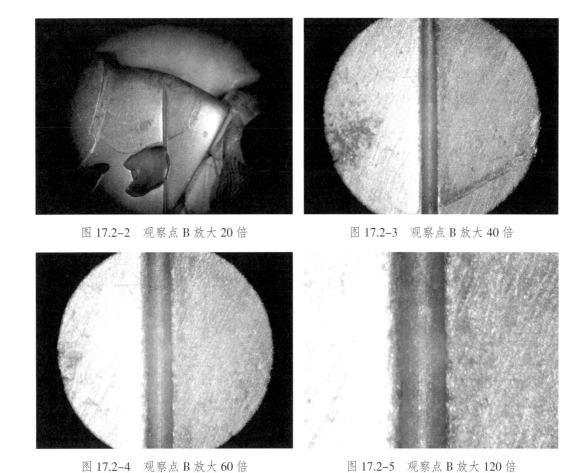

图 17.2-2 观察点 B 放大 20 倍 　　　　图 17.2-3 观察点 B 放大 40 倍

图 17.2-4 观察点 B 放大 60 倍 　　　　图 17.2-5 观察点 B 放大 120 倍

2. 直线微痕迹（Microtraces of Straight Line；TSL）

BC1046TSLA 型

将 M2009：83 长条鱼形玉佩（图 18.1）观察点 A 放大至 120 倍（图 18.1-1 ～ 18.1-5），可以观察到直线沟边粗缓、沟壁沟底满布高低起伏晶团状凸脊与凹洼现象。此乃石核工具沿尺子往复在玉器上刮蹭所形成的痕迹。

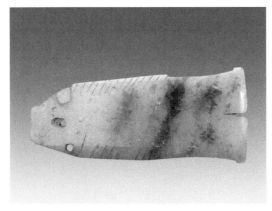 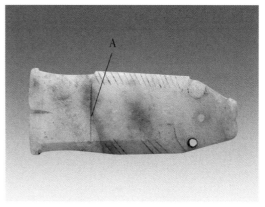

图 18.1 M2009：83 长条鱼形玉佩 　　　　图 18.1-1 长条鱼形玉佩观察点 A

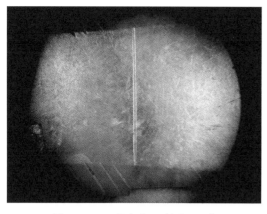
图 18.1-2   观察点 A 放大 20 倍

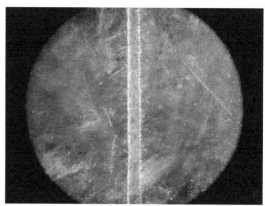
图 18.1-3   观察点 A 放大 40 倍

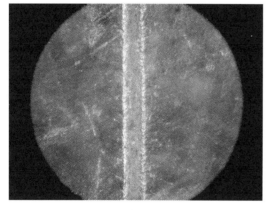
图 18.1-4   观察点 A 放大 60 倍

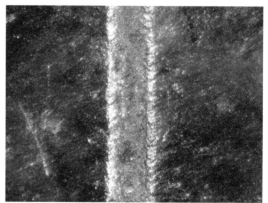
图 18.1-5   观察点 A 放大 120 倍

BC1046TSLB 型

　　将 M2009 ：83 长条鱼形玉佩（图 18.2）观察点 B 放大至 120 倍（图 18.2-1 ～ 18.2-5），可以观察到沟边细缓、沟壁沟底满布不规则晶团状凸脊与凹洼、阴线断面"U"字形现象。此乃砂岩磨石直接往复锉磨所形成之痕迹。

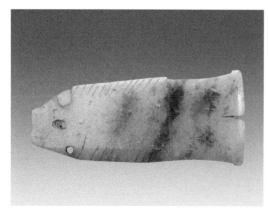
图 18.2   M2009 ：83 长条鱼形玉佩

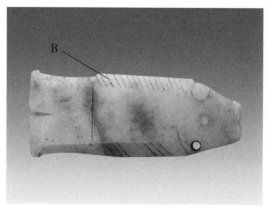
图 18.2-1   长条鱼形玉佩观察点 B

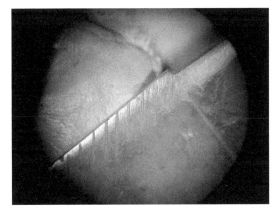
图 18.2-2　观察点 B 放大 20 倍

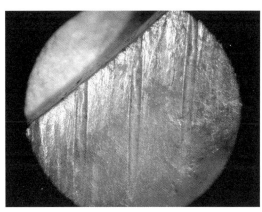
图 18.2-3　观察点 B 放大 40 倍

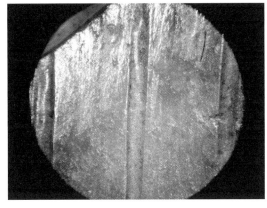
图 18.2-4　观察点 B 放大 60 倍

图 18.2-5　观察点 B 放大 120 倍

BC1046TSLC 型

将 M2009 ： 141 凤形玉佩（图 18.3）观察点 C 放大至 120 倍（图 18.3-1 ~ 18.3-5），可以观察到沟边模糊、沟壁沟底满布同向排列长条状凸脊与凹槽现象。此乃石核工具单向刮蹭阴线所成之痕迹。

图 18.3　M2009 ： 141 凤形玉佩

图 18.3-1　凤形玉佩观察点 C

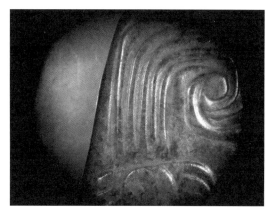

图 18.3-2　观察点 C 放大 20 倍

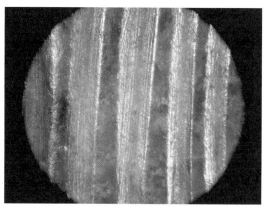

图 18.3-3　观察点 C 放大 40 倍

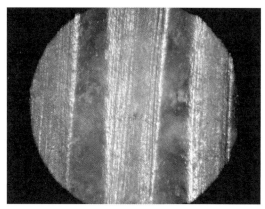

图 18.3-4　观察点 C 放大 60 倍

图 18.3-5　观察点 C 放大 120 倍

BC1046TSLD 型

　　将 M2009∶145 兽面形玉佩（图 18.4）观察点 D 放大至 120 倍（图 18.4-1 ~ 18.4-5），可以观察到阴线底部中间遗留石核刮蹭痕迹与两侧砂岩磨石往复细致锉磨痕迹。

图 18.4　M2009∶145 兽面形玉佩

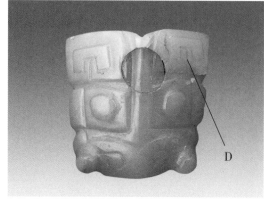

图 18.4-1　兽面形玉佩观察点 D

图 18.4-2　观察点 D 放大 20 倍

图 18.4-3　观察点 D 放大 40 倍

图 18.4-4　观察点 D 放大 60 倍

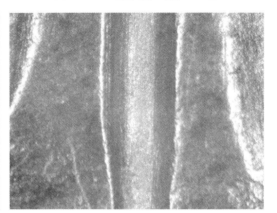

图 18.4-5　观察点 D 放大 120 倍

BC1046TSLE 型

将 M2009 ：165 牛形玉佩（图 18.5）观察点 E 放大至 120 倍（图 18.5-1 ～ 18.5-5），可以观察到阴线底部中间遗留石核刮蹭痕迹与两侧砂岩磨石往复锉磨之粗糙痕迹。

图 18.5　M2009 ：165 牛形玉佩

图 18.5-1　牛形玉佩观察点 E

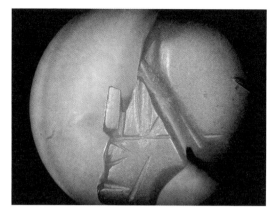

图 18.5-2　观察点 E 放大 20 倍

图 18.5-3　观察点 E 放大 40 倍

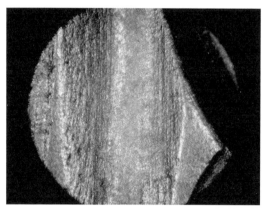

图 18.5-4　观察点 E 放大 60 倍

图 18.5-5　观察点 E 放大 120 倍

BC1046TSLF 型

　　将 M2009：170 鹦鹉形玉佩（图 18.6）观察点 F 放大至 120 倍（图 18.6-1 ～ 18.6-5），可以观察到沟边粗缓、沟壁与沟底边缘分布同向排列长条状凸脊与凹槽、沟底中间分布同向排列凹洼现象。此乃使用由细而粗石核工具多道刮蹭阴线所成之痕迹。

图 18.6　M2009：170 鹦鹉形玉佩

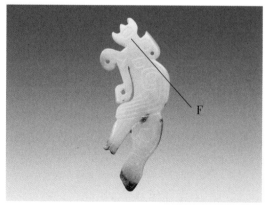

图 18.6-1　鹦鹉形玉佩观察点 F

图 18.6-2　观察点 F 放大 20 倍

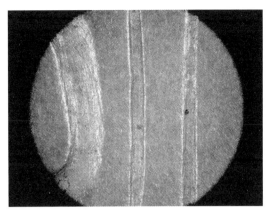

图 18.6-3　观察点 F 放大 40 倍

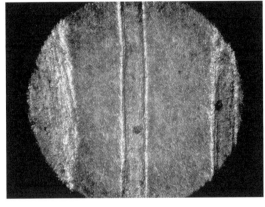

图 18.6-4　观察点 F 放大 60 倍

图 18.6-5　观察点 F 放大 120 倍

BC1046TSLG 型

将 M2009：796 龙凤纹玉佩（图 18.7）观察点 G 放大至 120 倍（图 18.7-1 ~ 18.7-5），可以观察到分节大凹槽的侧面与底面满布同向排列的细条状磨痕、凹槽中间阴线底部满布细团状凸脊与晶粒状凸点现象。此乃玉蚕制作时使用片状砂岩工具先行分节，分节完成后再使用较粗的砂岩磨石将节线磨宽而未将原始分节描样线磨除所致。

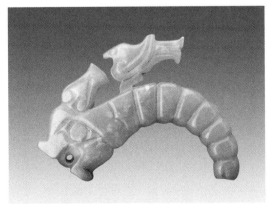

图 18.7　M2009：796 龙凤纹玉佩

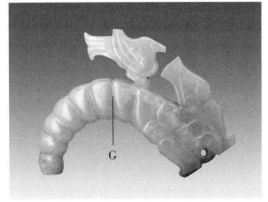

图 18.7-1　龙凤纹玉佩观察点 G

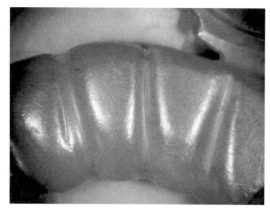

图 18.7-2　观察点 G 放大 20 倍

图 18.7-3　观察点 G 放大 40 倍

图 18.7-4　观察点 G 放大 60 倍

图 18.7-5　观察点 G 放大 120 倍

BC1046TSLH 型

将 M2009 ： 867 燕形玉佩（图 18.8）观察点 H 放大至 120 倍（图 18.8-1 ～ 18.8-5），可以观察到较粗的石核工具反复多次浅刮而成的阴线。

图 18.8　M2009 ： 867 燕形玉佩

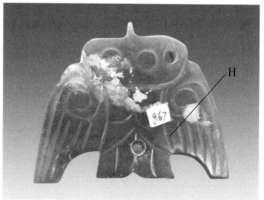

图 18.8-1　燕形玉佩观察点 H

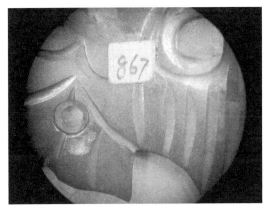

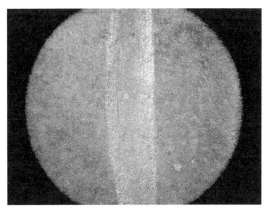

图 18.8-2　观察点 H 放大 20 倍　　　　图 18.8-3　观察点 H 放大 40 倍

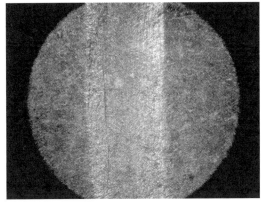

图 18.8-4　观察点 H 放大 60 倍　　　　图 18.8-5　观察点 H 放大 120 倍

3. 曲线微痕迹（Microtraces of Curve Line；TCL）

BC1046TCLA 型

　　将 M2009 : 83 长条鱼形玉佩（图 19.1）观察点 A 放大至 120 倍（图 19.1-1 ～ 19.1-5），可以观察到曲线内侧边缘锐利粗糙，外侧满布双向交错毛刺。此乃锐利石核工具沿着所需曲线双向刮蹭所形成之痕迹。

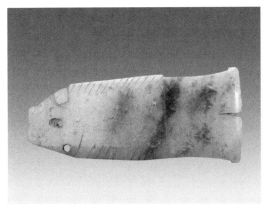

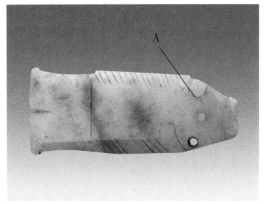

图 19.1　M2009 : 83 长条鱼形玉佩　　　图 19.1-1　长条鱼形玉佩观察点 A

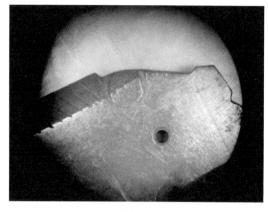
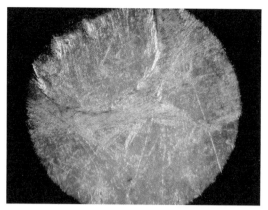

图 19.1-2　观察点 A 放大 20 倍　　　　　图 19.1-3　观察点 A 放大 40 倍

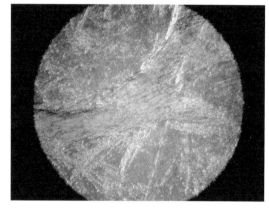

图 19.1-4　观察点 A 放大 60 倍　　　　　图 19.1-5　观察点 A 放大 120 倍

BC1046TCLB 型

　　将 M2009∶144 鹦鹉形玉佩（图 19.2）观察点 B 放大至 120 倍（图 19.2-1～19.2-5），可以观察到曲线内侧边缘粗缓，缘壁满布同向刮痕，外缘模糊，曲线底部满布不规则晶团状凸脊。此乃锐利石核工具沿着所需曲线细致刮蹭所形成之痕迹。

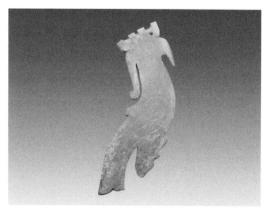
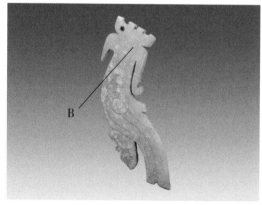

图 19.2　M2009∶144 鹦鹉形玉佩　　　　　图 19.2-1　鹦鹉形玉佩观察点 B

图 19.2-2　观察点 B 放大 20 倍

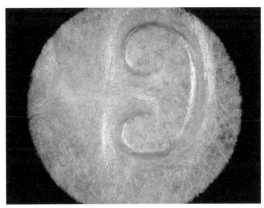

图 19.2-3　观察点 B 放大 40 倍

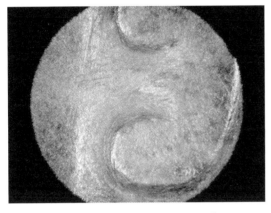

图 19.2-4　观察点 B 放大 60 倍

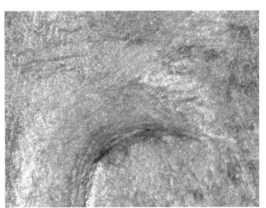

图 19.2-5　观察点 B 放大 120 倍

BC1046TCLC 型

将 M2009：144 鹦鹉形玉佩（图 19.3）观察点 C 放大至 120 倍（图 19.3-1 ～ 19.3-5），可以观察到曲线内侧边缘粗缓，缘壁满布同向刮痕，外缘模糊，曲线底部满布不规则晶团状凸脊与凹洼。此乃石核工具细致刮蹭完成曲线后再使用石片刮除外侧边缘使成斜面所形成之痕迹。

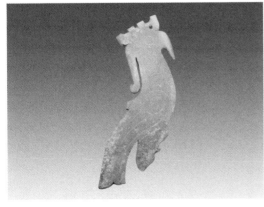

图 19.3　M2009：144 鹦鹉形玉佩

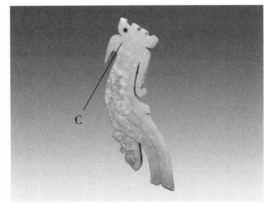

图 19.3-1　鹦鹉形玉佩观察点 C

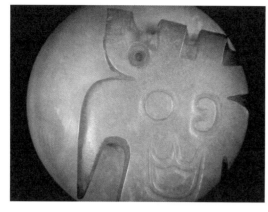

图 19.3-2 观察点 C 放大 20 倍

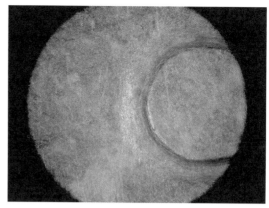

图 19.3-3 观察点 C 放大 40 倍

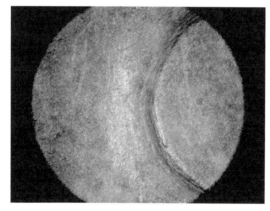

图 19.3-4 观察点 C 放大 60 倍

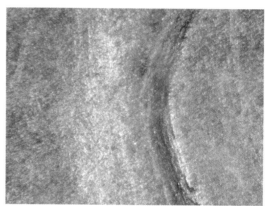

图 19.3-5 观察点 C 放大 120 倍

BC1046TCLD 型

将 M2009 ：164 牛形玉佩（图 19.4）观察点 D 放大至 120 倍（图 19.4-1 ～ 19.4-5），可以观察到曲线内侧边缘粗缓，缘壁满布同向刮痕，外缘模糊，曲线底部满布同向排列条状凸脊，整个痕迹中散布不规则凹窿。此乃锐利石核工具沿着所需曲线刮蹭形成痕迹之后，受工部位因风化淋滤作用将松散的晶团溶蚀所形成之痕迹。

图 19.4 M2009 ：164 牛形玉佩

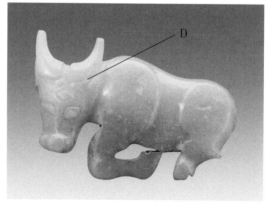

图 19.4-1 牛形玉佩观察点 D

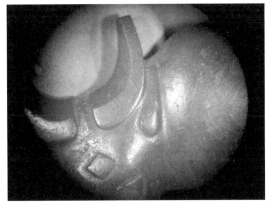
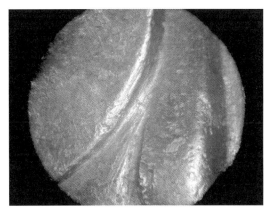

图 19.4-2　观察点 D 放大 20 倍　　　　图 19.4-3　观察点 D 放大 40 倍

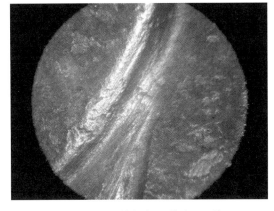
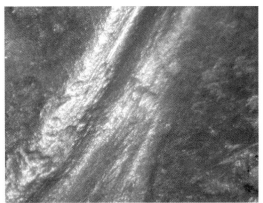

图 19.4-4　观察点 D 放大 60 倍　　　　图 19.4-5　观察点 D 放大 120 倍

BC1046TCLE 型

将 M2009：170 鹦鹉形玉佩（图 19.5）观察点 E 放大至 120 倍（图 19.5-1 ～ 19.5-5），可以观察到曲线内缘粗缓，缘壁满布同向刮痕，外缘模糊粗糙，曲线底部满布不规则晶团状凸脊与凹洼。此乃石核工具刮蹭完成曲线后再使用石片双向刮蹭外侧边缘使成斜面所形成之双向交错痕迹。

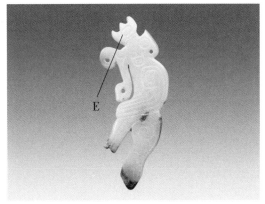

图 19.5　M2009：170 鹦鹉形玉佩　　　　图 19.5-1　鹦鹉形玉佩观察点 E

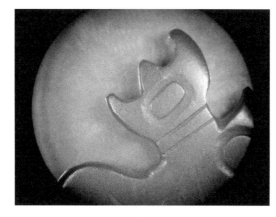
图 19.5-2 观察点 E 放大 20 倍

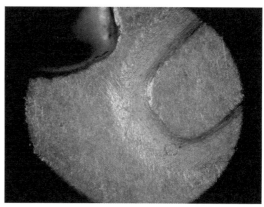
图 19.5-3 观察点 E 放大 40 倍

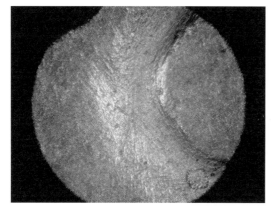
图 19.5-4 观察点 E 放大 60 倍

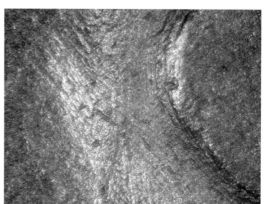
图 19.5-5 观察点 E 放大 120 倍

BC1046TCLF 型

将 M2009 ：822 蝉形玉佩（图 19.6）观察点 F 放大至 120 倍（图 19.6-1 ～ 19.6-5），可以观察到曲线内缘圆缓，缘壁满布同向刮痕，外缘模糊毛刺，曲线底部满布同向条状凸脊与凹槽。此乃石核工具刮蹭完成曲线后再使用石片同向刮蹭外侧边缘使成斜面所形成之痕迹。

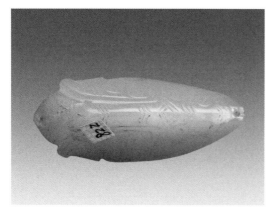
图 19.6 M2009 ：822 蝉形玉佩

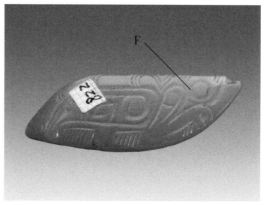
图 19.6-1 蝉形玉佩观察点 F

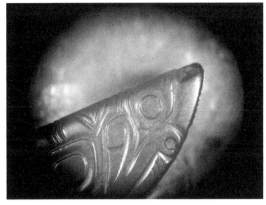

图 19.6–2　观察点 F 放大 20 倍

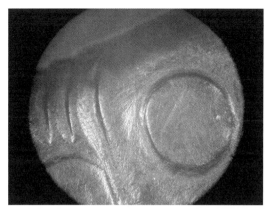

图 19.6–3　观察点 F 放大 40 倍

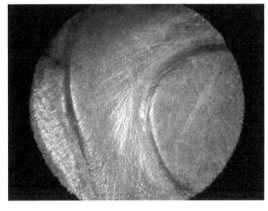

图 19.6–4　观察点 F 放大 60 倍

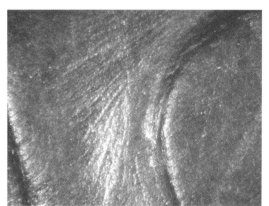

图 19.6–5　观察点 F 放大 120 倍

BC1046TCLG 型

将 M2009 ：814 兽面形玉佩（图 19.7）观察点 G 放大至 120 倍（图 19.7–1 ～ 19.7–5），可以观察到曲线内缘圆缓，缘壁满布同向刮痕，外缘模糊交叉毛刺，曲线底部满布横竖交叉条状凸脊与凹槽。此乃石核工具刮蹭横竖交叉阴线再刮修曲面所形成之痕迹。

图 19.7　M2009 ：814 兽面形玉佩

图 19.7–1　兽面形玉佩观察点 G

图 19.7-2　观察点 G 放大 20 倍

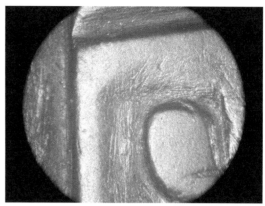

图 19.7-3　观察点 G 放大 40 倍

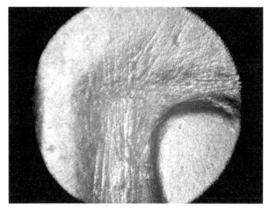

图 19.7-4　观察点 G 放大 60 倍

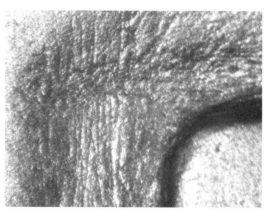

图 19.7-5　观察点 G 放大 120 倍

BC1046TCLH 型

将 M2009：824 鸟形玉佩（图 19.8）观察点 H 放大至 120 倍（图 19.8-1 ~ 19.8-5），可以观察到曲线内缘圆缓，缘壁缘底满布同向刮痕，外缘模糊，曲线底部细致满布双向交叉刮痕。此乃石核工具细致刮蹭完成曲线后再使用石片细致刮除外侧边缘使成斜面所形成之痕迹。

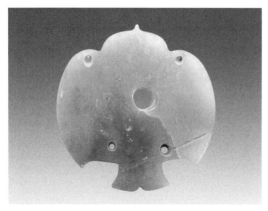

图 19.8　M2009：824 鸟形玉佩

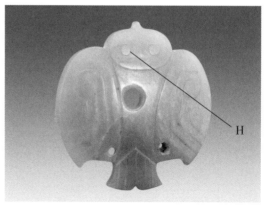

图 19.8-1　鸟形玉佩观察点 H

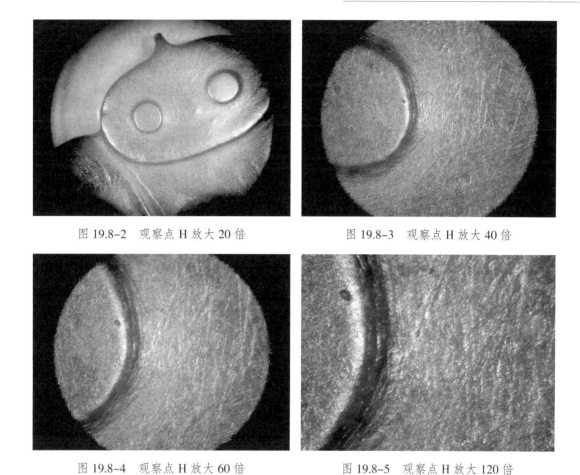

图 19.8-2　观察点 H 放大 20 倍　　　　　图 19.8-3　观察点 H 放大 40 倍

图 19.8-4　观察点 H 放大 60 倍　　　　　图 19.8-5　观察点 H 放大 120 倍

BC1046TCLI 型

将 M2009 ：858 蝉形玉佩（图 19.9）观察点 I 放大至 120 倍（图 19.9-1 ～ 19.9-5），可以观察到曲线内缘圆缓，缘壁缘底散布同向刮痕，外缘圆缓，曲线底部细致满布晶粒状凸点，局部凹洼。此乃石核工具细致刮蹭完成曲线后，再使用砂岩磨石磨除外侧边缘使成斜面所形成之痕迹。

图 19.9　M2009 ：858 蝉形玉佩

图 19.9-1　蝉形玉佩观察点 I

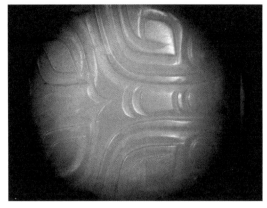

图 19.9-2　观察点 I 放大 20 倍

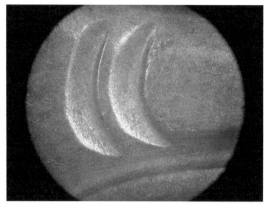

图 19.9-3　观察点 I 放大 40 倍

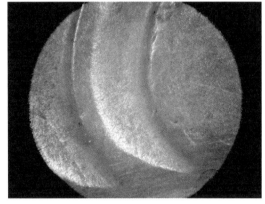

图 19.9-4　观察点 I 放大 60 倍

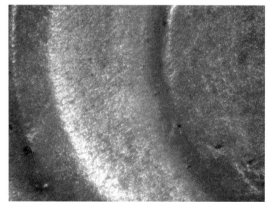

图 19.9-5　观察点 I 放大 120 倍

4. 斜刀微痕迹 （Microtraces of Oblique Line；TOL）

BC1046TOLA 型

将 M2009：151 兔形玉佩（图 20.1）观察点 A 放大至 120 倍（图 20.1-1 ～ 20.1-5），可以观察到阴线右沟边粗缓，沟壁与斜面满布同向排列条状刮痕与凹洼，左沟边模糊。此乃石核工具刮蹭直线后，再使用石片工具刮除左侧边缘使成斜面所形成之痕迹。

图 20.1　M2009：151 兔形玉佩

图 20.1-1　兔形玉佩观察点 A

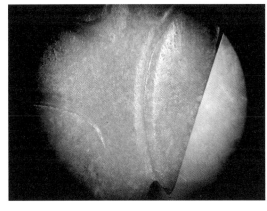

图 20.1-2 观察点 A 放大 20 倍

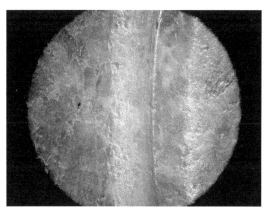

图 20.1-3 观察点 A 放大 40 倍

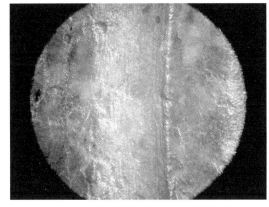

图 20.1-4 观察点 A 放大 60 倍

图 20.1-5 观察点 A 放大 120 倍

BC1046TOLB 型

将 M2009 ： 170 鹦鹉形玉佩（图 20.2）观察点 B 放大至 120 倍（图 20.2-1 ~ 20.2-5），可以观察到阴线左沟边粗缓，沟壁与沟底边缘满布同向排列条状刮痕，斜面中间满布凹洼，右沟边粗糙。此乃石核工具刮蹭直线后，再使用石片工具刮除右侧边缘使成斜面所形成之痕迹。

图 20.2 M2009 ： 170 鹦鹉形玉佩

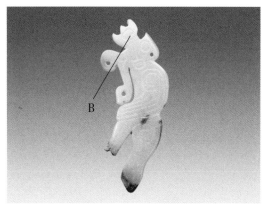

图 20.2-1 鹦鹉形玉佩观察点 B

图 20.2-2 观察点 B 放大 20 倍

图 20.2-3 观察点 B 放大 40 倍

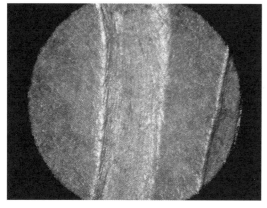

图 20.2-4 观察点 B 放大 60 倍

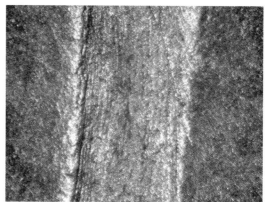

图 20.2-5 观察点 B 放大 120 倍

5. 钻头微痕迹（Microtraces of Gimlet；TOG）

BC1046TOGA 型

将 M2009 ：161 鹿形玉佩（图 21.1）观察点 A 放大至 120 倍（图 21.1-1 ~ 21.1-5），可以观察到大圆洞中有一小圆洞，小圆洞中央有一乳突。此乃使用小竹枝带动醮水解玉砂先钻定位孔，后使用砂岩钻头沿定位孔往复旋钻耳洞，后工未磨除定位钻痕所形成之痕迹。

图 21.1 M2009 ：161 鹿形玉佩

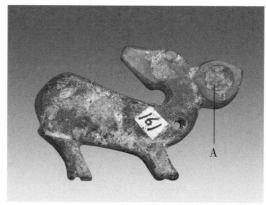

图 21.1-1 鹿形玉佩观察点 A

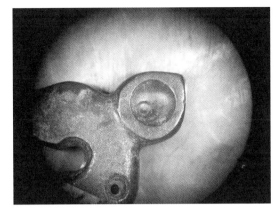

图 21.1-2 观察点 A 放大 20 倍

图 21.1-3 观察点 A 放大 40 倍

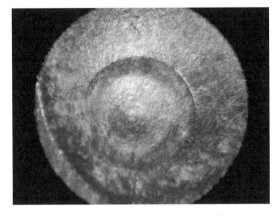

图 21.1-4 观察点 A 放大 60 倍

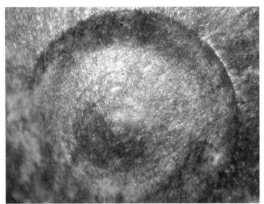

图 21.1-5 观察点 A 放大 120 倍

BC1046TOGB 型

将 M2009 ： 166 燕形玉佩（图 21.2）观察点 B 放大至 120 倍（图 21.2-1 ～ 21.2-5），可以观察到孔壁上遗留同向锐利旋钻痕迹。此乃石核钻头直接掏搅玉料成孔所形成之痕迹。

图 21.2 M2009 ： 166 燕形玉佩

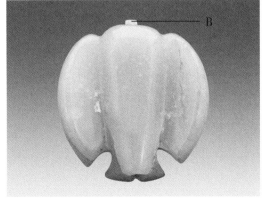

图 21.2-1 燕形玉佩观察点 B

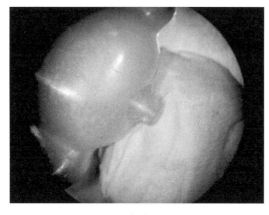

图 21.2-2　观察点 B 放大 20 倍

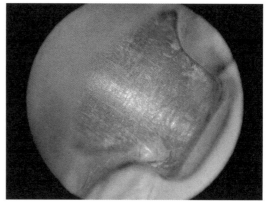

图 21.2-3　观察点 B 放大 40 倍

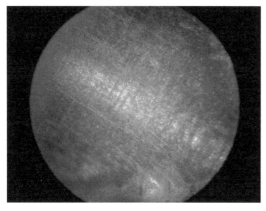

图 21.2-4　观察点 B 放大 60 倍

图 21.2-5　观察点 B 放大 120 倍

BC1046TOGC 型

　　将 M2009 ∶ 571 牛形玉佩（图 21.3）观察点 C 放大 20 倍（图 21.3-1、21.3-2），可以观察到由小而大、最少换用三种砂岩钻头旋钻而成的隧孔。

图 21.3　M2009 ∶ 571 牛形玉佩

图 21.3-1　牛形玉佩观察点 C

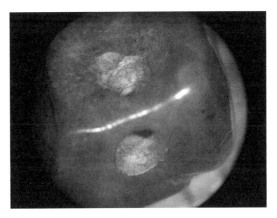

图 21.3-2　观察点 C 放大 20 倍

BC1046TOGD 型

将 M2009：769 鼓形玉佩（图 21.4）观察点 D 放大至 120 倍（图 21.4-1 ～ 21.4-5），可以观察到一小洞叠钻于大洞中。此乃小钻头掏搅玉鼓定位，大砂岩钻头因错位旋钻而成之痕迹。此痕迹之松散晶团因千年的风化淋滤作用被溶蚀，形成较多的不规则凹洼。

图 21.4　M2009：769 鼓形玉佩

图 21.4-1　鼓形玉佩观察点 D

图 21.4-2　观察点 D 放大 20 倍

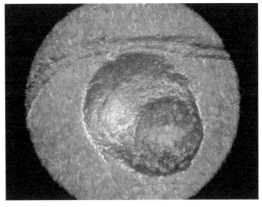

图 21.4-3　观察点 D 放大 40 倍

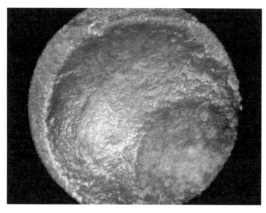

图 21.4-4　观察点 D 放大 60 倍　　　　　图 21.4-5　观察点 D 放大 120 倍

6. 管钻微痕迹（Microtraces of Tube drill；TTD）

BC1046TTDA 型

将 M2009：103 宽援玉戈（图 22）观察点 A 放大至 120 倍（图 22-1 ~ 22-5），可以观察到工作停止处满布同向排列晶团状凸脊与晶粒状凸点现象。此乃竹管带动蘸水解玉砂往复旋钻玉料所成之痕迹。

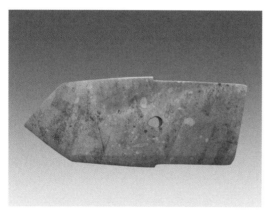

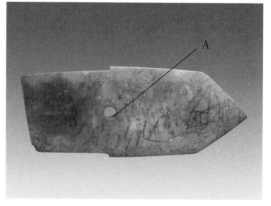

图 22　M2009：103 宽援玉戈　　　　　　图 22-1　宽援玉戈观察点 A

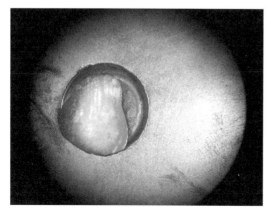

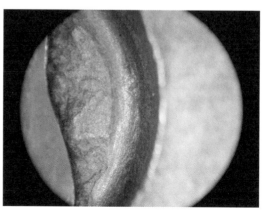

图 22-2　观察点 A 放大 20 倍　　　　　　图 22-3　观察点 A 放大 40 倍

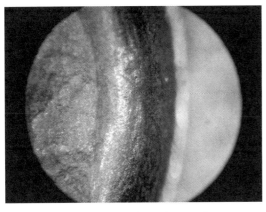

图 22-4　观察点 A 放大 60 倍　　　　　　图 22-5　观察点 A 放大 120 倍

7. 器缘微痕迹（Microtraces of marginal；TOM）

BC1046TOMA 型

将 M2009 ：170 鹦鹉形玉佩（图 23.1）观察点 A 放大至 120 倍（图 23.1-1 ～ 23.1-5），可以观察到砂岩磨石直接锉磨器物边缘使成弧面所形成之同向细条状凸脊与细凹槽现象。

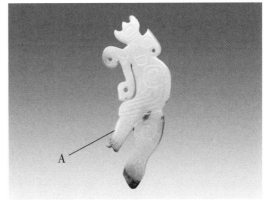

图 23.1　M2009 ：170 鹦鹉形玉佩　　　　　图 23.1-1　鹦鹉形玉佩观察点 A

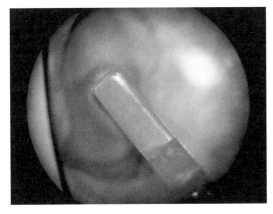

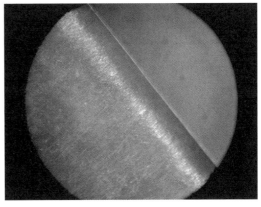

图 23.1-2　观察点 A 放大 20 倍　　　　　　图 23.1-3　观察点 A 放大 40 倍

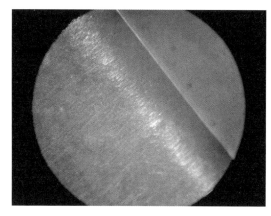

图 23.1-4　观察点 A 放大 60 倍　　　　　　　图 23.1-5　观察点 A 放大 120 倍

BC1046TOMB 型

将 M2009 ： 575 虎形玉佩（图 23.2）观察点 B 放大至 120 倍（图 23.2-1 ～ 23.2-5），可以观察到砂岩磨石直接锉磨器物边缘所形成之同向细条状凸脊与细凹槽现象。

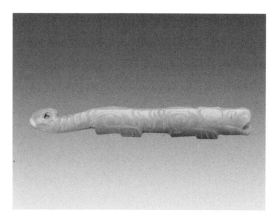

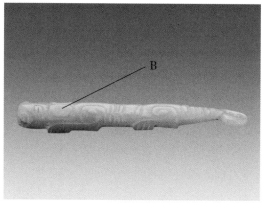

图 23.2　M2009 ： 575 虎形玉佩　　　　　　　图 23.2-1　虎形玉佩观察点 B

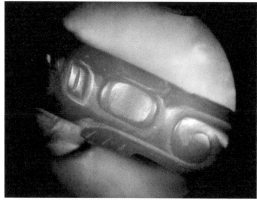

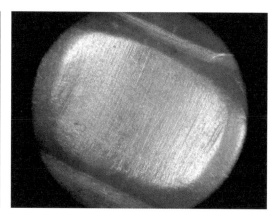

图 23.2-2　观察点 B 放大 20 倍　　　　　　　图 23.2-3　观察点 B 放大 40 倍

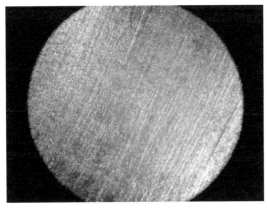

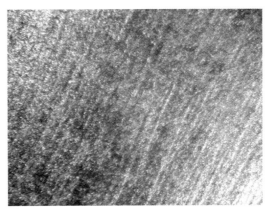

<table>
</table>

图 23.2-4　观察点 B 放大 60 倍　　　　　　　图 23.2-5　观察点 B 放大 120 倍

8. 表面微痕迹（Microtraces of surface；TOS）

BC1046TOSA 型

将 M2009 ：144 鹦鹉形玉佩（图 24.1）观察点 A 放大至 120 倍（图 24.1-1 ～ 24.1-5），可以观察到砂岩磨石直接锉磨器物边缘使成斜角所形成之同向排列细条状凸脊与细凹槽现象。

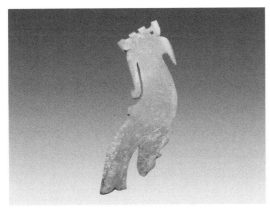

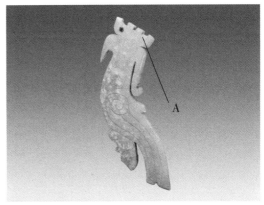

图 24.1　M2009 ：144 鹦鹉形玉佩　　　　　　图 24.1-1　鹦鹉形玉佩观察点 A

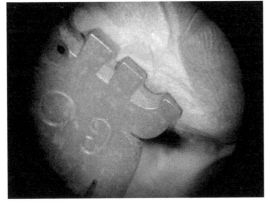

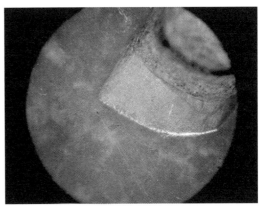

图 24.1-2　观察点 A 放大 20 倍　　　　　　　图 24.1-3　观察点 A 放大 40 倍

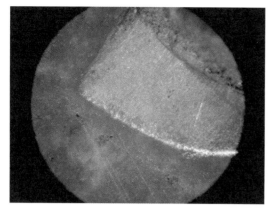

图 24.1-4 观察点 A 放大 60 倍

图 24.1-5 观察点 A 放大 120 倍

BC1046TOSB 型

将 M2009 ：151 兔形玉佩（图 24.2）观察点 B 放大至 120 倍（图 24.2-1 ~ 24.2-5），可以观察到砂岩磨石直接锉磨兔耳使成耳弧所形成之同向排列细条状凸脊与细凹槽现象。此痕迹之松散晶团因风化淋滤作用被溶蚀，形成较多的不规则凹洼。

图 24.2 M2009 ：151 兔形玉佩

图 24.2-1 兔形玉佩观察点 B

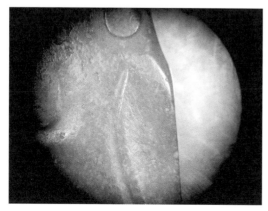

图 24.2-2 观察点 B 放大 20 倍

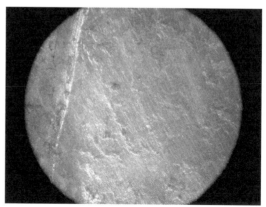

图 24.2-3 观察点 B 放大 40 倍

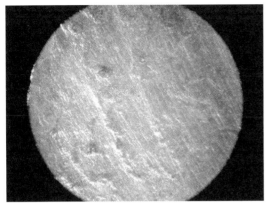

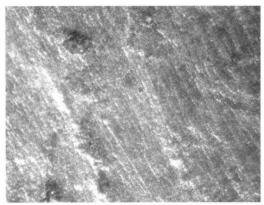

图 24.2-4 观察点 B 放大 60 倍　　　　　图 24.2-5 观察点 B 放大 120 倍

BC1046TOSC 型

将 M2009 ：165 牛形玉佩（图 24.3）观察点 C 放大至 120 倍（图 24.3-1 ～ 24.3-5），可以观察到砂岩磨石直接锉磨器物所形成之同向排列粗糙条状凸脊与凹槽现象。此痕迹之松散晶团因风化淋滤作用被溶蚀，形成较多的不规则凹洼。

图 24.3 M2009 ：165 牛形玉佩　　　　　图 24.3-1 牛形玉佩观察点 C

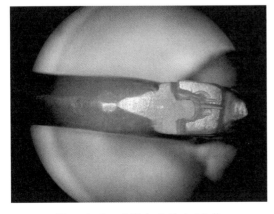

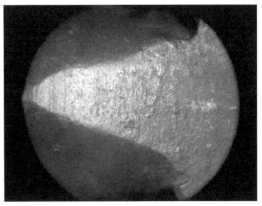

图 24.3-2 观察点 C 放大 20 倍　　　　　图 24.3-3 观察点 C 放大 40 倍

图 24.3-4 观察点 C 放大 60 倍   图 24.3-5 观察点 C 放大 120 倍

BC1046TOSD 型

将 M2009 ∶ 570 兽面纹玉韘（图 24.4）观察点 D 放大至 120 倍（图 24.4-1 ～ 24.4-5），可以观察到剔地平面粗糙满布同向排列条状凸脊与凹槽现象。此乃使用石核工具细致同向刮除地子所形成之痕迹。

图 24.4 M2009 ∶ 570 兽面纹玉韘   图 24.4-1 兽面纹玉韘观察点 D

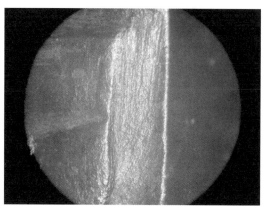

图 24.4-2 观察点 D 放大 20 倍   图 24.4-3 观察点 D 放大 40 倍

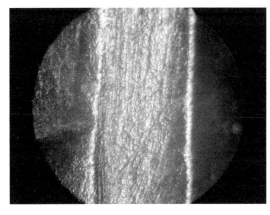

图 24.4-4 观察点 D 放大 60 倍　　　　　图 24.4-5 观察点 D 放大 120 倍

BC1046TOSE 型

将 M2009 ∶ 998 宽援玉戈（图 24.5）观察点 E 放大至 120 倍（图 24.5-1 ~ 24.5-5），可以观察到砂岩磨石直接抛磨器物表面所形成之同向排列细条状磨痕。

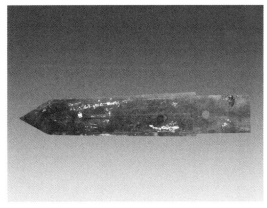

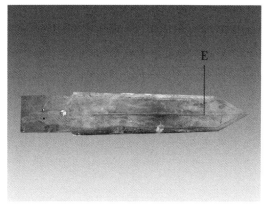

图 24.5　M2009 ∶ 998 宽援玉戈　　　　　图 24.5-1 宽援玉戈观察点 E

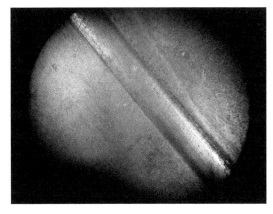

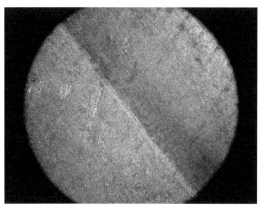

图 24.5-2 观察点 E 放大 20 倍　　　　　图 24.5-3 观察点 E 放大 40 倍

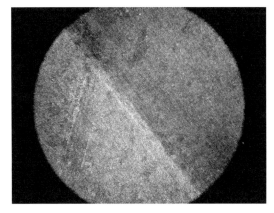

图 24.5-4 观察点 E 放大 60 倍

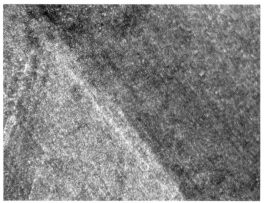

图 24.5-5 观察点 E 放大 120 倍

西周中期玉器

现分别就虢仲墓（M2009）出土西周中期玉器的直线微痕迹（Microtraces of Straight Line；TSL）、曲线微痕迹（Microtraces of Curve Line；TCL）、斜刀微痕迹（Microtraces of Oblique Line；TOL）、器缘微痕迹（Microtraces of marginal；TOM）、表面微痕迹（Microtraces of surface；TOS）叙述如下：

1. 直线微痕迹（Microtraces of Straight Line；TSL）

BC977TSLA 型

将 M2009：112 弓背鱼形玉佩（图 25.1）观察点 A 放大至 120 倍（图 25.1-1 ～ 25.1-5），可以观察到沟边模糊粗糙，沟壁沟底边缘满布同向排列长条状凸脊与凹槽，沟底中间分布高低起伏凹洼现象。此乃石核工具多次刮蹭阴线所成之痕迹。

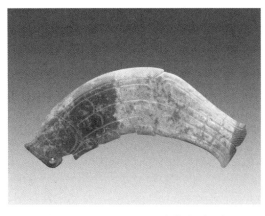

图 25.1 M2009：112 弓背鱼形玉佩

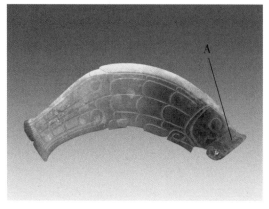

图 25.1-1 弓背鱼形玉佩观察点 A

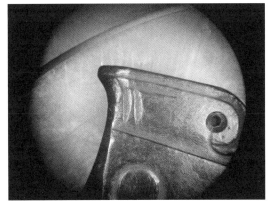
图 25.1–2　观察点 A 放大 20 倍

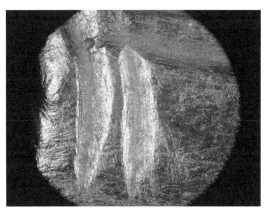
图 25.1–3　观察点 A 放大 40 倍

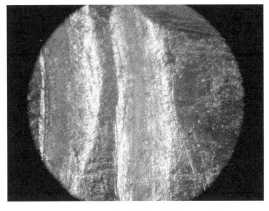
图 25.1–4　观察点 A 放大 60 倍

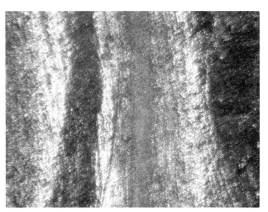
图 25.1–5　观察点 A 放大 120 倍

BC977TSLB 型

将 M2009：162 鹿形玉佩（图 25.2）观察点 B 放大至 120 倍（图 25.2-1 ~ 25.2-5），可以观察到沟边粗缓，沟壁与沟底满布不规则晶团状凸脊与凹洼现象。此乃使用石核工具往复刮蹭阴线所成之痕迹。

图 25.2　M2009：162 鹿形玉佩

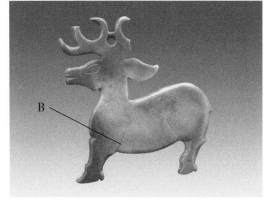
图 25.2–1　鹿形玉佩观察点 B

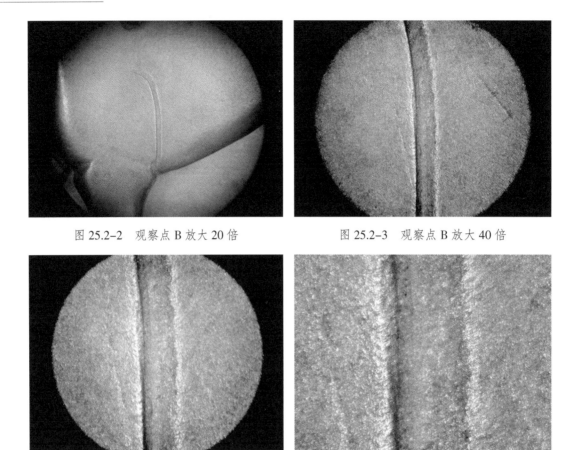

图 25.2-2 观察点 B 放大 20 倍

图 25.2-3 观察点 B 放大 40 倍

图 25.2-4 观察点 B 放大 60 倍

图 25.2-5 观察点 B 放大 120 倍

BC977TSLC 型

将 M2009 ： 178 人形玉佩（图 25.3）观察点 C 放大至 120 倍（图 25.3-1 ~ 25.3-5），可以观察到沟边粗缓，沟壁沟底高低起伏满布同向排列长条状凸脊与凹槽与个别大晶团状隆起现象。此乃使用石核工具刮蹭阴线所成之痕迹。

图 25.3 M2009 ： 178 人形玉佩

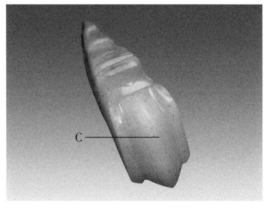

图 25.3-1 人形玉佩观察点 C

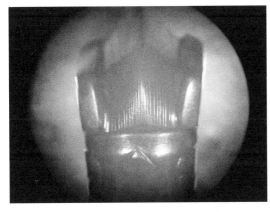
图 25.3-2　观察点 C 放大 20 倍

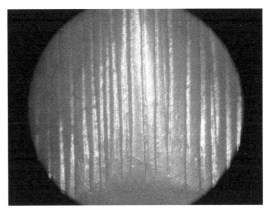
图 25.3-3　观察点 C 放大 40 倍

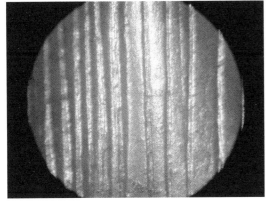
图 25.3-4　观察点 C 放大 60 倍

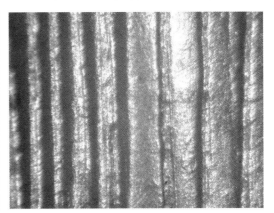
图 25.3-5　观察点 C 放大 120 倍

2. 曲线微痕迹（Microtraces of Curve Line；TCL）

BC977TCLA 型

将 M2009 ：112 弓背鱼形玉佩（图 26.1）观察点 A 放大至 120 倍（图 26.1-1 ～ 26.1-5），可以观察到曲线内缘粗缓，缘壁满布同向刮痕，外缘模糊粗糙，曲线底部满布不规则晶团状凸脊与凹洼。此乃石核工具刮蹭完成曲线后再使用石片单向刮蹭外侧边缘使成斜面所形成之痕迹。

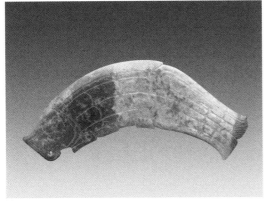
图 26.1　M2009 ：112 弓背鱼形玉佩

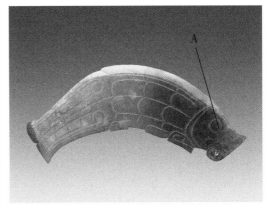
图 26.1-1　弓背鱼形玉佩观察点 A

图 26.1-2 观察点 A 放大 20 倍

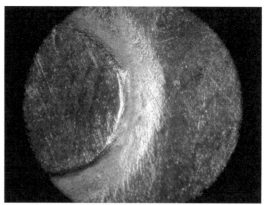

图 26.1-3 观察点 A 放大 40 倍

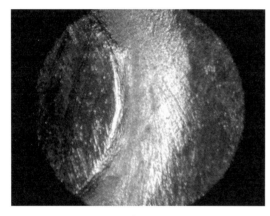

图 26.1-4 观察点 A 放大 60 倍

图 26.1-5 观察点 A 放大 120 倍

BC977TCLB 型

将 M2009 ：178 人形玉佩（图 26.2）观察点 B 放大至 120 倍（图 26.2-1 ～ 26.2-5），可以观察到曲线内缘粗缓，缘壁满布同向刮痕，外缘模糊，曲线底部满布不规则晶团状凸脊与凹洼。此乃石核工具刮蹭完成曲线后再使用石片双向刮蹭外侧边缘使成斜面所形成之双向交错痕迹。

图 26.2 M2009 ：178 人形玉佩

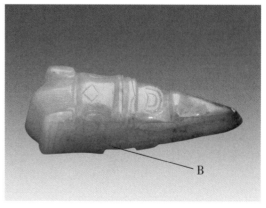

图 26.2-1 人形玉佩观察点 B

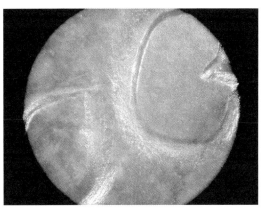

图 26.2-2 观察点 B 放大 20 倍　　　图 26.2-3 观察点 B 放大 40 倍

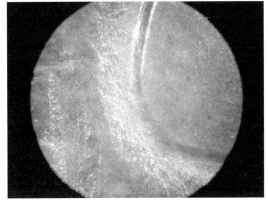

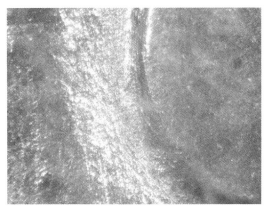

图 26.2-4 观察点 B 放大 60 倍　　　图 26.2-5 观察点 B 放大 120 倍

3. 斜刀微痕迹（Microtraces of Oblique Line；TOL）

BC977TOLA 型

将 M2009 ：112 弓背鱼形玉佩（图 27.1）观察点 A 放大至 120 倍（图 27.1-1 ～ 27.1-5），可以观察到阴线右沟边圆缓，沟壁与斜面满布晶粒状凸点，左沟边粗糙。此乃石核工具刮蹭直线后，再使用砂岩磨石锉磨左侧边缘使成斜面所形成之痕迹。

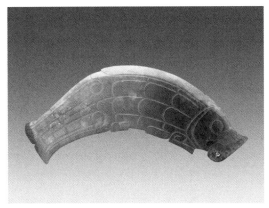

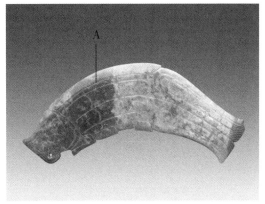

图 27.1 M2009：112 弓背鱼形玉佩　　　图 27.1-1 弓背鱼形玉佩观察点 A

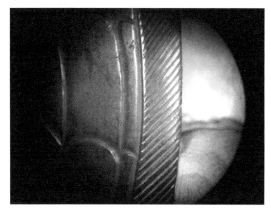

图 27.1-2 观察点 A 放大 20 倍

图 27.1-3 观察点 A 放大 40 倍

图 27.1-4 观察点 A 放大 60 倍

图 27.1-5 观察点 A 放大 120 倍

BC977TOLB 型

　　将 M2009：846 鸟形玉佩（图 27.2）观察点 B 放大至 120 倍（图 27.2-1 ～ 27.2-5），可以观察到阴线左沟边细缓，沟壁与斜面满布同向排列条状刮痕，右沟边模糊。此乃石核工具刮蹭直线后，再使用砂岩磨石锉磨右侧边缘使成斜面所形成之痕迹。

图 27.2 M2009：846 鸟形玉佩

图 27.2-1 鸟形玉佩观察点 B

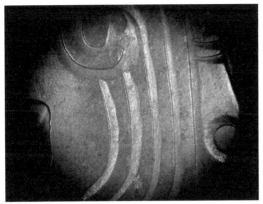

图 27.2-2　观察点 B 放大 20 倍

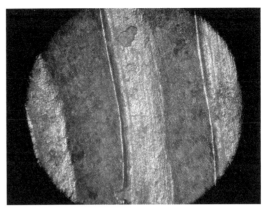

图 27.2-3　观察点 B 放大 40 倍

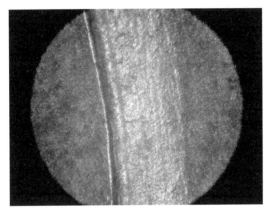

图 27.2-4　观察点 B 放大 60 倍

图 27.2-5　观察点 B 放大 120 倍

4. 器缘微痕迹（Microtraces of marginal；TOM）

BC977TOMA 型

将 M2009：152 鹿形玉佩（图 28.1）观察点 A 放大至 120 倍（图 28.1-1 ～ 28.1-5），可以观察到砂岩磨石直接锉磨器物边缘使成弧面所形成之同向条状凸脊与凹槽现象。

图 28.1　M2009：152 鹿形玉佩

图 28.1-1　鹿形玉佩观察点 A

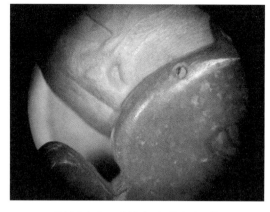

图 28.1-2 观察点 A 放大 20 倍

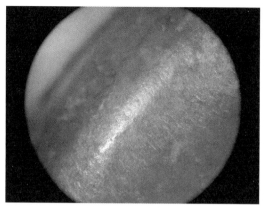

图 28.1-3 观察点 A 放大 40 倍

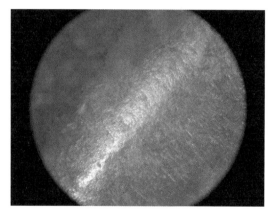

图 28.1-4 观察点 A 放大 60 倍

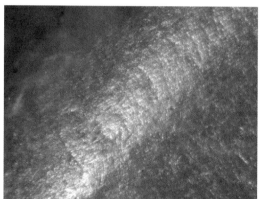

图 28.1-5 观察点 A 放大 120 倍

BC977TOMB 型

将 M2009：211 鹿形玉佩（图 28.2）观察点 B 放大至 120 倍（图 28.2-1 ~ 28.2-5），可以观察到器物边缘使用砂岩磨石两侧锉斜，保留了平面上的粗糙磨痕。

图 28.2 M2009：211 鹿形玉佩

图 28.2-1 鹿形玉佩观察点 B

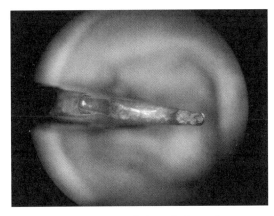
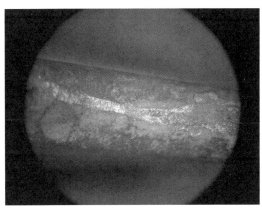

图 28.2-2　观察点 B 放大 20 倍　　　　　　图 28.2-3　观察点 B 放大 40 倍

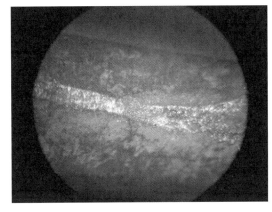
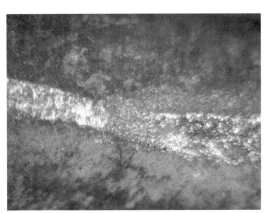

图 28.2-4　观察点 B 放大 60 倍　　　　　　图 28.2-5　观察点 B 放大 120 倍

5. 表面微痕迹（Microtraces of surface；TOS）

BC977TOSA 型

将 M2009：152 鹿形玉佩（图 29.1）观察点 A 放大至 120 倍（图 29.1-1 ~ 29.1-5），可以观察到砂岩磨石直接锉磨器物侧面所形成之同向条状凸脊与凹槽现象。

图 29.1　M2009：152 鹿形玉佩　　　　　　图 29.1-1　鹿形玉佩观察点 A

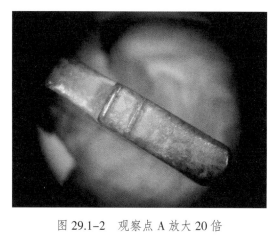

图 29.1-2　观察点 A 放大 20 倍

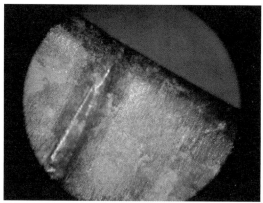

图 29.1-3　观察点 A 放大 40 倍

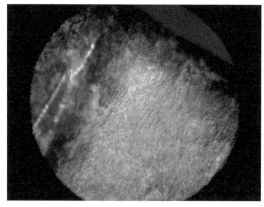

图 29.1-4　观察点 A 放大 60 倍

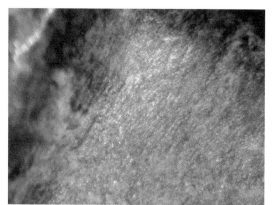

图 29.1-5　观察点 A 放大 120 倍

BC977TOSB 型

　　将 M2009 : 758 虎形玉佩（图 29.2）观察点 B 放大至 120 倍（图 29.2-1 ～ 29.2-5），可以观察到并不平整的多种砂岩磨石多次锉磨痕迹。

图 29.2　M2009 : 758 虎形玉佩

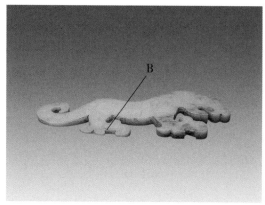

图 29.2-1　虎形玉佩观察点 B

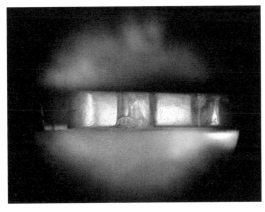

图 29.2-2　观察点 B 放大 20 倍

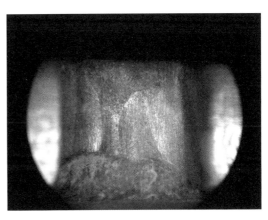

图 29.2-3　观察点 B 放大 40 倍

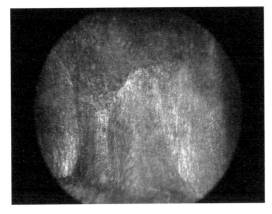

图 29.2-4　观察点 B 放大 60 倍

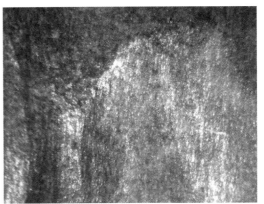

图 29.2-5　观察点 B 放大 120 倍

BC977TOSC 型

将 M2009 ：916 龙首戈形玉佩（图 29.3）观察点 C 放大至 120 倍（图 29.3-1 ～ 29.3-5），可以观察到砂岩磨石直接细致抛磨器物表面所形成之同向排列条状磨痕。此痕迹因风化淋滤作用的溶蚀，形成粗糙而和缓的现象。

图 29.3　M2009 ：916 龙首戈形玉佩

图 29.3-1　龙首戈形玉佩观察点 C

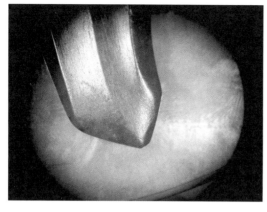

图 29.3-2 观察点 C 放大 20 倍

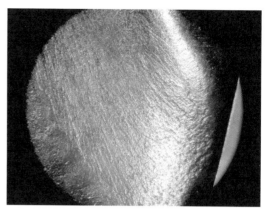

图 29.3-3 观察点 C 放大 40 倍

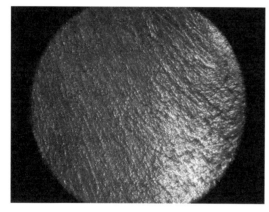

图 29.3-4 观察点 C 放大 60 倍

图 29.3-5 观察点 C 放大 120 倍

BC977TOSD 型

将 M2009：916 龙首戈形玉佩（图 29.4）观察点 D 放大至 120 倍（图 29.4-1 ~ 29.4-5），可以观察到砂岩磨石直接细致抛磨器物表面所形成之同向排列条状磨痕。

图 29.4 M2009：916 龙首戈形玉佩

图 29.4-1 龙首戈形玉佩观察点 D

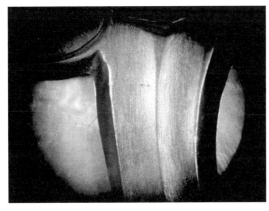

图 29.4-2　观察点 D 放大 20 倍

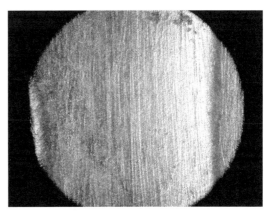

图 29.4-3　观察点 D 放大 40 倍

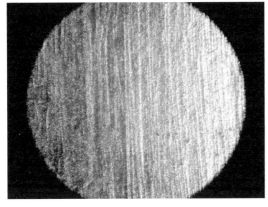

图 29.4-4　观察点 D 放大 60 倍

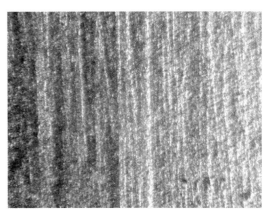

图 29.4-5　观察点 D 放大 120 倍

西周晚期玉器

现分别就虢仲墓（M2009）出土西周晚期玉器的片切割痕迹（Microtraces of Flake cutting；TFC）、直线微痕迹（Microtraces of Straight Line；TSL）、曲线微痕迹（Microtraces of Curve Line；TCL）、岔线微痕迹（Microtraces of Fork Line；TFL）、斜刀微痕迹（Microtraces of Oblique Line；TOL）、刀尖微痕迹（Microtraces of Tip；TOT）、钻头微痕迹（Microtraces of Gimlet；TOG）、管钻微痕迹（Microtraces of Tube drill；TTD）、凸边微痕迹（Microtraces of Raisedsurface；TRS）、器缘微痕迹（Microtraces of marginal；TOM）、表面微痕迹（Microtraces of surface；TOS）、镂空工艺显微痕迹（Microtraces of Hollow；THL）叙述如下：

1. 片切割痕迹（Microtraces of Flake cutting；TFC）

BC885TFCA 型

将 M2009：841 素面圆形玉管（图 30）观察点 A 放大至 120 倍（图 30-1 ～ 30-5），可以观察到切割工作停止处的底面满布同向排列晶团状凸脊与晶粒状凸点现象，此乃石片工具带动蘸水解玉砂往复切割玉料所遗留痕迹。

图 30　M2009：841 素面圆形玉管　　　　图 30-1　素面圆形玉管观察点 A

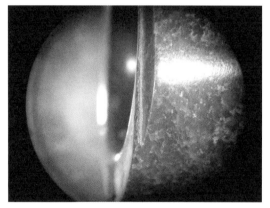

图 30-2　观察点 A 放大 20 倍　　　　图 30-3　观察点 A 放大 40 倍

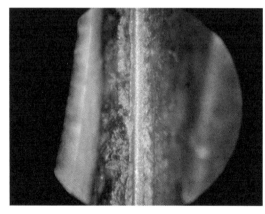

图 30-4　观察点 A 放大 60 倍　　　　图 30-5　观察点 A 放大 120 倍

2. 直线微痕迹（Microtraces of Straight Line；TSL）

BC885TSLA 型

将 M2009：1033 龙凤纹玉戈（图 31.1）观察点 A 放大至 120 倍（图 31.1-1 ~ 31.1-5），可以观察到沟边粗糙，沟底满布晶粒状凸点现象。此乃使用尖锐石核或石片直接刮蹭器表描样所形成之痕迹。

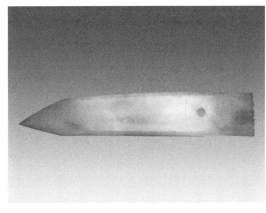
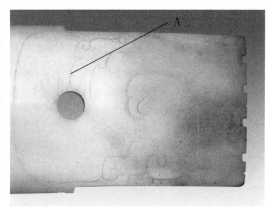

图 31.1　M2009：1033 龙凤纹玉戈　　　　　图 31.1-1　龙凤纹玉戈观察点 A

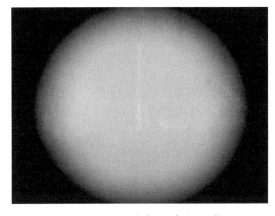
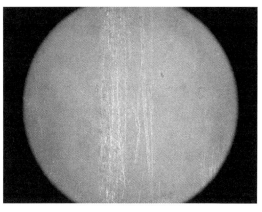

图 31.1-2　观察点 A 放大 20 倍　　　　　图 31.1-3　观察点 A 放大 40 倍

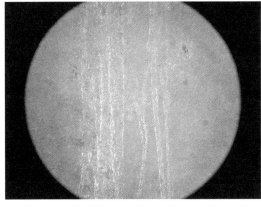

图 31.1-4　观察点 A 放大 60 倍　　　　　图 31.1-5　观察点 A 放大 120 倍

BC885TSLB 型

　　将 M2009：871 凤形玉佩（图 31.2）观察点 B 放大至 120 倍（图 31.2-1 ~ 31.2-5），可以观察到沟边粗糙模糊，沟底高低起伏满布不规则晶团状凸脊与凹洼，个别分布长条状凸脊与凹槽现象。此乃石核工具重复刮蹭玉料所形成之痕迹。

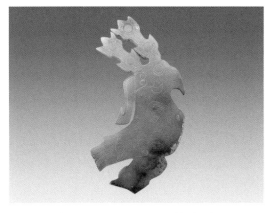

图 31.2　M2009：871 凤形玉佩

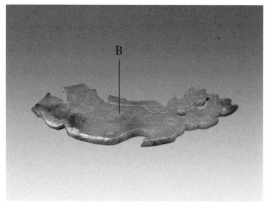

图 31.2-1　凤形玉佩观察点 B

图 31.2-2　观察点 B 放大 20 倍

图 31.2-3　观察点 B 放大 40 倍

图 31.2-4　观察点 B 放大 60 倍

图 31.2-5　观察点 B 放大 120 倍

BC885TSLC 型

　　将 M2009：143 "C" 形龙形玉佩（图 31.3）观察点 C 放大至 120 倍（图 31.3-1 ～ 31.3-5），可以观察到沟边粗糙模糊，沟底高低起伏满布不规则晶团状凸脊与凹洼，个别分布长条状凸脊与凹槽现象。此乃石核工具直接刮蹭玉料所形成之痕迹。

图 31.3 M2009：143 "C" 形龙形玉佩　　　图 31.3-1 "C" 形龙形玉佩观察点 C

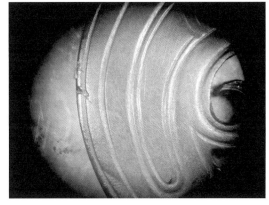

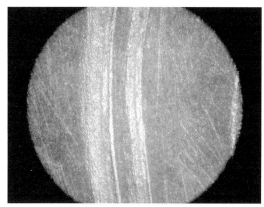

图 31.3-2 观察点 C 放大 20 倍　　　图 31.3-3 观察点 C 放大 40 倍

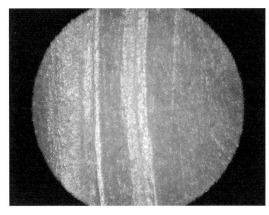

图 31.3-4 观察点 C 放大 60 倍　　　图 31.3-5 观察点 B 放大 120 倍

BC885TSLD 型

将 M2009：738-11 长条鱼形玉佩（图 31.4）观察点 D 放大至 120 倍（图 31.4-1 ~ 31.4-5），可以观察到沟边粗糙模糊，沟壁沟底边缘分布条状凸脊与凹槽，沟底满布晶粒状凸点与个别凹洼现象。此乃使用石核工具刻划出阴线后，再使用较粗的石核工具刮宽阴线所形成之痕迹。

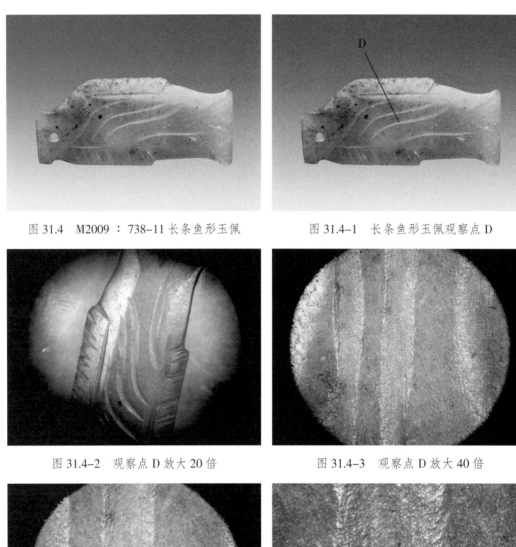

图 31.4　M2009：738-11 长条鱼形玉佩　　　　图 31.4-1　长条鱼形玉佩观察点 D

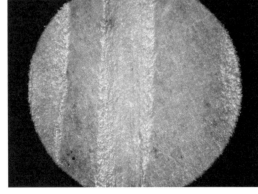

图 31.4-2　观察点 D 放大 20 倍　　　　图 31.4-3　观察点 D 放大 40 倍

图 31.4-4　观察点 D 放大 60 倍　　　　图 31.4-5　观察点 D 放大 120 倍

BC885TSLE 型

将 M2009 ：970-3 透雕人龙纹玉璜（图 31.5）观察点 E 放大至 120 倍（图 31.5-1 ～ 31.5-5），可以观察到阳纹两侧阴线满布同向排列磨痕，阴线底部起伏特甚且满布同向排列团状凸脊与凹洼现象。此乃先以石核工具短蹭镌刻出两条阴线以夹出阳纹，左侧阴线的左边与右侧阴线的右边以砂岩磨石锉磨使成斜面的痕迹。

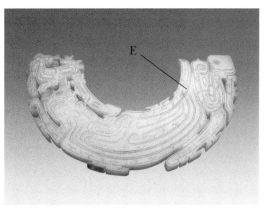

图 31.5 M2009：970-3 透雕人龙纹玉璜   图 31.5-1 透雕人龙纹玉璜观察点 E

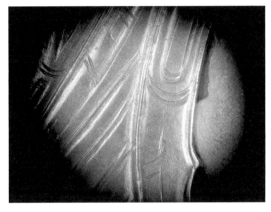

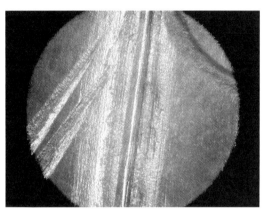

图 31.5-2 观察点 E 放大 20 倍   图 31.5-3 观察点 E 放大 40 倍

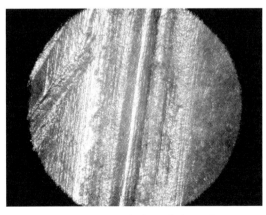

图 31.5-4 观察点 E 放大 60 倍   图 31.5-5 观察点 E 放大 120 倍

BC885TSLF 型

将 M2009：970-5 叠尾人首纹玉璜（图 31.6）观察点 F 放大至 120 倍（图 31.6-1 ～ 31.6-5），可以观察到沟边粗糙，沟壁与沟底边缘分布条状凸脊与凹槽，沟底满布晶团状凸脊与凹洼现象。此乃使用石核工具沿着尺子一条一条单向刮蹭阴线所形成之痕迹。

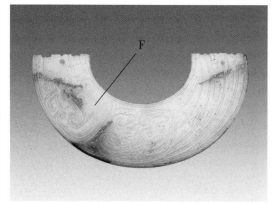

图 31.6　M2009：970-5 叠尾人首纹玉璜　　　图 31.6-1　叠尾人首纹玉璜观察点 F

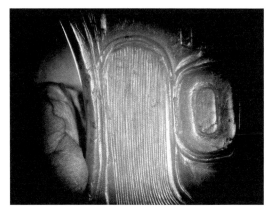

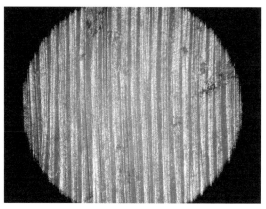

图 31.6-2　观察点 F 放大 20 倍　　　图 31.6-3　观察点 F 放大 40 倍

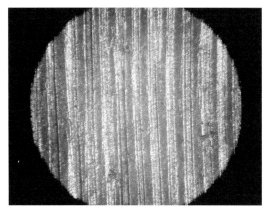

图 31.6-4　观察点 F 放大 60 倍　　　图 31.6-5　观察点 F 放大 120 倍

BC885TSLG 型

将 M2009：797 蝉形玉佩（图 31.7）观察点 G 放大至 120 倍（图 31.7-1 ～ 31.7-5），可以观察到沟边细缓，沟壁与沟底边缘分布同向排列条状凸脊与凹槽，沟底中间满布晶团状凸脊与凹洼现象。此乃石核工具推蹭阴线后使用砂岩磨石修磨阴线所形成之痕迹。

图 31.7　M2009 ：797 蝉形玉佩

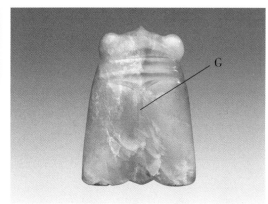

图 31.7-1　蝉形玉佩观察点 G

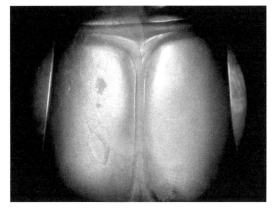

图 31.7-2　观察点 G 放大 20 倍

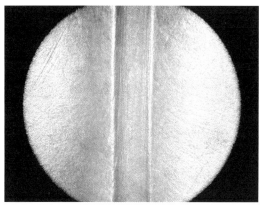

图 31.7-3　观察点 G 放大 40 倍

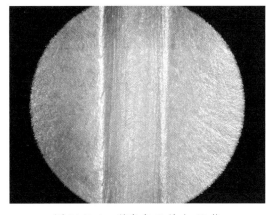

图 31.7-4　观察点 G 放大 60 倍

图 31.7-5　观察点 G 放大 120 倍

BC885TSLH 型

将 M2009 ： 177 "C" 形龙形玉佩（图 31.8）观察点 H 放大至 120 倍（图 31.8-1 ～ 31.8-5），可以观察到沟边圆缓，沟壁与沟底边缘满布同向排列条状凸脊与凹槽，沟底中间散布凹洼现象。此乃石核工具推蹭阴线后使用砂岩磨石锉宽阴线所形成之痕迹。

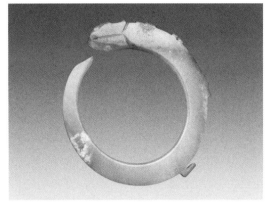
图 31.8 M2009 ：177 "C" 形龙形玉佩

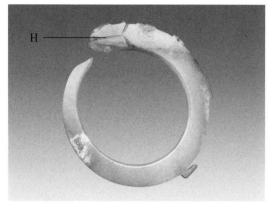
图 31.8-1 "C" 形龙形玉佩观察点 H

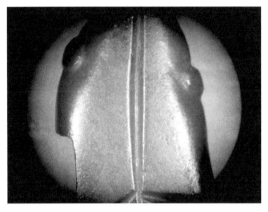
图 31.8-2 观察点 H 放大 20 倍

图 31.8-3 观察点 H 放大 40 倍

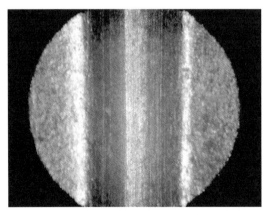
图 31.8-4 观察点 H 放大 60 倍

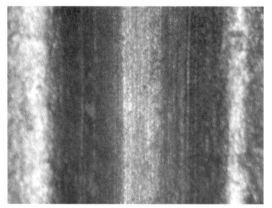
图 31.8-5 观察点 H 放大 120 倍

BC885TSLI 型

将 M2009 ：954 人龙合纹玉玦（图 31.9）观察点 I 放大至 120 倍（图 31.9-1 ～ 31.9-5），可以观察到沟边细缓，阴线底部满布同向排列短条状凸脊、凹槽、凹洼现象。此乃石核工具镌刻阴线后使用砂岩磨石仔细磨宽阴线所形成之痕迹。

图 31.9　M2009：954 人龙合纹玉玦

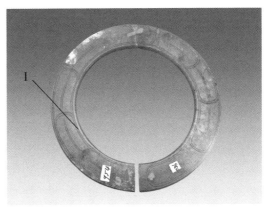

图 31.9-1　人龙合纹玉玦观察点 I

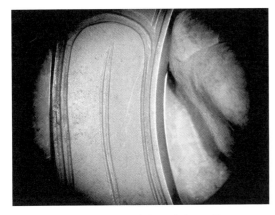

图 31.9-2　观察点 I 放大 20 倍

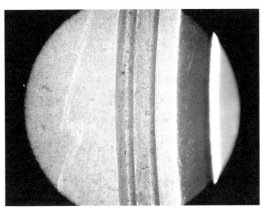

图 31.9-3　观察点 I 放大 40 倍

图 31.9-4　观察点 I 放大 60 倍

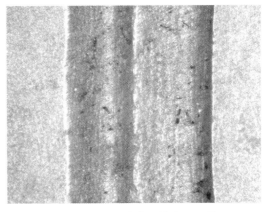

图 31.9-5　观察点 I 放大 120 倍

BC885TSLJ 型

　　将 M2009：155 兽面形玉佩（图 31.10）观察点 J 放大至 120 倍（图 31.10-1 ～ 31.10-5），可以观察到沟边细缓，沟壁沟底交会处散布同向排列条状凸脊与凹槽，沟底满布晶团状凸脊与凹洼现象。此乃较钝的石核往复刮蹭阴线所形成之痕迹。

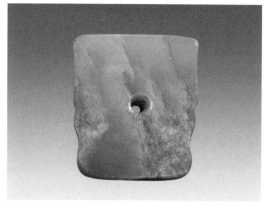

图 31.10　M2009：155 兽面形玉佩

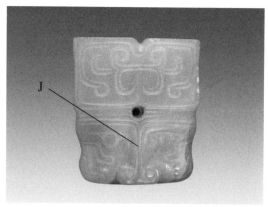

图 31.10-1　兽面形玉佩观察点 J

图 31.10-2　观察点 J 放大 20 倍

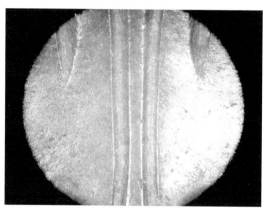

图 31.10-3　观察点 J 放大 40 倍

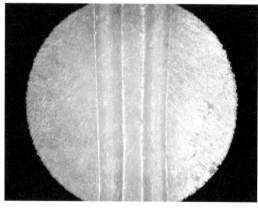

图 31.10-4　观察点 J 放大 60 倍

图 31.10-5　观察点 J 放大 120 倍

3. 曲线微痕迹（Microtraces of Curve Line；TCL）

BC885TCLA 型

将 M2009：1033 龙凤纹玉戈（图 32.1）观察点 A 放大至 120 倍（图 32.1-1 ~ 32.1-5），可以观察到沟底满布晶粒状凸点现象。此乃使用尖锐的石核或石片沿着曲面直接刮蹭器表描样之痕迹。

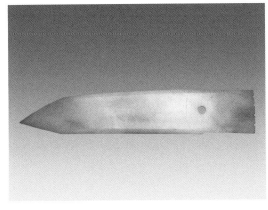

图 32.1　M2009：1033 龙凤纹玉戈

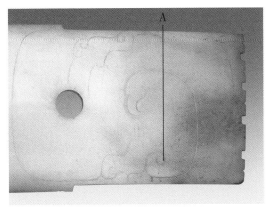

图 32.1-1　龙凤纹玉戈观察点 A

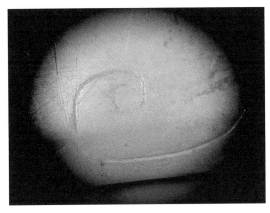

图 32.1-2　观察点 A 放大 20 倍

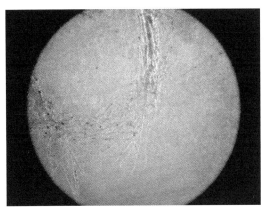

图 32.1-3　观察点 A 放大 40 倍

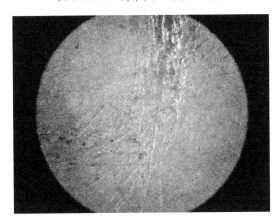

图 32.1-4　观察点 A 放大 60 倍

图 32.1-5　观察点 A 放大 120 倍

BC885TCLB 型

　　将 M2009：872 圆形玉饰（图 32.2）观察点 B 放大至 120 倍（图 32.2-1 ~ 32.2-5），可以观察到曲线沟边粗糙模糊，沟底起伏特甚且满布晶团状凸脊、凹槽、凹洼现象。此乃石核工具沿着曲面一小段一小段刮蹭所形成之痕迹。

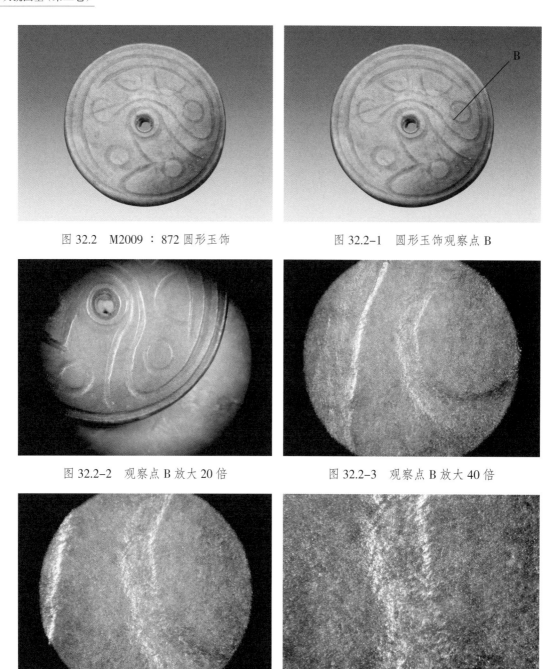

图 32.2　M2009：872 圆形玉饰　　　　　图 32.2-1　圆形玉饰观察点 B

图 32.2-2　观察点 B 放大 20 倍　　　　　图 32.2-3　观察点 B 放大 40 倍

图 32.2-4　观察点 B 放大 60 倍　　　　　图 32.2-5　观察点 B 放大 120 倍

BC885TCLC 型

　　将 M2009：889 凤鸟纹圆形玉饰（图 32.3）观察点 C 放大至 120 倍（图 32.3-1 ～ 32.3-5），可以观察到曲线沟边粗糙模糊，沟底高低起伏满布晶团状凸脊与凹洼现象。此乃石核工具沿着曲面点蹭所形成之痕迹。

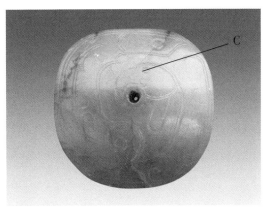

图 32.3　M2009：889 凤鸟纹圆形玉饰　　　　图 32.3-1　凤鸟纹圆形玉饰观察点 C

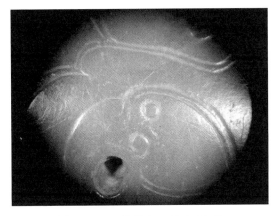
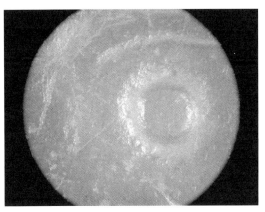

图 32.3-2　观察点 C 放大 20 倍　　　　　　图 32.3-3　观察点 C 放大 40 倍

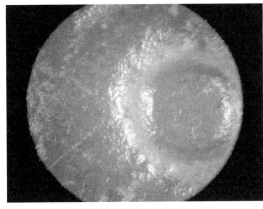
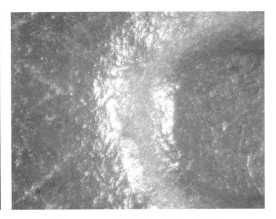

图 32.3-4　观察点 C 放大 60 倍　　　　　　图 32.3-5　观察点 C 放大 120 倍

BC885TCLD 型

将 M2009：958 "C" 形龙形玉佩（图 32.4）观察点 D 放大至 120 倍（图 32.4-1 ~ 32.4-5），可以观察到曲线沟边粗缓，沟底高低起伏特甚且满布晶团状凸脊与凹洼现象。此乃石核工具沿着曲面短蹭使成弧线所形成之痕迹。

图 32.4　M2009：958 "C" 形龙形玉佩

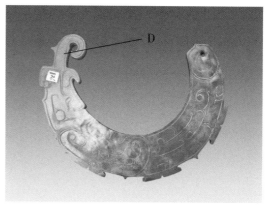

图 32.4-1　"C" 形龙形玉佩观察点 D

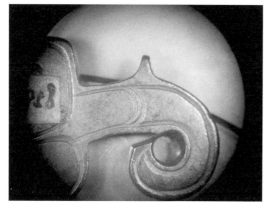

图 32.4-2　观察点 D 放大 20 倍

图 32.4-3　观察点 D 放大 40 倍

图 32.4-4　观察点 D 放大 60 倍

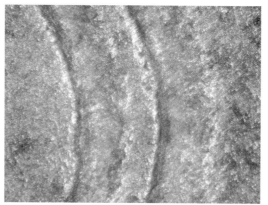

图 32.4-5　观察点 D 放大 120 倍

BC885TCLE 型

　　将 M2009：96 尖尾双龙纹玉璜（图 32.5）观察点 E 放大至 120 倍（图 32.5-1 ～ 32.5-5），可以观察到曲线内侧边缘粗缓，缘壁满布同向刮痕且外缘毛刺，曲线底部满布同向排列扇形条状凸脊与凹槽现象。此乃锐利石核或石片沿着曲面同向不同角度刮蹭所形成之痕迹。

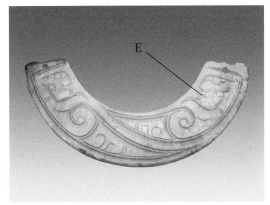

图 32.5 M2009：96 尖尾双龙纹玉璜　　　　图 32.5-1 尖尾双龙纹玉璜观察点 E

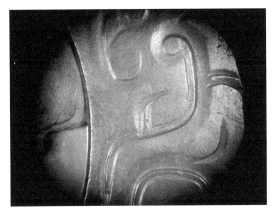

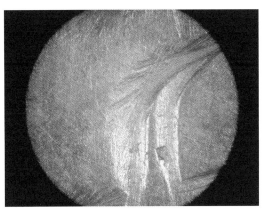

图 32.5-2 观察点 E 放大 20 倍　　　　图 32.5-3 观察点 E 放大 40 倍

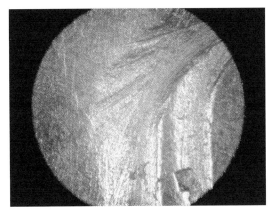

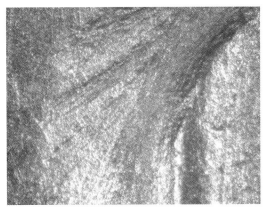

图 32.5-4 观察点 E 放大 60 倍　　　　图 32.5-5 观察点 E 放大 120 倍

BC885TCLF 型

将 M2009：153 人龙合纹玉璋（图 32.6）观察点 F 放大至 120 倍（图 32.6-1 ～ 32.6-5），可以观察到曲线沟边粗糙模糊，沟底高低起伏特甚且满布晶团状凸脊与凹洼现象。此乃石核工具沿着曲面刮蹭使成弧线所形成之痕迹。

图 32.6   M2009：153 人龙合纹玉璋   图 32.6-1   人龙合纹玉璋观察点 F

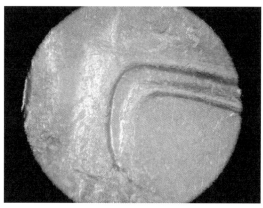

图 32.6-2   观察点 F 放大 20 倍   图 32.6-3   观察点 F 放大 40 倍

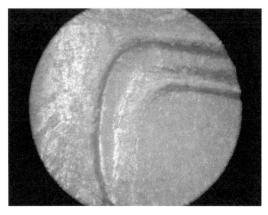

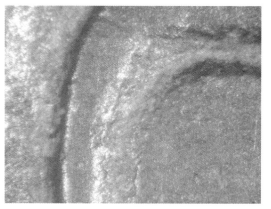

图 32.6-4   观察点 F 放大 60 倍   图 32.6-5   观察点 F 放大 120 倍

BC885TCLG 型

将 M2009：142 鹦鹉形玉佩（图 32.7）观察点 G 放大至 120 倍（图 32.7-1 ～ 32.7-5），可以观察到曲线内缘粗缓，缘壁满布同向刮痕，外缘粗糙，曲线底部满布晶粒状凸点，斜面满布反向刮痕。此乃石核工具刮蹭完成曲线后再使用石片双向刮除外侧边缘使成斜面所形成之痕迹。

图 32.7　M2009：142 鹦鹉形玉佩

图 32.7-1　鹦鹉形玉佩观察点 G

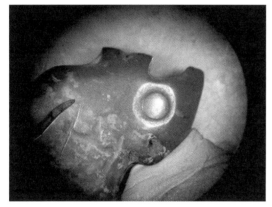
图 32.7-2　观察点 G 放大 20 倍

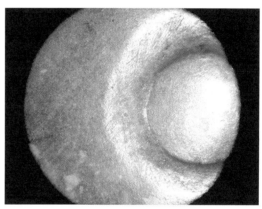
图 32.7-3　观察点 G 放大 40 倍

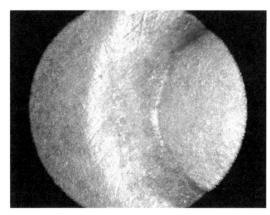
图 32.7-4　观察点 G 放大 60 倍

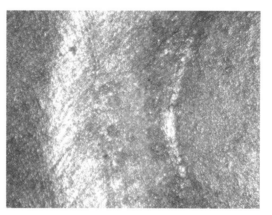
图 32.7-5　观察点 G 放大 120 倍

BC885TCLH 型

　　将 M2009：827 龙纹大玉环（图 32.8）观察点 H 放大至 120 倍（图 32.8-1 ～ 32.8-5），可以观察到曲线内缘粗缓，缘壁满布同向刮痕，外缘粗糙，曲线底部满布晶粒状凸点，斜面满布同向刮痕。此乃石核工具刮蹭完成曲线后再使用石片同向刮除外侧边缘使成斜面所形成之痕迹。

图 32.8　M2009：827 龙纹大玉环

图 32.8-1　龙纹大玉环观察点 H

图 32.8-2　观察点 H 放大 20 倍

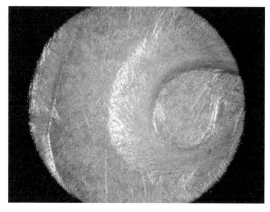

图 32.8-3　观察点 H 放大 40 倍

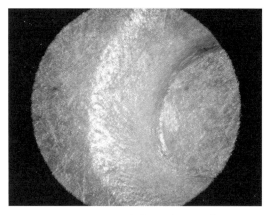

图 32.8-4　观察点 H 放大 60 倍

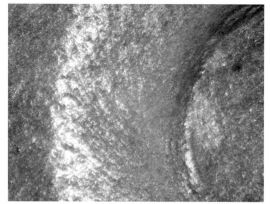

图 32.8-5　观察点 H 放大 120 倍

BC885TCLI 型

将 M2009：951 人鱼合纹玉璜（图 32.9）观察点 I 放大至 120 倍（图 32.9-1 ～ 32.9-5），可以观察到曲线内缘细缓，缘壁满布同向刮痕，外缘粗缓，曲线底部满布晶粒状凸点，斜面满布反向刮痕。此乃石核工具刮蹭完成曲线后再使用石片双向细致刮除外侧边缘使成斜面所形成之痕迹。

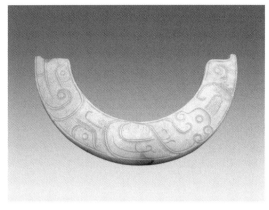

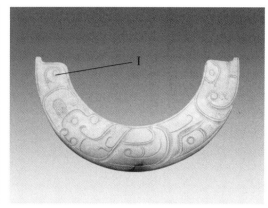

图 32.9　M2009：951 人鱼合纹玉璜　　　　图 32.9-1　人鱼合纹玉璜观察点 I

图 32.9-2　观察点 I 放大 20 倍　　　　图 32.9-3　观察点 I 放大 40 倍

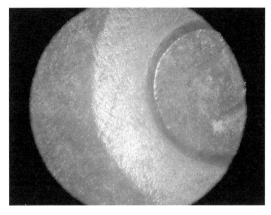

图 32.9-4　观察点 I 放大 60 倍　　　　图 32.9-5　观察点 I 放大 120 倍

BC885TCLJ 型

将 M2009：159 人龙合纹玉佩（图 32.10）观察点 J 放大至 120 倍（图 32.10-1 ～ 32.10-5），可以观察到曲线内缘粗缓，缘壁满布同向刮痕，外缘模糊，曲线底部满布晶粒状凸点，斜面满布同向刮痕。此乃石核工具刮蹭完成曲线后再使用石片同向细致刮蹭外侧边缘使成斜面所形成之痕迹。

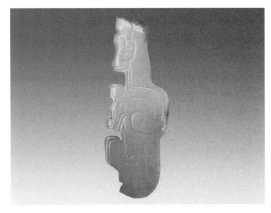
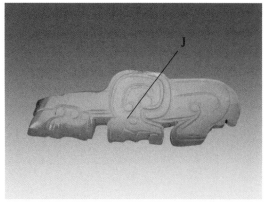

图 32.10　M2009：159 人龙合纹玉佩　　　　图 32.10-1　人龙合纹玉佩观察点 J

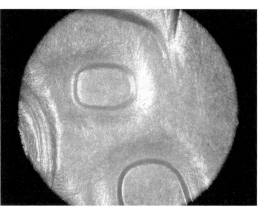

图 32.10-2　观察点 J 放大 20 倍　　　　图 32.10-3　观察点 J 放大 40 倍

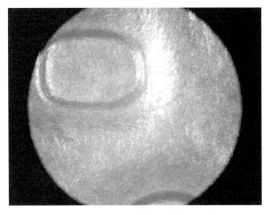
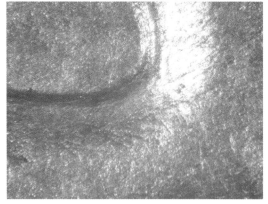

图 32.10-4　观察点 J 放大 60 倍　　　　图 32.10-5　观察点 J 放大 120 倍

BC885TCLK 型

将 M2009：890 龙纹玉饰（图 32.11）观察点 K 放大至 120 倍（图 32.11-1 ~ 32.11-5），可以观察到曲线沟边粗缓，沟壁与沟底两侧满布同向排列长条状凸脊与凹槽，沟底中间满布晶粒状凸点现象。此乃石核工具刮蹭完成曲线后再使用石片同向细致修刮所形成之痕迹。

图 32.11　M2009：890 龙纹玉饰

图 32.11-1　龙纹玉饰观察点 K

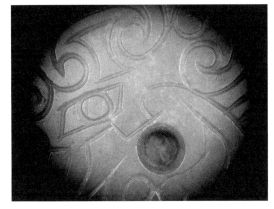

图 32.11-2　观察点 K 放大 20 倍

图 32.11-3　观察点 K 放大 40 倍

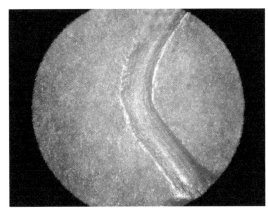

图 32.11-4　观察点 K 放大 60 倍

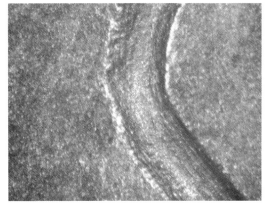

图 32.11-5　观察点 K 放大 120 倍

BC885TCLL 型

将 M2009：191 龙纹小玉环（图 32.12）观察点 L 放大至 120 倍（图 32.12-1 ～ 32.12-5），可以观察到曲线内缘细缓，缘壁满布同向刮痕，外缘粗糙，曲线底部满布不规则晶团状凸脊与凹洼，斜面分布同向排列条状与团状凸脊现象。此乃石核工具刮蹭完成曲线后再使用石片刮蹭外侧边缘使成斜面所形成之痕迹。此痕迹因风化淋滤作用溶蚀尖锐与松散部位形成圆缓的高低起伏面。

图 32.12 M2009：191 龙纹小玉环

图 32.12-1 龙纹小玉环观察点 L

图 32.12-2 观察点 L 放大 20 倍

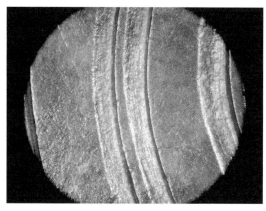

图 32.12-3 观察点 L 放大 40 倍

图 32.12-4 观察点 L 放大 60 倍

图 32.12-5 观察点 L 放大 120 倍

BC885TCLM 型

将 M2009：182 "C" 形龙形玉佩（图 32.13）观察点 M 放大至 120 倍（图 32.13-1 ～ 32.13-5），可以观察到曲线沟边细缓，沟壁与沟底两侧满布同向排列条状凸脊与凹槽，沟底满布晶粒状凸点，斜面粗平分布晶团状凸脊与凹洼现象。此乃石核工具刮蹭完成曲线后再使用石片同向细致修刮斜面所形成之痕迹。

图 32.13　M2009：182 "C" 形龙形玉佩

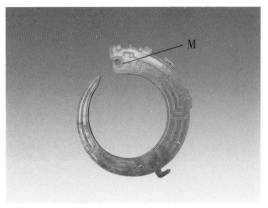

图 32.13-1　"C" 形龙形玉佩观察点 M

图 32.13-2　观察点 M 放大 20 倍

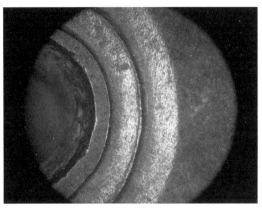

图 32.13-3　观察点 M 放大 40 倍

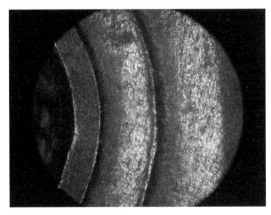

图 32.13-4　观察点 M 放大 60 倍

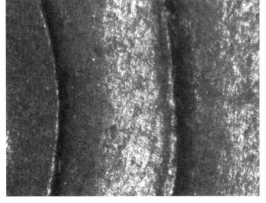

图 32.13-5　观察点 M 放大 120 倍

BC885TCLN 型

　　将 M2009 ：142 鹦鹉形玉佩（图 32.14）观察点 N 放大至 120 倍（图 32.14-1 ～ 32.14-5），可以观察到曲线内侧沟边细缓，沟壁与沟底侧满布同向排列条状凸脊与凹槽，沟底与斜面粗平且满布晶团状凸脊与凹洼现象。此乃石核工具刮蹭完成曲线后以石片刮修斜面再使用砂岩磨石抛磨斜面所形成之痕迹。

图 32.14　M2009：142 鹦鹉形玉佩　　　　图 32.14-1　鹦鹉形玉佩观察点 N

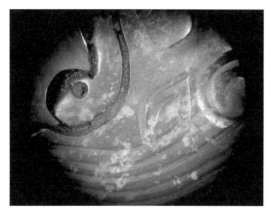

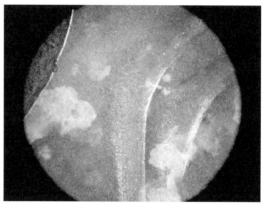

图 32.14-2　观察点 N 放大 20 倍　　　　图 32.14-3　观察点 N 放大 40 倍

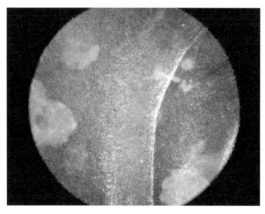

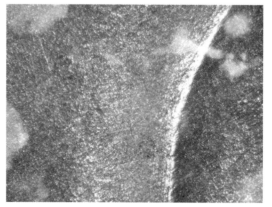

图 32.14-4　观察点 N 放大 60 倍　　　　图 32.14-5　观察点 N 放大 120 倍

BC885TCLO 型

　　将 M2009：153 人龙合纹玉璋（图 32.15）观察点 O 放大至 120 倍（图 32.15-1 ～ 32.15-5），可以观察到曲线内侧沟边沟壁呈圆弧状，弧面上分布同向排列条状凸脊与凹槽，沟底与外侧沟壁满布细团状凸脊与凹洼、晶粒状凸点现象。此乃管状工具带动醮水解玉砂辗出睛部后，以石片刮修内圈使成弧面，再使用砂岩磨石细致抛磨所成之痕迹。

图 32.15　M2009：153 人龙合纹玉璋

图 32.15-1　人龙合纹玉璋观察点 O

图 32.15-2　观察点 O 放大 20 倍

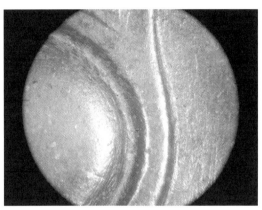

图 32.15-3　观察点 O 放大 40 倍

图 32.15-4　观察点 O 放大 60 倍

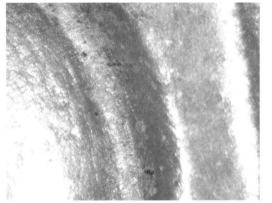

图 32.15-5　观察点 O 放大 120 倍

4. 岔线微痕迹（Microtraces of Fork Line；TFL）

BC885TFLA 型

将 M2009：970-5 叠尾人首纹玉璜（图 33.1）观察点 A 放大至 120 倍（图 33.1-1 ~ 33.1-5），可以观察到整个岔线部位，阴线沟边、沟壁、沟底满布石核工具单向刻划形成之同向凸条状凸脊与凹槽现象。受工部位因风化淋滤作用溶蚀形成粗糙、圆缓之表面。

图 33.1 M2009：970-5 叠尾人首纹玉璜

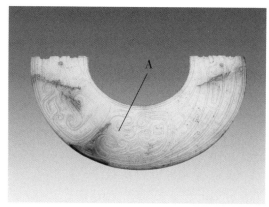
图 33.1-1 叠尾人首纹玉璜观察点 A

图 33.1-2 观察点 A 放大 20 倍

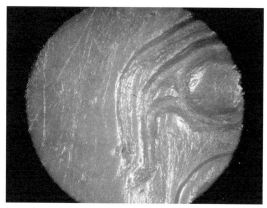
图 33.1-3 观察点 A 放大 40 倍

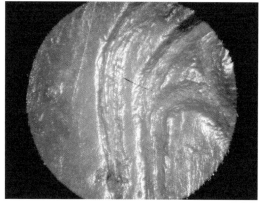
图 33.1-4 观察点 A 放大 60 倍

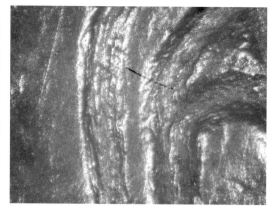
图 33.1-5 观察点 A 放大 120 倍

BC885TFLB 型

将 M2009：142 鹦鹉形玉佩（图 33.2）观察点 B 放大至 120 倍（图 33.2-1 ~ 33.2-5），可以观察到两条相交曲线推蹭完成后又使用锐利石片细刮形成之毛刺痕迹。

图 33.2　M2009：142 鹦鹉形玉佩

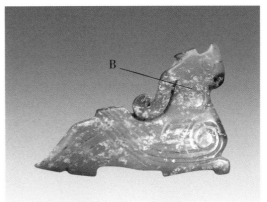

图 33.2-1　鹦鹉形玉佩观察点 B

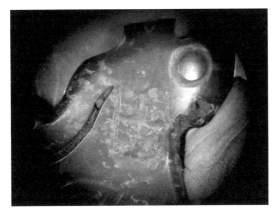

图 33.2-2　观察点 B 放大 20 倍

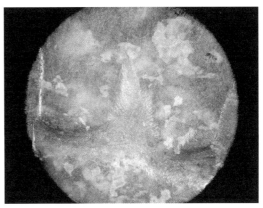

图 33.2-3　观察点 B 放大 40 倍

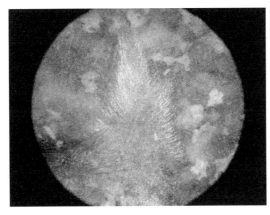

图 33.2-4　观察点 B 放大 60 倍

图 33.2-5　观察点 B 放大 120 倍

BC885TFLC 型

将 M2009：182 "C" 形龙形玉佩（图 33.3）观察点 C 放大至 120 倍（图 33.3-1 ~ 33.3-5），可以观察到两条相交曲线完成后再使用锐利石片刮蹭斜面形成之痕迹。

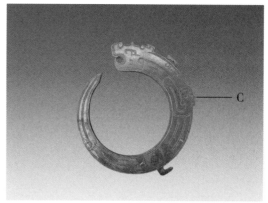

图 33.3　M2009：182 "C" 形龙形玉佩　　　图 33.3-1　"C" 形龙形玉佩观察点 C

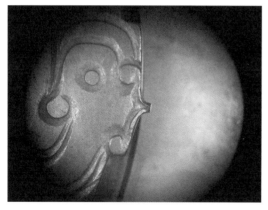

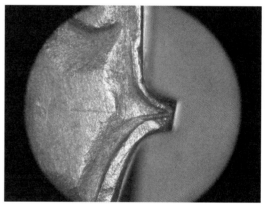

图 33.3-2　观察点 C 放大 20 倍　　　图 33.3-3　观察点 C 放大 40 倍

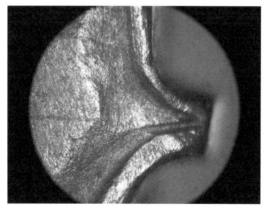

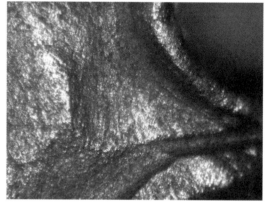

图 33.3-4　观察点 C 放大 60 倍　　　图 33.3-5　观察点 C 放大 120 倍

BC885TFLD 型

将 M2009：153 人龙合纹玉璋（图 33.4）观察点 D 放大至 120 倍（图 33.4-1～33.4-5），可以观察到两条相交曲线镌刻完成后再使用锐利石核或石片刮蹭尖突所形成之痕迹。

图 33.4 M2009：153 人龙合纹玉璋

图 33.4-1 人龙合纹玉璋观察点 D

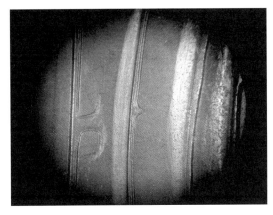

图 33.4-2 观察点 D 放大 20 倍

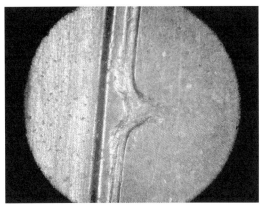

图 33.4-3 观察点 D 放大 40 倍

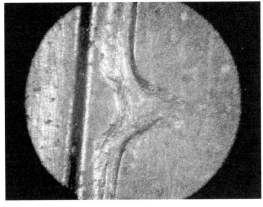

图 33.4-4 观察点 D 放大 60 倍

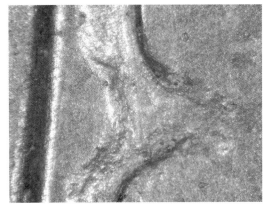

图 33.4-5 观察点 D 放大 120 倍

BC885TFLE 型

将 M2009：890 龙纹玉饰（图 33.5）观察点 E 放大至 120 倍（图 33.5-1～33.5-5），可以观察到两条相交曲线完成后再以石核细致刮蹭三角尖所形成之痕迹。

 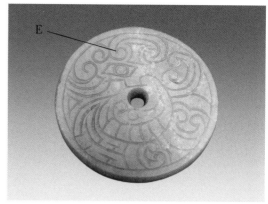

图 33.5　M2009：890 龙纹玉饰　　　　　　图 33.5-1　龙纹玉饰观察点 E

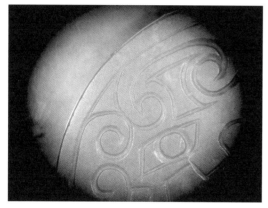 

图 33.5-2　观察点 E 放大 20 倍　　　　　　图 33.5-3　观察点 E 放大 40 倍

 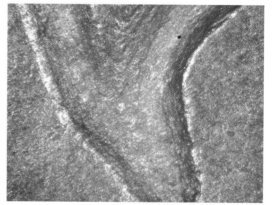

图 33.5-4　观察点 E 放大 60 倍　　　　　　图 33.5-5　观察点 E 放大 120 倍

BC885TFLF 型

将 M2009：155 兽面形玉佩（图 33.6）观察点 F 放大至 120 倍（图 33.6-1 ~ 33.6-5），可以观察到两条相交曲线完成后再以石核细致刮蹭三角斜面所形成之痕迹。

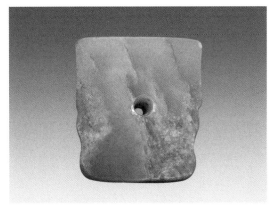

图 33.6 M2009：155 兽面形玉佩

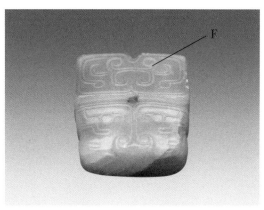

图 33.6-1 兽面形玉佩观察点 F

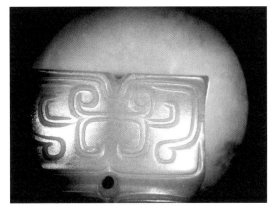

图 33.6-2 观察点 F 放大 20 倍

图 33.6-3 观察点 F 放大 40 倍

图 33.6-4 观察点 F 放大 60 倍

图 33.6-5 观察点 F 放大 120 倍

5. 斜刀微痕迹（Microtraces of Oblique Line；TOL）

BC885TOLA 型

将 M2009：182 "C" 形龙形玉佩（图 34.1）观察点 A 放大至 120 倍（图 34.1-1 ~ 34.1-5），可以观察到阴线左沟边粗缓，沟壁与斜面满布同向排列粗糙条状刮痕，右沟边粗缓。此乃石核工具将直线刮蹭完成后，再使用石核或石片工具细致刮除右侧边缘使成斜面所形成之痕迹。

图 34.1　M2009 ：182 "C"形龙形玉佩　　　　图 34.1-1　"C"形龙形玉佩观察点 A

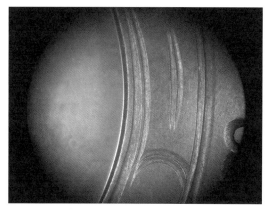

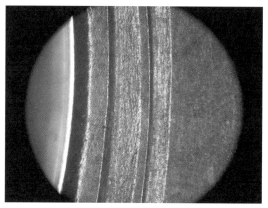

图 34.1-2　观察点 A 放大 20 倍　　　　图 34.1-3　观察点 A 放大 40 倍

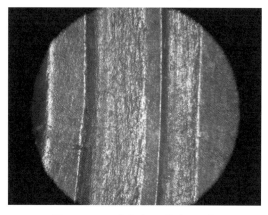

图 34.1-4　观察点 A 放大 60 倍　　　　图 34.1-5　观察点 A 放大 120 倍

BC885TOLB 型

将 M2009 ：951 人龙合纹玉璜（图 34.2）观察点 B 放大至 120 倍（图 34.2-1 ～ 34.2-5），可以观察到阴线左沟边粗缓，沟壁与沟底侧分布同向排列粗糙条状刮痕，斜面平整满布砂岩磨石细致的同向抛磨痕迹。

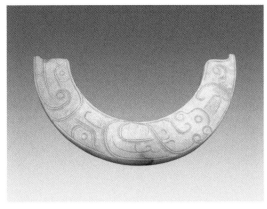
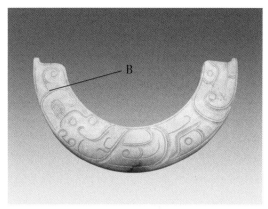

图 34.2　M2009：951 人龙合纹玉璜　　　　　图 34.2-1　人龙合纹玉璜观察点 B

图 34.2-2　观察点 B 放大 20 倍　　　　　图 34.2-3　观察点 B 放大 40 倍

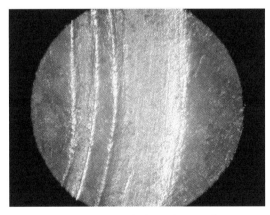

图 34.2-4　观察点 B 放大 60 倍　　　　　图 34.2-5　观察点 B 放大 120 倍

BC885TOLC 型

将 M2009：96 尖尾双龙纹玉璜（图 34.3）观察点 C 放大至 120 倍（图 34.3-1 ～ 34.3-5），可以观察到阴线左沟边细缓，沟壁与斜面满布同向排列细条状凸脊与凹槽现象。此乃石核刮蹭阴线后使用砂岩磨石同向抛磨斜面所成之痕迹。

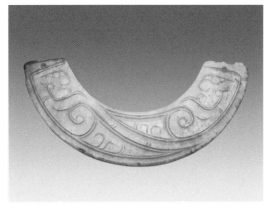
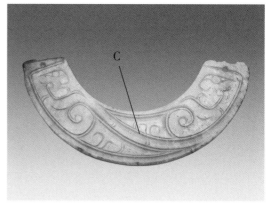

图 34.3 M2009：96 尖尾双龙纹玉璜   图 34.3-1 尖尾双龙纹玉璜观察点 C

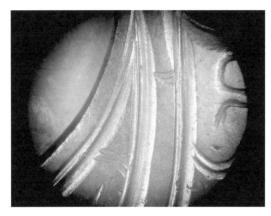
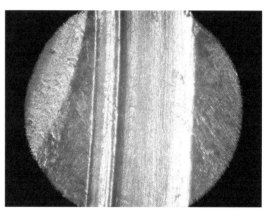

图 34.3-2 观察点 C 放大 20 倍   图 34.3-3 观察点 C 放大 40 倍

图 34.3-4 观察点 C 放大 60 倍   图 34.3-5 观察点 C 放大 120 倍

BC885TOLD 型

将 M2009：153 人龙合纹玉璋（图 34.4）观察点 D 放大至 120 倍（图 34.4-1 ～ 34.4-5），可以观察到阴线右沟边细缓，沟壁与斜面满布同向排列细条状凸脊与凹槽现象。此乃石核工具镌刻阴线后使用石片工具刮斜阴线左侧边，再使用砂岩磨石同向抛磨所成之痕迹。该痕迹受风化淋滤作用之溶蚀，形成了分布其上的凹洼。

图 34.4 M2009：153 人龙合纹玉璋

图 34.4-1 人龙合纹玉璋观察点 D

图 34.4-2 观察点 D 放大 20 倍

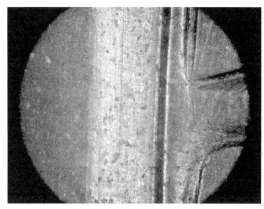

图 34.4-3 观察点 D 放大 40 倍

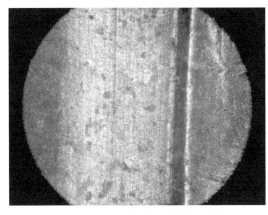

图 34.4-4 观察点 D 放大 60 倍

图 34.4-5 观察点 D 放大 120 倍

BC885TOLE 型

将 M2009 ：965 缠尾双龙纹玉璜（图 34.5）观察点 E 放大至 120 倍（图 34.5-1 ～ 34.5-5），可以观察到阴线右沟边细缓，斜面满布晶粒状凸点现象。此乃石核工具镌刻阴线后使用砂岩磨石细致抛磨所成之痕迹。

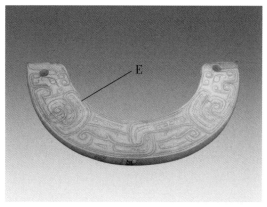

图 34.5　M2009：965 缠尾双龙纹玉璜　　　图 34.5-1　缠尾双龙纹玉璜观察点 E

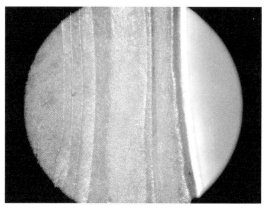

图 34.5-2　观察点 E 放大 20 倍　　　　　图 34.5-3　观察点 E 放大 40 倍

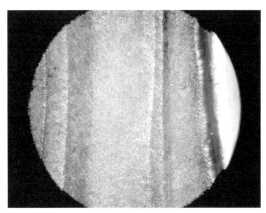

图 34.5-4　观察点 E 放大 60 倍　　　　　图 34.5-5　观察点 E 放大 120 倍

6. 刀尖微痕迹（Microtraces of Tip；TOT）

BE885TOTA

将 M2009：182 "C" 形龙形玉佩（图 35.1）观察点 A 放大至 120 倍（图 35.1-1 ~ 35.1-5），可以观察到线尖周缘粗糙，阴线底部满布石核工具刮蹭所形成之高低起伏晶团状凸脊与凹洼现象。

图 35.1　M2009：182 "C" 形龙形玉佩

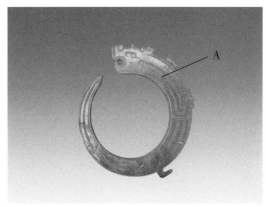
图 35.1-1　"C" 形龙形玉佩观察点 A

图 35.1-2　观察点 A 放大 20 倍

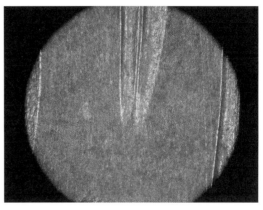
图 35.1-3　观察点 A 放大 40 倍

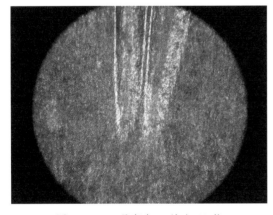
图 35.1-4　观察点 A 放大 60 倍

图 35.1-5　观察点 A 放大 120 倍

BE885TOTB

将 M2009 ：869 人龙合纹玉佩（图 35.2）观察点 B 放大至 120 倍（图 35.2-1 ~ 35.2-5），可以观察到线尖周缘粗糙，左阴线底部出细团状凸脊之外还满布晶粒状凸点，右阴线底部满布高低起伏晶团状凸脊与凹洼现象。两条阴线皆使用石核推蹭而成之微痕迹。

图 35.2　M2009：869 人龙合纹玉佩

图 35.2-1　人龙合纹玉佩观察点 B

图 35.2-2　观察点 B 放大 20 倍

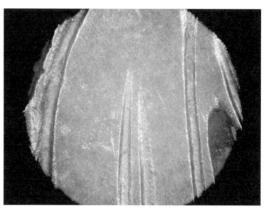

图 35.2-3　观察点 B 放大 40 倍

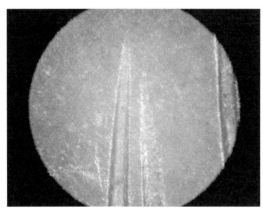

图 35.2-4　观察点 B 放大 60 倍

图 35.2-5　观察点 B 放大 120 倍

BE885TOTC

　　将 M2009：205 鹿形玉佩（图 35.3）观察点 C 放大至 120 倍（图 35.3-1 ~ 35.3-5），可以观察到线尖周缘粗糙，阴线底部满布石核或石片工具刮蹭所形成之细条状凸脊与凹槽现象。

图 35.3　M2009：205 鹿形玉佩　　　　　图 35.3-1　鹿形玉佩观察点 C

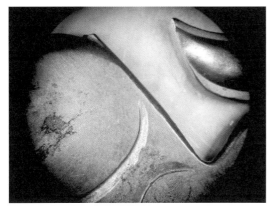

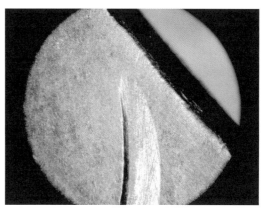

图 35.3-2　观察点 C 放大 20 倍　　　　　图 35.3-3　观察点 C 放大 40 倍

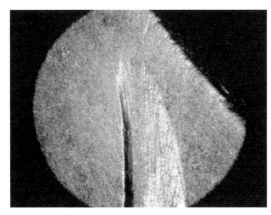

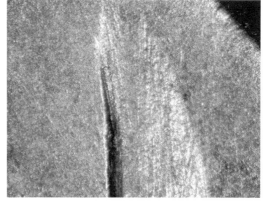

图 35.3-4　观察点 C 放大 60 倍　　　　　图 35.3-5　观察点 C 放大 120 倍

BE885TOTD

将 M2009：890 龙纹玉饰（图 35.4）观察点 D 放大至 120 倍（图 35.4-1 ~ 35.4-5），可以观察到线尖周缘粗缓，阴线底部满布石核或石片工具细致刮蹭所形成之细条状凸脊与凹槽，个别细团状凸脊与凹洼现象。

图 35.4　M2009：890 龙纹玉饰

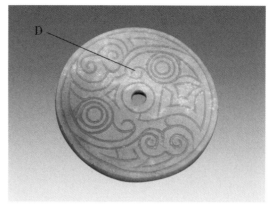

图 35.4-1　龙纹玉饰观察点 D

图 35.4-2　观察点 D 放大 20 倍

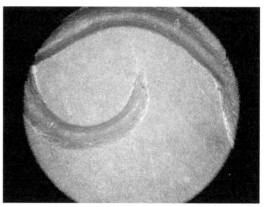

图 35.4-3　观察点 D 放大 40 倍

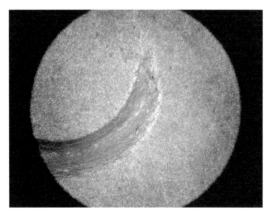

图 35.4-4　观察点 D 放大 60 倍

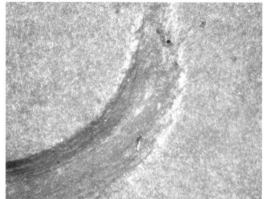

图 35.4-5　观察点 D 放大 120 倍

7. 钻头微痕迹（Microtraces of Gimlet；TOG）

BC885TOGA 型

将 M2009：191 龙纹小玉环（图 36.1）观察点 A 放大至 120 倍（图 36.1-1 ~ 36.1-5），可以观察到孔壁上遗留同向锐利旋钻痕迹。此乃石核钻头直接掏搅玉料成孔所形成之痕迹。

图 36.1　M2009：191 龙纹小玉环

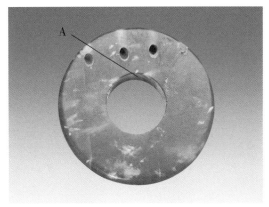

图 36.1-1　龙纹小玉环观察点 A

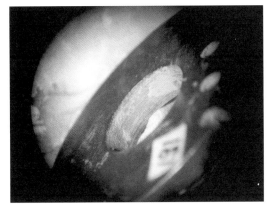

图 36.1-2　观察点 A 放大 20 倍

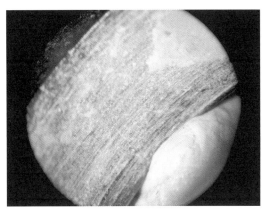

图 36.1-3　观察点 A 放大 40 倍

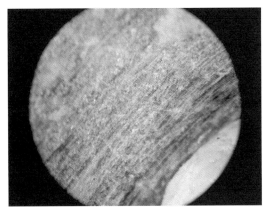

图 36.1-4　观察点 A 放大 60 倍

图 36.1-5　观察点 A 放大 120 倍

BC885TOGB 型

　　将 M2009 ：748 鼠形玉佩（图 36.2）观察点 B 放大至 120 倍（图 36.2-1 ～ 36.2-5），可以观察到孔壁上满布同向起伏的旋痕。此乃砂岩钻头旋钻而成的隧孔痕迹。

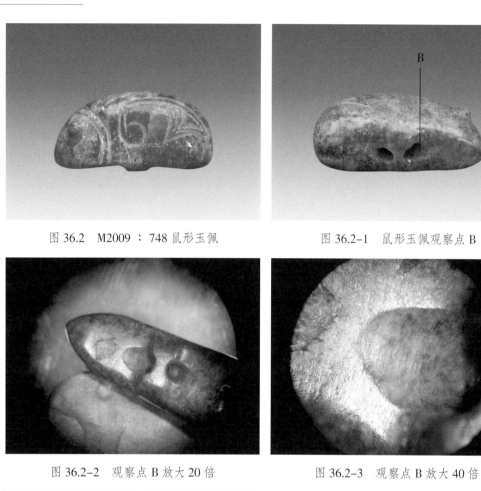

图 36.2　M2009：748 鼠形玉佩　　　　图 36.2-1　鼠形玉佩观察点 B

图 36.2-2　观察点 B 放大 20 倍　　　　图 36.2-3　观察点 B 放大 40 倍

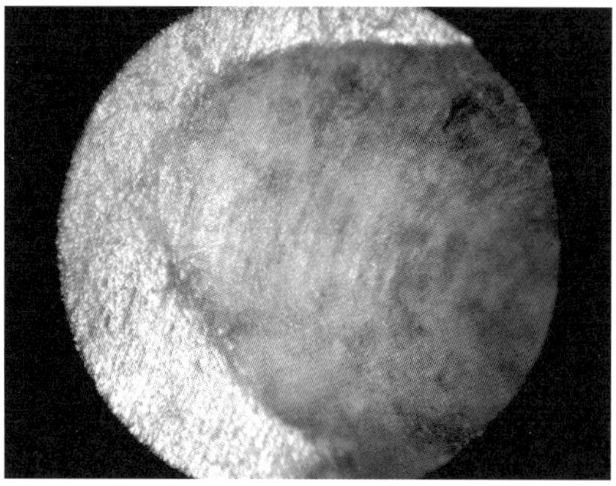

图 36.2-4　观察点 B 放大 60 倍 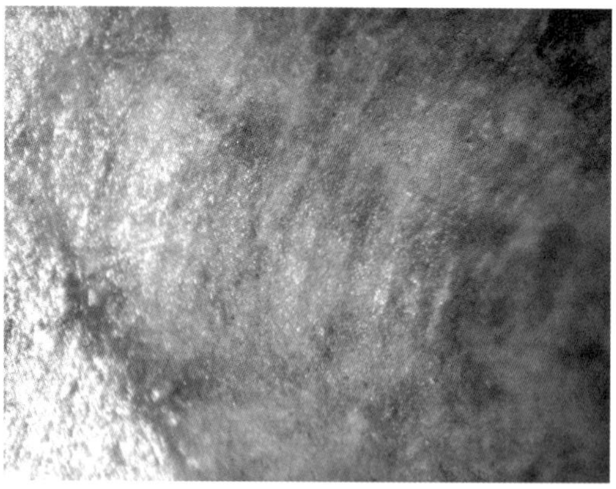　　　　图 36.2-5　观察点 B 放大 120 倍

BC885TOGC 型

　　将 M2009：834 "C" 形龙形玉佩（图 36.3）观察点 C 放大至 120 倍（图 36.3-1 ～ 36.3-5），可以观察到砂岩钻头往复旋钻玉料所形成的满布同心排列团状凸脊与晶粒状凸点的凹洞。

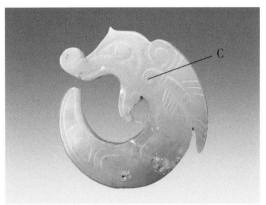

图 36.3　M2009：834 "C"形龙形玉佩　　　图 36.3-1　"C"形龙形玉佩观察点 C

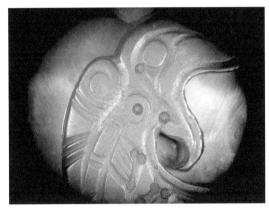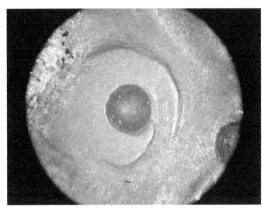

图 36.3-2　观察点 C 放大 20 倍　　　图 36.3-3　观察点 C 放大 40 倍

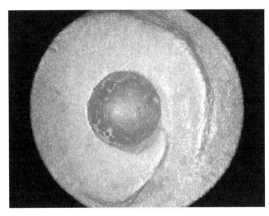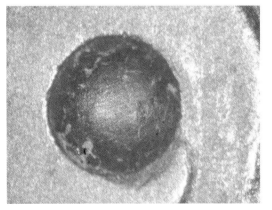

图 36.3-4　观察点 C 放大 60 倍　　　图 36.3-5　观察点 C 放大 120 倍

BC885TOGD 型

将 M2009：841 素面玉管（图 36.4）观察点 D 放大至 120 倍（图 36.4-1 ~ 36.4-5），可以观察到孔面满布起伏特甚，不规则团块状凸脊与凹洼。此乃石核大钻头掏搅中孔后，其松散的晶团或旋痕因千年的风化淋滤作用溶蚀形成圆缓，高低落差甚大的山脉山谷状特征。

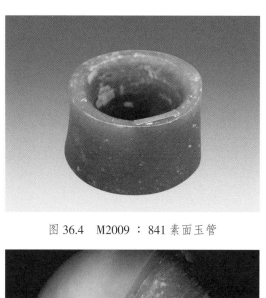

图 36.4　M2009：841 素面玉管　　　　　图 36.4-1　素面玉管观察点 D

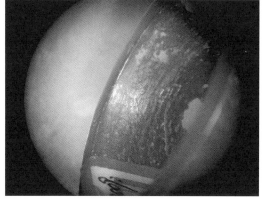

图 36.4-2　观察点 D 放大 20 倍　　　　　图 36.4-3　观察点 D 放大 40 倍

图 36.4-4　观察点 D 放大 60 倍　　　　　图 36.4-5　观察点 D 放大 120 倍

8. 管钻微痕迹（Microtraces of Tube drill；TTD）

BC885TTDA 型

将 M2009：573 素面小玉璧（图 37）观察点 A 放大至 120 倍（图 37-1 ～ 37-5），可以观察到孔面满布同心起伏晶团状凸脊与凹洼旋痕。此乃竹管带动蘸水解玉砂往复旋钻玉料成孔所形成之痕迹。

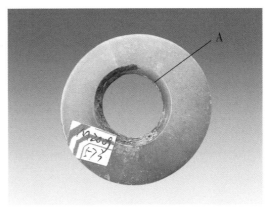

图 37 M2009：573 素面小玉璧　　　　　　图 37-1 素面小玉璧观察点 A

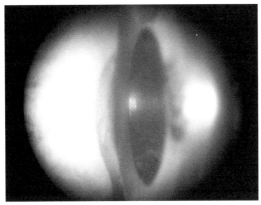
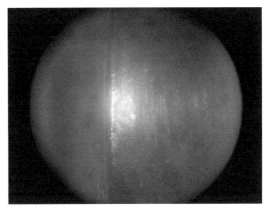

图 37-2 观察点 A 放大 20 倍　　　　　　图 37-3 观察点 A 放大 40 倍

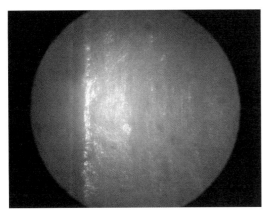
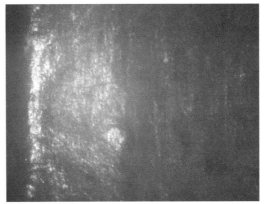

图 37-4 观察点 A 放大 60 倍　　　　　　图 37-5 观察点 A 放大 120 倍

9. 凸边微痕迹（Microtraces of Raisedsurface；TRS）

BC885TRSA 型

将 M2009：844 蝉形玉佩（图 38）观察点 A 放大至 120 倍（图 38-1 ～ 38-5），可以观察到砂岩磨石直接锉磨所形成之同向条状凸脊与凹槽现象。

图 38　M2009：844 蝉形玉佩

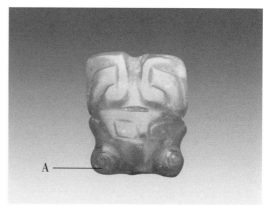

图 38-1　蝉形玉佩观察点 A

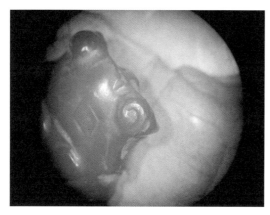

图 38-2　观察点 A 放大 20 倍

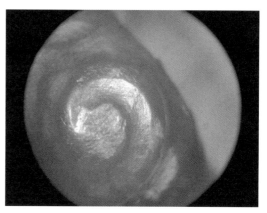

图 38-3　观察点 A 放大 40 倍

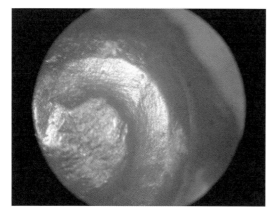

图 38-4　观察点 A 放大 60 倍

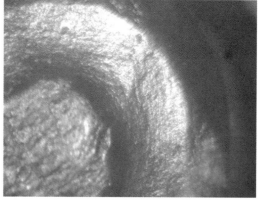

图 38-5　观察点 A 放大 120 倍

10. 器缘微痕迹（Microtraces of marginal；TOM）

BC885TOMA 型

将 M2009：871 凤形玉佩（图 39.1）观察点 A 放大至 120 倍（图 39.1-1 ～ 39.1-5），可以观察到砂岩磨石直接锉磨器物边缘所形成之同向条状凸脊与凹槽现象。锉磨面上个别分布因风化淋滤作用形成的小凹窒。

图 39.1　M2009 ：871 凤形玉佩

图 39.1-1　凤形玉佩观察点 A

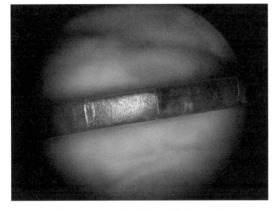

图 39.1-2　观察点 A 放大 20 倍

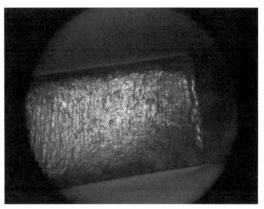

图 39.1-3　观察点 A 放大 40 倍

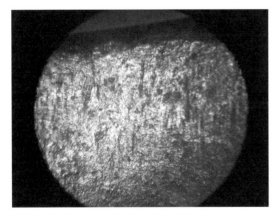

图 39.1-4　观察点 A 放大 60 倍

图 39.1-5　观察点 A 放大 120 倍

BC885TOMB 型

将 M2009 ：182 "C" 形龙形玉佩（图 39.2）观察点 B 放大至 120 倍（图 39.2-1 ～ 39.2-5），可以观察到砂岩磨石直接锉磨器物边缘所形成之同向细条状凸脊与细凹槽现象。

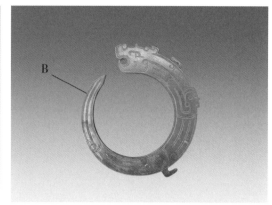

图 39.2　M2009：182"C"形龙形玉佩　　　图 39.2-1　"C"形龙形玉佩观察点 B

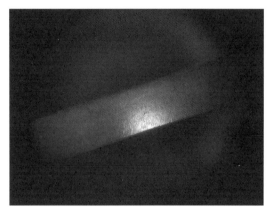

图 39.2-2　观察点 B 放大 20 倍　　　图 39.2-3　观察点 B 放大 40 倍

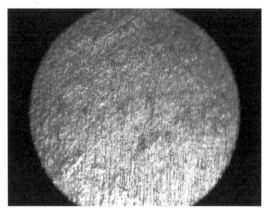
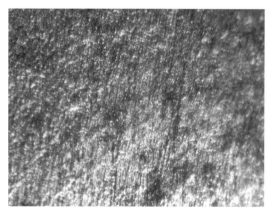

图 39.2-4　观察点 B 放大 60 倍　　　图 39.2-5　观察点 B 放大 120 倍

BC885TOMC 型

　　将 M2009：1033 龙凤纹宽援玉戈（图 39.3）观察点 C 放大至 120 倍（图 39.3-1 ～ 39.3-5），可以观察到砂岩磨石直接锉磨器物边缘使成斜角所形成之同向排列细条状凸脊与细凹槽现象。

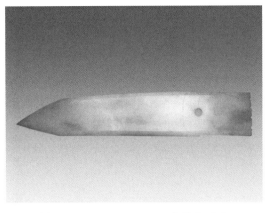

图 39.3　M2009：1033 龙凤纹玉戈

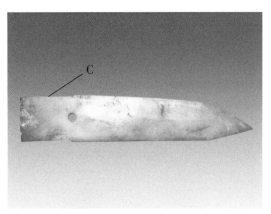

图 39.3-1　龙凤纹玉戈观察点 C

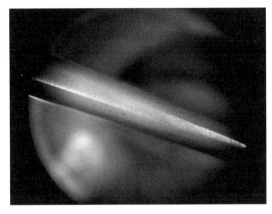

图 39.3-2　观察点 C 放大 20 倍

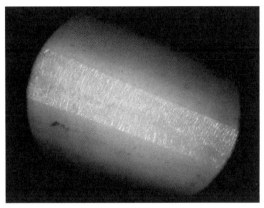

图 39.3-3　观察点 C 放大 40 倍

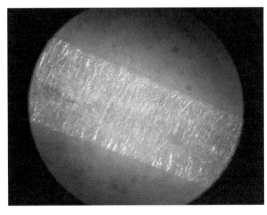

图 39.3-4　观察点 C 放大 60 倍

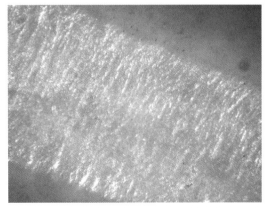

图 39.3-5　观察点 C 放大 120 倍

BC885TOMD 型

　　将 M2009：970-2 透雕人龙纹玉璜（图 39.4）观察点 D 放大至 120 倍（图 39.4-1 ～ 39.4-5），可以观察到砂岩磨石直接锉磨器物边缘所形成之同向且粗细不一长条状凸脊与细凹槽现象。

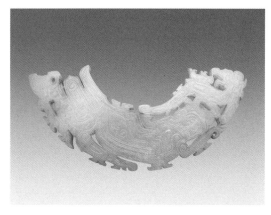
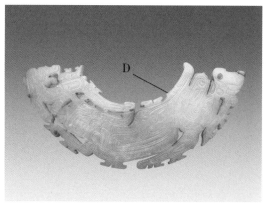

图 39.4　M2009：970-2 透雕人龙纹玉璜　　　图 39.4-1　透雕人龙纹玉璜观察点 D

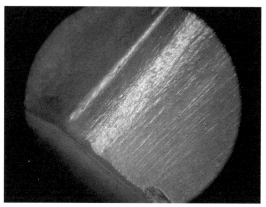

图 39.4-2　观察点 D 放大 20 倍　　　　图 39.4-3　观察点 D 放大 40 倍

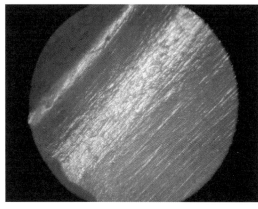
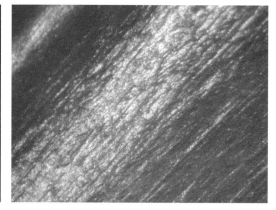

图 39.4-4　观察点 D 放大 60 倍　　　　图 39.4-5　观察点 D 放大 120 倍

11. 表面微痕迹（Microtraces of surface；TOS）

BC885TOSA 型

将 M2009：168 玉凿（图 40.1）观察点 A 放大至 120 倍（图 40.1-1 ～ 40.1-5），可以观察到砂岩磨石直接锉磨器物所形成之同向排列长条状凸脊与凹槽现象。此痕迹当为玉料切割时所遗留。

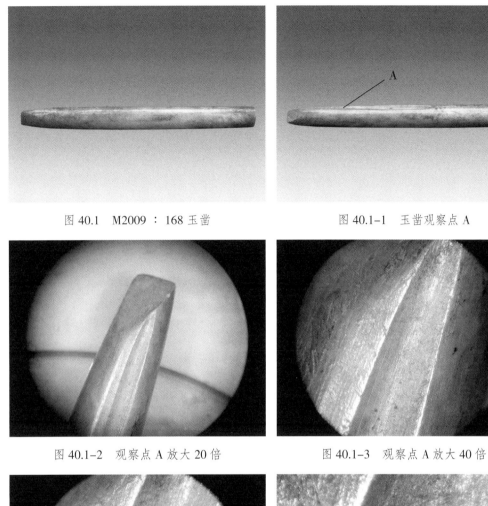

图 40.1　M2009：168 玉凿　　　　　　　图 40.1-1　玉凿观察点 A

图 40.1-2　观察点 A 放大 20 倍　　　　　图 40.1-3　观察点 A 放大 40 倍

图 40.1-4　观察点 A 放大 60 倍　　　　　图 40.1-5　观察点 A 放大 120 倍

BC885TOSB 型

　　将 M2009：179 蚕形玉佩（图 40.2）观察点 B 放大至 120 倍（图 40.2-1 ~ 40.2-5），可以观察到砂岩磨石直接细致抛磨器物制作凹弦纹时所形成之同向排列条状磨痕。

图 40.2   M2009：179 蚕形玉佩

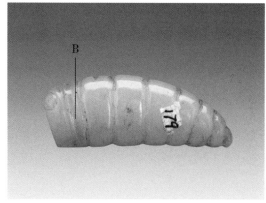

图 40.2-1   蚕形玉佩观察点 B

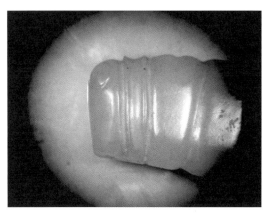

图 40.2-2   观察点 B 放大 20 倍

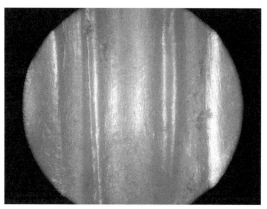

图 40.2-3   观察点 B 放大 40 倍

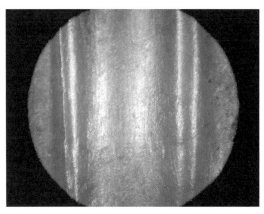

图 40.2-4   观察点 B 放大 60 倍

图 40.2-5   观察点 B 放大 120 倍

BC885TOSC 型

将 M2009：402 鼓形玉珠（图 40.3）观察点 C 放大至 120 倍（图 40.3-1 ～ 40.3-5），可以观察到砂岩磨石直接锉磨器物制作凹弦纹时所形成之同向排列粗条状磨痕。

图 40.3　M2009：402 鼓形玉珠　　　　　图 40.3-1　鼓形玉珠观察点 C

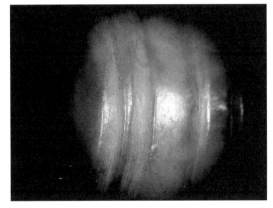

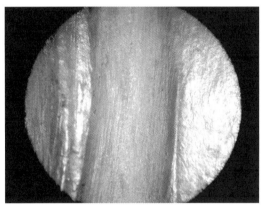

图 40.3-2　观察点 C 放大 20 倍　　　　　图 40.3-3　观察点 C 放大 40 倍

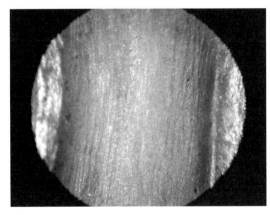

图 40.3-4　观察点 C 放大 60 倍　　　　　图 40.3-5　观察点 C 放大 120 倍

BC885TOSD 型

　　将 M2009：881 圆棒形玉饰（图 40.4）观察点 D 放大至 120 倍（图 40.4-1 ～ 40.4-5），可以观察到砂岩磨石直接细致抛磨器物圆弧面所形成之同向排列条状磨痕。

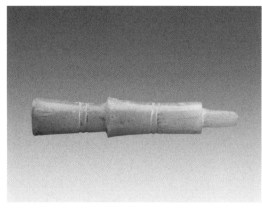
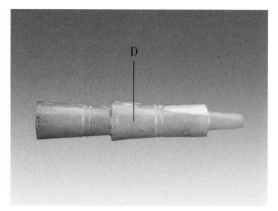

图 40.4　M2009：881 圆棒形玉饰　　　　　　　图 40.4-1　圆棒形玉饰观察点 D

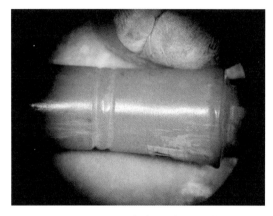

图 40.4-2　观察点 D 放大 20 倍　　　　　　　图 40.4-3　观察点 D 放大 40 倍

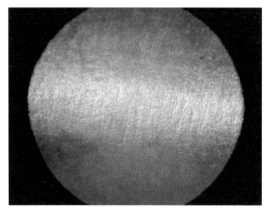

图 40.4-4　观察点 D 放大 60 倍　　　　　　　图 40.4-5　观察点 D 放大 120 倍

BC885TOSE 型

　　将 M2009：747 玉削（图 40.5）观察点 E 放大至 120 倍（图 40.5-1～40.5-5），可以观察到砂岩磨石直接横向锉磨刃斜部位，再竖向锉磨刃口部位所形成之同向工整排列之条状磨痕。

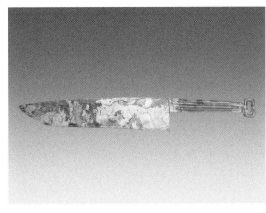

图 40.5　M2009：747 玉削　　　　　　图 40.5-1　玉削观察点 E

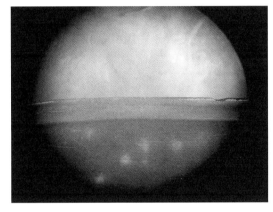

图 40.5-2　观察点 E 放大 20 倍　　　　　图 40.5-3　观察点 E 放大 40 倍

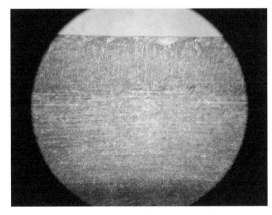
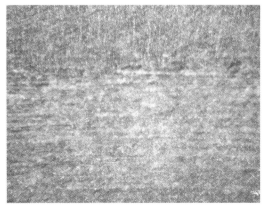

图 40.5-4　观察点 E 放大 60 倍　　　　　图 40.5-5　观察点 E 放大 120 倍

BC885TOSF 型

　　将 M2009：920 兽面纹玉饰（图 40.6.）观察点 F 放大至 120 倍（图 40.6-1～40.6-5），可以观察到砂岩磨石直接抛磨器物圆弧面所形成之同向排列条状磨痕，此磨痕又经风化淋滤作用而形成粗麻现象。

图 40.6　M2009：920 兽面纹玉饰

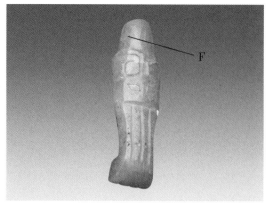

图 40.6-1　兽面纹玉饰观察点 F

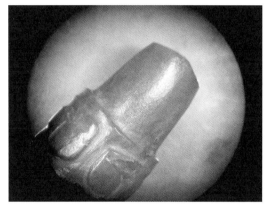

图 40.6-2　观察点 F 放大 20 倍

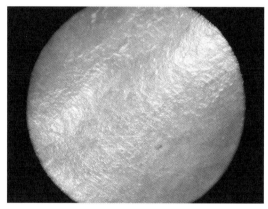

图 40.6-3　观察点 F 放大 40 倍

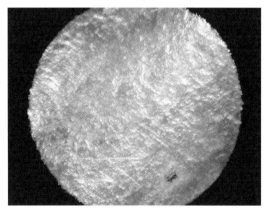

图 40.6-4　观察点 F 放大 60 倍

图 40.6-5　观察点 F 放大 120 倍

BC885TOSG 型

将 M2009：963 玉瑚（左）（图 40.7）观察点 G 放大至 120 倍（图 40.7-1～40.7-5），可以观察到器物表面有序分布的溶蚀孔洞。此乃器物与布帛在埋藏环境长年接触，布帛的经纬交织突起接触玉器，潮湿的接触点提供风化淋滤作用绝佳的环境条件，优先溶蚀所造成的特殊现象。

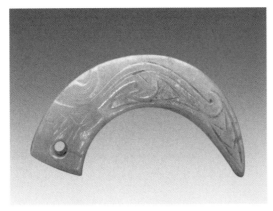

图 40.7　M2009：963 玉珩（左）

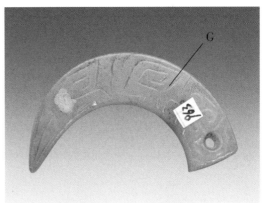

图 40.7-1　玉珩（左）观察点 G

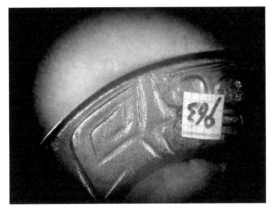

图 40.7-2　观察点 G 放大 20 倍

图 40.7-3　观察点 G 放大 40 倍

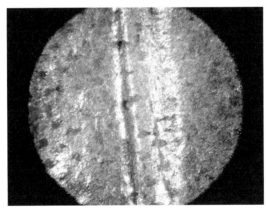

图 40.7-4　观察点 G 放大 60 倍

图 40.7-5　观察点 G 放大 120 倍

BC885TOSH 型

　　将 M2009：980-33 圆形玛瑙管（图 40.8）观察点 H 放大至 120 倍（图 40.8-1 ~ 40.8-5），可以观察到砂岩磨石直接锉磨玛瑙管使成弧面所形成之同向排列条状凸脊与凹槽现象。

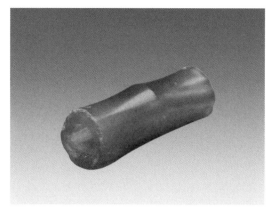

图 40.8　M2009：980-33 圆形玛瑙管

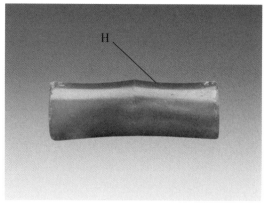

图 40.8-1　圆形玛瑙管观察点 H

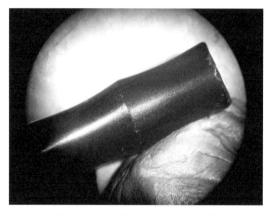

图 40.8-2　观察点 H 放大 20 倍

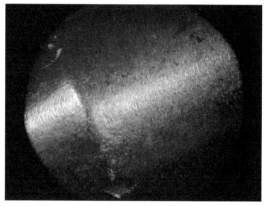

图 40.8-3　观察点 H 放大 40 倍

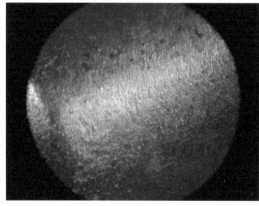

图 40.8-4　观察点 H 放大 60 倍

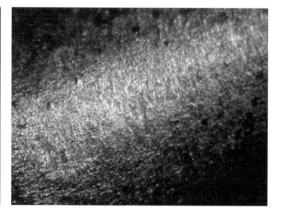

图 40.8-5　观察点 H 放大 120 倍

12. 镂空工艺显微痕迹（Microtraces of Hollow；THL）

BC885THLA 型

　　将 M2009：143 "C" 形龙形玉佩（图 41.1）观察点 A 放大至 20 倍（图 41.1-1 ～ 41.1-2），可以观察到左侧的钻孔痕迹；线状工具穿过钻孔，带动醮水解玉砂沿着玉器平面垂直拉锯；右侧的拉丝痕迹还经过砂岩磨石的锉磨。

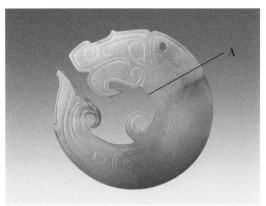

图 41.1 M2009：143 "C" 形龙形玉佩   图 41.1-1 "C" 形龙形玉佩观察点 A

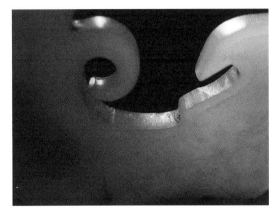

图 41.1-2 观察点 A 放大 20 倍   图 41.2 M2009：205 鹿形玉佩

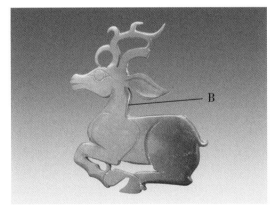

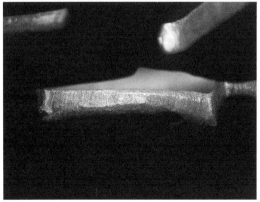

图 41.2-1 鹿形玉佩观察点 B   图 41.2-2 观察点 B 放大 20 倍

BC885THLB 型

将 M2009：205 鹿形玉佩（图 41.2）观察点 B 放大至 20 倍（图 41.2-1 ~ 41.2-2），可以观察到拉丝痕迹的锐利边缘还经过砂岩磨石的锉磨，形成两侧斜边。

BC885THLC 型

将 M2009：756 人龙合纹玉佩（图 41.3）观察点 C 放大至 20 倍（图 41.3-1 ～ 41.3-2），可以观察到中间的钻孔痕迹；线状工具穿过钻孔带动蘸水解玉砂，沿着玉器平面垂直拉锯，形成平行排列的细条状凸脊与细凹槽现象。

BC885THLD 型

将 M2009：907 人龙合纹玉佩（图 41.4）观察点 D 放大至 20 倍（图 41.4-1 ～ 41.4-2），可以观察到拉丝面两侧经过砂岩磨石的修磨痕迹。

图 41.3　M2009：756 人龙合纹玉佩

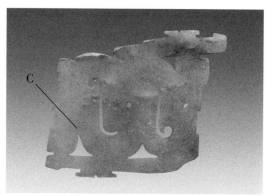

图 41.3-1　人龙合纹玉佩观察点 C

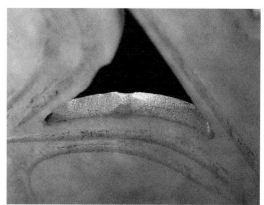

图 41.3-2　观察点 C 放大 20 倍

图 41.4　M2009：907 人龙合纹玉佩

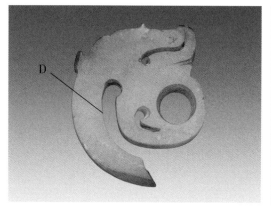

图 41.4-1　人龙合纹玉佩观察点 D

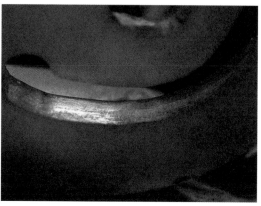

图 41.4-2　观察点 D 放大 20 倍

结　论

1. 商代玉器上的朱书朱砂或墨书墨渍并没有沁入玉器肌理，只是充填在玉器抛磨表面的砂痕间（图42）。

2. M2009：955龙首纹玉璜的龙纹角部有一痕迹（图43），乍看像砣具辗痕，实则非也。砣具下刀时，为避免滑刀，用力较重，收刀时，轻提起，整段阴线有"深圆头、柳叶尾"的特征；阴线的中段则有沟边沟壁圆缓，沟底两侧偶尔出现1至3条长条状凸脊，中间则满布大小不一、不定向、不规则晶团状凸脊、凹洼与晶粒状凸点现象。综观图43与图43-1，可以观察到此段阴线头尾皆呈柳叶尖，沟边圆缓，沟底散

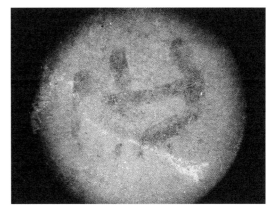

图42　M2009：85墨书玉戈

布6至7道细条状凸脊与定向排列的晶团状凸脊现象。此现象乃使用石核工具同向细致刮蹭所成之痕迹。

3. 商代玉器上镌刻的铭文痕迹，或粗或细，或深或浅，都是使用锐利的石核或石片仔细推蹭完成的。

4. 龙山时期开始出现并流行于商代早中期的剔地阳纹，其剔地工艺都是以锐利的石核或石片细致刮蹭为之。

5. 西周时期制作凹洞前，流行使用细竹枝带动解玉砂钻一定位孔，以便砂岩钻头能按定位孔精确钻制凹洞。由于细竹枝中心部位结构松软，经常在钻制工作停止后，在定位孔中心位置留下一乳突状凸点。

6. 商代晚末期出现单斜刀工艺，此斜刀工艺遍及西周早、中、晚期，而在西周晚期时达到巅峰状态。不论是单向或双向或扇面状使用石核或石片工具将阴线一边刮斜，或者再使用砂岩磨石抛磨，整个斜面呈现或粗或细但有序、工整而不杂乱的工艺痕迹。

图43　M2009：955龙首纹玉璜

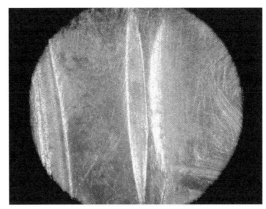

图43-1　龙首纹玉璜放大至120倍

7.本文所提的工具材质：线切割工艺使用的最可能的线状工具应为麻绳[1]，片状切割工艺的可能工具材质有髓石片与竹片[2]。镌刻时刮或蹭使用的为莫氏硬度6.5以上的各种宝石级或半宝石级的材料，最容易取得的是玉髓；锉、磨、抛工艺所用的是随处可得的各级砂岩；管状工具当为竹管，解玉砂则取自河床或碾碎的刮蹭用石材。

8.玉雕成器后的工艺痕迹经过两千多年的风化淋滤作用，锐利的部位或结构松散的部位容易被溶蚀。经常可以观察到一些被加工过的部位，变得较为圆缓。

9.特别有意思的是西周晚期编号M2009∶963玉胡（左）（图40.7），其表面因长年与布帛接触，因此在容易保持湿润的经纬交织凸起点，因为风化淋滤作用溶蚀出布纹般排列的溶洞。

2018年5月20日于台北

---

［1］张敬国、张敏、陈启贤：《线性工具开料之初步实验——玉器雕琢工艺显微探索之一》，《玉文化论丛1》，文物出版社、众志美术出版社联合出版，2006年，295~303页。

［2］张敬国、张敏、陈启贤：《片状工具开料之初步实验——玉器雕琢工艺显微探索之三》，《玉文化论丛1》，文物出版社、众志美术出版社联合出版，2006年，311~326页。

附录五

虢仲墓（M2009）出土玉器之矿物篇

陈启贤

一

矿物学传统定义的软玉是具有交织纤维显微结构的透闪石—阳起石系列矿物的集合体。软玉的矿物成分是透闪石—阳起石，但透闪石—阳起石并非就是软玉。透闪石—阳起石系列矿物属角闪石族的钙角闪石，是自然界中常见的造岩矿物；但软玉是一种特殊环境下形成的特别的透闪石—阳起石矿物集合体，其分布不广也不常见。下文仅就其矿物学定名与其近红外吸收光谱的对应关系进行分析，以确认玉材之矿物成分与地质产状。

不同地质产状、不同矿物成分和结构的玉材代表材料来自不同产区或是同一产区的不同矿脉。同一遗址或墓葬中出土的玉器若包含几个来源不同的玉材，有可能是玉料出处原本不同，也有可能是来源不同的玉器被改制，其间所蕴含的人文理念、美学好恶、玉材颜色与光泽的社会阶级意义、玉材产地与器物类型的关系等等极其复杂，但此中关系的厘清却不失为古玉器研究的一条路径。

软玉主要有两种产状。一种产于镁质大理岩，例如新疆昆仑山和田、辽宁宽甸、四川汶川；另一种与蛇纹石化超基性岩共生，例如新疆天山玛纳斯、河南淅川、台湾花莲。镁质大理岩中的软玉矿物组成主要是透闪石［Tremolite，$Ca_2Mg_5Si_8O_{22}(OH)_2$］，而蛇纹石化超基性岩中的软玉则是较多的阳起石［Actinolite，$Ca_2(Mg, Fe)_5(Si_2O_{11})_2(OH)_2$，含铁超过 2%］，也可以说是在透闪石、阳起石系列中更偏向阳起石。产于蛇纹石化超基性岩中的软玉，其过渡金属元素 Fe^{2+} 含量相对较高，而镁质大理岩中的软玉则 Fe^{2+} 含量较低。

软玉中铁和镁的占位比率会影响玉材颜色的深浅，铁含量高则颜色较深。高价铁与低价铁占位比率也会影响玉料的颜色。至于高含量的铬和暗色杂质矿物的存在，也会加深玉料的颜色。

二

近红外光（Near Infrared Spectrum – NIR，700 ~ 3000nm）是介于可见光和中红外光之间的

电磁波，属于分子振动光谱，包含丰富的氢基团（OH，CH，SH，NH）特征信息。便携式近红外光谱矿物分析仪是一种短波红外反射仪，波长范围 1300 ~ 2500nm。在 1300 ~ 2500nm 范围内，光谱吸收主要是水和羟基（OH）在中红外的伸缩和弯曲基频振动所引起的倍频和合频。不同矿物中与 OH 搭配的金属阳离子晶格占位之不同，反映倍频和合频的光谱吸收之具体位置、强度和形状差别，这些差别构成了近红外光谱矿物分析的基础。近红外光谱仪无需对样品作任何预处理，不需用任何化学试剂，对器物不造成任何损坏和污染，且近红外光子能量比可见光低，不会对测量人员造成伤害。光谱取样间距为 2nm，光谱分辨率为 5 ~ 10nm，在一般情况下对一件样品的光谱扫描大约一分钟，因此它不仅能获得高精度光谱数据，而且有速度快、效率高、成本低、适地性佳的特点。

含羟基硅酸盐矿物的近红外吸收光谱峰值各有其特征意义。1400nm 是 OH 在 2700 ~ 2800nm 伸缩振动的一级倍频吸收，表示矿物中有峰形尖锐的结晶水（H_2O）。1900~2000nm 是 OH 伸缩振动和 H-O-H 弯曲振动的合频，表示矿物中有峰形较缓的吸附水。只有 1400nm 吸收而没有 1900nm 吸收，表示矿物中只含结晶水而没有吸附水。结晶水与吸附水的存在或缺乏，对矿物结构变化有其意义，但与矿物成分识别则无关。

2000 ~ 2500nm 范围内的吸收，例如 2118nm、2318nm、2384nm 主要是 OH 伸缩振动和金属阳离子 Mg-OH 弯曲振动的合频；2250 ~ 2300nm 的吸收显示黑云母的存在；2300 ~ 2400nm 吸收显示透闪石的存在。OH 伸缩振动和金属阳离子 Fe-OH 弯曲振动的合频出现 2250 ~ 2300nm 吸收显示绿泥石的存在。与 OH 搭配的金属阳离子晶格占位不同，近红外光谱内出现的倍频和基频的位置、强度、形状会随之而不同。

过渡金属 Fe^{2+} 电子跃迁引发的光谱吸收可以影响 1300 ~ 1600nm 光谱的总体形状，特别是倾斜方向和坡度。含 Fe^{2+} 高的蛇纹石化超基性岩中的软玉，其 1300 ~ 1400nm 光谱向短波方向倾斜，倾斜度越大反映 Fe^{2+} 含量越高。产于镁质大理岩中，含镁高含铁低的透闪石矿物，1300 ~ 1400nm 光谱较为平缓或向长波方向倾斜，含 Fe^{2+} 越低，倾斜度也越大。矿物结晶情况会影响峰形，并造成峰位的飘移，例如原地型高岭石结晶度较高，则峰形尖锐，肩峰向长波方向移动；搬运型高岭石结晶度低，则峰形较缓。铁镁占位比率也影响光谱吸收强度，例如绿泥石（chlorite）中的 Mg 被 Fe 取代，则 2250nm 吸收较弱，2340nm 吸收较强，且峰位向短波方向移动。

古玉常见的非玉矿物如蛇纹石〔serpentine，$Mg_3Si_2O_5(OH)_4$〕、滑石〔talc，$Mg_3Si_4O_{10}(OH)_2$〕、锂云母〔$KLi_2Al(Si_4O_{10}(OH)_2)$〕等也是含羟基的硅酸盐矿物。

现代软玉的光谱在 1900nm 附近显示相对较强的吸收，而显晶质透闪石—阳起石矿物集合体在 1900nm 处的吸收非常微弱。古玉中不透明或者半透明度低、隐晶质透闪石—阳起石矿物集合体，1900nm 的吸收峰也很弱，甚至缺乏。在已知的现代软玉矿床中，目前还没有确认发现类似的软玉。

本文数据大都引自美国地质调查所近红外光谱数据库。美国地质调查所数据库收录不少透闪石和阳起石光谱数据，但与软玉相关的数据却相当缺乏。矿物组成的正确鉴定很大程度取决于标准参考物光谱数据库的建立。古玉矿物学的研究与数据库的建立还有漫长的路要走，数据资料也需要更多的分析和研究来充实。

三

冯敏等在《透闪石质古玉风化性状剖析》[1]一文中指出："中国南方许多新石器时代遗址中出土的古玉器，无论蛇纹石类，抑或透闪石类，都普遍存在'内松外实'的反常风化现象。"实际情况是，不只中国南方，也不只新石器时代遗址，遍布中国大地各时代遗址与墓葬随葬的玉器都普遍存在这种现象。尤其是玉器表层更大量存在这种现象，而此现象至今还没有得到玉器研究者的普遍关注。

玉器表层内松外实的反常风化现象造成古玉表面的结构分层。外层透明度高，结构致密，玻璃光泽，属多晶集合体。中层色白，结构疏松，不透明，属单晶集合体。内层则为古玉矿物纤柱状交织结构的原质。这些分层的结构与粒度，矿物种类与化学成分都明显不同。

构成透闪石的主要氧化物为氧化硅（SiO_2）、氧化镁（MgO）、氧化钙（CaO），而钙与镁的离子性较为活泼，容易在埋藏环境中流失，形成孔隙。在钙、镁流失的同时，周围土壤中的铝（Al_2O_3）、硅（SiO_2）趁隙而入，形成了高岭石［$Al_4(Si_4O_{10})(OH)_8$ 约占 30%］。少量的铁（Fe_2O_3 约占 2%）则导致了古玉表层颜色略显偏黄[2]。

微生物与有机物在参与古玉沁蚀时也在古玉器表面留下一层有机碳。这些仅出现于古玉外层的大量非透闪石微粒集合体在古玉表面形成了成分复杂而色彩缤纷的新物相。

新的外来物相虽给古玉带来朴拙之美，同时却也给古玉矿物物理化学研究带来一定的困扰。在没有取得玉器新鲜原质的情况下，无损检测结果会随着古玉器表外层厚度的增加而失真越大。

四

虢仲墓（M2009）地处黄河南岸黄土高原岭地，玉器被偏碱性土壤包覆两千余年，在瘗埋环境中，玉器表面因风化、溶蚀、充填、换质作用的交相影响，由表而里逐渐形成一层成分复杂而色彩缤纷、古色古香兼具朴拙之美的新物相，个别器物还残留刻意未予清理的局部或大面积附着物，近红外吸收光谱讯息极其复杂。

玉器次生变化所产生的新矿物大都富集铝（Al_2O_3），或为大量含水、含铝的硅酸盐矿物。如蛇纹石［Serpentine，$Mg_3Si_2O_5(OH)_4$］、滑石［Talc，$Mg_3Si_4O_{10}(OH)_2$］、高岭石［Kaolinite，$Al_4(Si_4O_{10})(OH)_8$］、葡萄石［Grape stone，$Ca_2Al(AlSi_3O_{10})(OH)_2$］、钙沸石［Scolecite，$CaAl_2Si_3O_{10}\cdot3(H_2O)$］、钠沸石［Natrolite，$Na_2Al_2Si_3O_{10}\cdot2(H_2O)$］、斜方沸石（$CaAl_2Si_4O_{12}-6H_2O$）、辉沸石（Stilbite，$NaCa_2Al_5Si_{13}O_{36}-14H_2O$）、浊沸石（Laumontite，$CaAl_2Si_4O_{12}-4H_2O$）、黝帘石［Zoisite，$Ca_2Al_3(Si_2O_7)(SiO_4)(O,OH)_2$］、三水铝石［Gibbsite，$Al(OH)_3$］、符山石［Idocrase，$Ca_{10}Mg_2Al_4(Si_2O_7)_2(SiO_4)_5(OH)_4$］、蛭石［Vermiculite，$Mg_{1.8}Fe^{2+}_{0.9}Al_{4.3}SiO_{10}(OH)_2\cdot4(H_2O)$］、硅硼钙石［Datolite，$CaBSiO_4(OH)$］、镁绿泥石［Clinochlore，$Mg_{3.75}Fe^{2+}_{1.25}Si_3Al_2O_{10}(OH)_8$］等等。

---

［1］冯敏等：《透闪石质古玉风化性状剖析》，《中国玉文化玉学论丛四编》（杨伯达主编），紫禁城出版社，2007年。

［2］根据国家地质中心对闪石玉的全岩化学分析，透闪石的杂质矿物还有 MnO、P_2O_5、K_2O、Na_2O、TiO_2 等。微量元素有 Zn、Be、Cr、Cu、Ni、Pb、Sr、V、Nd、Mo 等。

虢仲墓（M2009）出土玉器的次生矿物，有一特色是含钠（NaO）矿物相较于其他地区来得多，如钠透闪石［(Na,Ca)$_2$ Mg$_5$［Si$_8$O$_{22}$(OH)$_2$］、钠沸石。

高岭石的出现明显来自于钙（Ca^{2+}）、镁（Mg^{2+}）流失与铝（Al^{3+}）充填或者直接来源于附着的土壤。葡萄石、钙沸石、斜方沸石、浊沸石、黝帘石等，都是含钙、含铝硅酸盐矿物，其结晶水[1]与吸附水[2]形态、含量或有不同，但都与钙（Ca^{2+}）、镁（Mg^{2+}）流失与铝（Al^{3+}）富集有关。钠沸石出现与钠透闪石形成则源于钙（Ca^{2+}）、镁（Mg^{2+}）部分流失与钠（Na$^+$）加入。至于辉沸石、符山石、蛭石、硅硼钙石、镁绿泥石的形成，与离子间的游移、置换，尤其是铝（Al^{3+}）富集有关联。

近红外吸收光谱峰值是在 1 平方厘米面积中进行采集，讯息量较拉曼光谱分析仪和远红外光谱分析仪丰富；可以同时测出 1 平方厘米中包含次生矿物与玉料原质的各种矿物含量。在进行矿物类型分析、归纳时，可以将明显的次生矿物予以忽略，以尽可能清晰地分辨各型玉料原质。

五

以下按照玉矿的产状与玉料近红外光谱吸收特征，依据荆志淳先生在《安阳殷墟花园庄东地商代墓葬》附录十[3]：M54 出土玉器的地质考古学研究的概念将软玉分为四个类型进行归纳、统计：

第一型：产于镁质大理岩，含低铁的软玉。镁质大理岩中的软玉矿物组成主要是透闪石。

第二型：产于镁质大理岩，光谱在 1412 ～ 1446nm 处有较为微弱的吸收的软玉。这一微弱的吸收可能反映的是软玉中含有微量蛭石 (Vermiculite) 矿物。

第三型：产于蛇纹石化超基性岩，含高铁的软玉。蛇纹石化超基性岩中的软玉是较多的阳起石，也可以说是在透闪石—阳起石系列中更偏向阳起石。

第四型：产于镁质大理岩，1916 nm 的吸收缺乏或微弱的不透明或者半透明度低、隐晶质透闪石—阳起石矿物集合体。

不同于以上四型的材质，如：蛇纹石、叶蜡石、孔雀石、绢云母、迪开石、葡萄石、红玛瑙等，列为第五型。

虢仲墓（M2009）出土玉器大都不同程度地受沁，下文将受沁面积未达 5% 的透闪石—阳起石系列矿物定为 I 式；受沁面积大于 5%，但未达 30% 者定为 II 式；受沁面积大于 30%，但未达 50% 者定为 III 式；受沁面积大于 50%，但未达 70% 者定为 IV 式；受沁面积大于 70% 者定为 V 式，玉材包裹墨点者定为 VI 式。

同型玉料的致色元素含量各不相同，由浅到深色再分白玉、青白玉、青玉、灰色玉与碧玉等。

第一型：

一型 I 式：为受沁面积未达 5% 之透闪石—阳起石矿物。

---

[1] 结晶水是中性水分子参与晶体结构。一定量的水，在晶格中占有一定位置。水分子数量与矿物的其他成分之间呈特定比例。
[2] 吸附水是被吸附于矿物颗粒之间的水，以中性水分子的形式存在，不参与组成晶格，含量也不固定。
[3] 荆志淳：《M54 出土玉器的地质考古学讲座》，《安阳殷墟花园庄东地商代墓葬》，科学出版社，2007 年。

白玉：

M2009：83 长条鱼形玉佩、M2009：174 虎形玉佩、M2009：217 长条形玉柄形器、M2009：232 龟形玉佩、M2009：576 兽面形玉佩、M2009：763 盘龙形玉觽、M2009：792 云雷纹圆形玉管、M2009：798 兔形玉佩、M2009：815 凤鸟纹椭圆形玉饰、M2009：858 蝉形玉佩、M2009：906 兽面形玉佩、M2009：925 人形玉佩、M2009：970-2 透雕人龙纹玉璜、M2009：970-4 缠尾双牛首纹玉璜、M2009：970-5 叠尾人首纹玉璜、M2009：970-6 叠尾人首纹玉璜、M2009：1002 左手握玉等 17 件。

青白玉：

M2009：147 玉笄、M2009：166 燕形玉佩、M2009：170 鹦鹉形玉佩、M2009：172 鹦鹉形玉佩、M2009：179 蚕形玉佩、M2009：231 玉笄、M2009：572 人形玉璜、M2009：574 蝉形玉佩、M2009：881 圆形棒玉饰、M2009：751 玉笄、M2009：764 环状龙形玉佩、M2009：774 方形玉管、M2009：821 虎形玉佩、M2009：822 蝉形玉佩、M2009：825 弓背鱼形玉佩、M2009：830 素面大玉环、M2009：883 残玉饰、M2009：833 衔尾龙形玉佩、M2009：839 梯形玉片、M2009：850 不规则形玉片、M2009：860 鸟形玉佩、M2009：908 璜形玉器、M2009：924 尖尾双龙纹圆形玉管、M2009：936 长条形玉柄形器、M2009：952 鸟形玉佩、M2009：962 玉鼻、M2009：989 素面玉琮、M2009：1001 龙纹玉鞢等 28 件。

青玉：

M2009：115 宽援玉戈、M2009：96 尖尾双龙纹玉璜、M2009：145 兽面形玉佩、M2009：190 人形玉佩、M2009：192 鸟形玉佩、M2009：203 弓背鱼形玉佩、M2009：230 蛇形玉佩、M2009：757 素面玉璜、M2009：777 蜻蜓形玉佩、M2009：793 "王伯" 玉管、M2009：794 残玉饰、M2009：799 蚕形玉佩、M2009：806 "L" 形玉饰、M2009：807 兽面形玉佩、M2009：809 尖尾双龙纹玉璜、M2009：810 猪龙形玉佩、M2009：812 燕形玉佩、M2009：816 龙纹玉佩、M2009：818 凤鸟纹椭圆形玉饰、M2009：824 鸟形玉佩、M2009：827 龙纹大玉环、M2009：838 长条形玉柄形器、M2009：852 鸟形玉佩、M2009：864 圆锥状玉柄形器、M2009：865 镯形玉饰、M2009：866 素面小玉璧、M2009：874 人形玉佩、M2009：895 牛形玉佩、M2009：902 素面圆形玉饰、M2009：907 人龙合纹玉佩、M2009：950 尖尾双龙纹玉璜、M2009：951 人鱼合纹玉璜、M2009：954 人龙合纹玉玦、M2009：965 缠尾双龙纹玉璜等 34 件。

碧玉：

M2009：84 长条形玉柄形器、M2009：191 龙纹小玉环、M2009：403 鼓形玉珠 3 件。

灰玉：

M2009：126 平刃玉匕、M2009：944 玉戚 2 件。

一型Ⅱ式：为受沁面积大于 5%，但未达 30% 之透闪石～阳起石矿物。

白玉：

M2009：138 小臣玉琮、M2009：800 玉笄、 M2009：840 蝉形玉佩、M2009：845 牛形玉佩等 4 件。

青白玉：

M2009：150 鹿形玉佩、M2009：151 兔形玉佩、M2009：164 牛形玉佩、M2009：165 牛形玉佩、M2009：198 素面玉韘、M2009：199 锤形玉佩、M2009：220 素面玉琮、M2009：968 龙纹玉觿、M2009：569 鸟形玉佩、M2009：768 燕形玉佩、M2009：804 龙纹圆形玉饰、M2009：831 鸟形玉佩、M2009：849 梯形玉片、M2009：861 兽面形玉佩、M2009：863 梯形玉片、M2009：870 蜘蛛形玉佩、M2009：876 凤鸟纹圆形玉饰、M2009：882 弦纹椭圆形玉管、M2009：877 牛形玉佩、M2009：926 衔尾龙形玉佩、M2009：961 玉下腭、M2009：980-1 人龙合纹玉佩、M2009：990 兔形玉佩、M2009：1007 弓背鱼形玉佩、M2009：1008 鱼尾龙形玉佩等 25 件。

青玉：

M2009：102 墨书玉戈、M2009：117 平刃玉匕、M2009：144 鹦鹉形玉佩、M2009：155 兽面形玉佩、M2009：178 人形玉佩、M2009：869 人龙合纹玉佩、M2009：204 鸟形玉佩、M2009：215 龙纹大玉环、M2009：997 右手握玉、M2009：750 镯形玉饰、M2009：803 蝉形玉佩、M2009：814 兽面形玉佩、M2009：817 兽面形玉佩、M2009：820 双鸟纹玉纽形饰、M2009：823 鸟形玉佩、M2009：859 素面玉琮、M2009：896 "C" 形龙形玉佩、M2009：1010 素面大玉璧、M2009：1035 人龙合纹玉璜、M2009：1036 素面大玉璧、M2009：761 象形玉佩、M2009：826 龙纹玉璧、M2009：1026 素面大玉璧等 23 件。

灰玉：

M2009：76 玉刀、M2009：888 "C" 形龙形玉佩、M2009：889 凤鸟纹圆形玉饰、M2009：890 龙纹圆形玉饰、M2009：899 兽面形玉佩、M2009：958 "C" 形龙形玉佩等 6 件。

一型Ⅲ式：为受沁面积大于 30%，但未达 50% 之透闪石—阳起石矿物。

青白玉：

M2009：143 "C" 形龙形玉佩、M2009：756 人龙合纹玉佩、M2009：960 鸟形玉佩、M2009：790 扇形玉片、M2009：843 残玉饰、M2009：848 方形玉饰、M2009：927 蘑菇状玉饰、M2009：939 残玉饰、M2009：1016 獠牙形玉觿、M2009：1028 素面大玉璧等 10 件。

青玉：

M2009：80 玉圭、M2009：142 鹦鹉形玉佩、M2009：152 鹿形玉佩、M2009：153 人龙合纹玉璋、M2009：211 鹿形玉佩、M2009：746 兽蹄形玉管、M2009：754 镯形玉饰、M2009：769 鼓形玉佩、M2009：795 素面圆形玉饰、M2009：797 蝉形玉佩、M2009：842 鸟形玉佩、M2009：846 鸟形玉佩、M2009：854 燕形玉佩、M2009：875 鳖形玉佩、M2009：911 刀形玉片、M2009：920 兽面形玉饰、M2009：932 素面玉琮、M2009：934 素面玉琮、M2009：955 龙首纹玉璜、M2009：959 "C" 形龙形玉佩、M2009：967 人龙合纹玉玦、M2009：993 三叉形玉片、M2009：1003 凹弦纹腕形玉饰、M2009：1025 踏玉（右）、M2009：1027 龙纹玉璧等 25 件。

灰玉：

M2009：805 龟形玉佩 1 件。

一型Ⅳ式：为受沁面积大于 50% 但未达 70% 之透闪石～阳起石矿物。

青白玉：

M2009：176 鹗形玉佩、M2009：571 牛形玉佩、M2009：868 长条形玉柄形器、M2009：898 虎形玉佩、M2009：903 马蹄形玉片等 5 件。

青玉：

M2009：97 单切角玉匕、M2009：98 素面玉璜、M2009：1011 小臣系璧、M2009：112 弓背鱼形玉佩、M2009：148 宽援玉戈、M2009：205 鹿形玉佩、M2009：209 人面纹腕形玉饰、M2009：227 角刃玉匕、M2009：263 兽面纹玉斧、M2009：466 窄援玉戈、M2009：713 宽援玉戈、M2009：728 玉圭、M2009：753 羊形玉佩、M2009：847 鸟形玉佩、M2009：887 鸟形玉佩、M2009：897 圆弧形玉片、M2009：912 梭形玉饰、M2009：918 蝉形玉佩、M2009：921 龟形玉管、M2009：923 长条形玉片、M2009：941 宽援玉戈、M2009：966 缠尾双龙纹玉玦、M2009：1005 宽援玉戈、M2009：1006 窄援玉戈等 24 件。

灰玉：

M2009：103 宽援玉戈 1 件。

一型 V 式：为受沁面积大于 70% 之透闪石～阳起石矿物。

牙白玉：

M2009：162 鹿形玉佩、M2009：201 宽援玉戈、M2009：212 宽援玉戈、M2009：879 盘龙形玉佩、M2009：940 素面大玉璧、M2009：996 宽援玉戈、M2009：1017 宽援玉戈等 7 件。

青白玉：

M2009：81 素面玉璜、M2009：88 玉圭、M2009：208 菱形纹玉戈、M2009：894 鸟形玉佩、M2009：933 圆纽扣形玉饰、M2009：937 长条形玉柄形器、M2009：975 缠尾双龙纹玉玦、M2009：988 树形玉佩等 8 件。

青玉：

M2009：95 角刃玉匕、M2009：100 平刃匕玉、M2009：141 凤形玉佩、M2009：149 宽援玉戈、M2009：158 平刃玉匕、M2009：161 鹿形玉佩、M2009：168 玉凿、M2009：171 鹿形玉佩、M2009：173 虎形玉佩、M2009：175 鹿形玉佩、M2009：219 菱形纹玉戈、M2009：222 素面大玉璧、M2009：223 素面大玉璧、M2009：224 平刃玉匕、M2009：577 夔龙形玉佩、M2009：748 鼠形玉佩、M2009：749 鹿形玉佩、M2009：776 鱼尾形玉片、M2009：782 素面圆形玉管、M2009：891 长条形玉柄形器、M2009：931 残玉片、M2009：947 兔形玉佩、M2009：982 玉额、M2009：1018 右脚趾夹玉等 24 件。

一型 VI 式：含墨点之透闪石—阳起石矿物。

M2009：738-11 长条鱼形玉佩、M2009：766 鸟形玉佩、M2009：813 勾云形玉饰、M2009：837 鸟形玉佩等 4 件。

第二型：

二型 II 式：为受沁面积大于 5%，但未达 30% 之透闪石—阳起石矿物。

牙白玉：

M2009：811 "L" 形玉饰 1 件。

青白玉：

M2009 ：781 燕形玉佩 1 件。

二型Ⅲ式：为受沁面积大于 30%,但未达 50% 之透闪石—阳起石矿物。

青玉：

M2009 ：904 鸬鹚形玉佩 1 件。

二型Ⅴ式：为受沁面积大于 70% 之透闪石—阳起石矿物。

青白玉：

M2009 ：880 蝉形玉佩 1 件。

青玉：

M2009 ：946 宽援玉戈、M2009 ：193 鹿形玉佩 2 件。

第三型：

三型Ⅰ式：为受沁面积未达 5% 之透闪石—阳起石矿物。

青玉：

M2009 ：104 长条形玉柄形器、M2009 ：118 璜形玉器、 M2009 ：127 长条形玉柄形器、M2009 ：747 玉削、M2009 ：832 三棱鱼形玉佩、M2009 ：867 燕形玉佩、M2009 ：895 牛形玉佩等 7 件。

碧玉：

M2009 ：119 角刃玉匕、M2009 ：835 长条形玉柄形器等 2 件

三型Ⅱ式：为受沁面积大于 5%，但未达 30% 之透闪石—阳起石矿物。

青白玉：

M2009 ：781 燕形玉佩 1 件。

青玉：

M2009 ：101 长条形玉饰、M2009 ：801 刻铭弦纹玉璧、M2009 ：802 素面玉琮、M2009 ：819 兽面形玉佩等 4 件。

三型Ⅲ式：为受沁面积大于 30%，但未达 50% 之透闪石—阳起石矿物。

牙白玉：

M2009 ：197 宽援玉戈 1 件。

青玉：

M2009 ：221 素面大玉璧、M2009 ：226 平刃玉匕、M2009 ：872 龙纹圆形玉饰等 3 件。

三型Ⅳ式：为受沁面积大于 50%，但未达 70% 之透闪石—阳起石矿物。

青玉：

M2009 ：998 宽援玉戈等 1 件。

三型Ⅴ式：为受沁面积大于 70% 之透闪石—阳起石矿物。

青玉：

M2009 ：85 墨书玉戈、M2009 ：225 素面大玉璧、M2009 ：945 宽援玉戈、M2009 ：1034 菱形纹玉戈等 4 件。

第四型：

四型Ⅰ式：为受沁面积未达5%之透闪石—阳起石矿物。

白玉：

M2009：200 多棱形柄形玉器、M2009：718 圆锥状玉柄形器、M2009：752 圆锥状玉柄形器、M2009：922 云纹椭圆形玉管、M2009：964 玉耳（左）等5件。

青白玉：

M2009：159 人龙合纹玉佩、M2009：163 夔龙形玉佩、M2009：183 鹦鹉形玉佩、M2009：188 素面玉琮、M2009：213 有榫龙形玉佩、M2009：612 蘑菇状玉饰、M2009：759 方形玉管、M2009：836 扇形玉佩、M2009：957 玉眼（右）等9件。

青玉：

M2009：575 虎形玉佩、M2009：796 龙凤纹玉佩、M2009：979 玉胡（右）等3件。

四型Ⅱ式：为受沁面积大于5%，但未达30%之透闪石—阳起石矿物。

白玉：

M2009：755 兽面纹玉饰、M2009：765 鹅形玉佩、M2009：953 玉耳（右）等3件。

青白玉：

M2009：146 长条形玉柄形器、M2009：834 "C" 形龙形玉佩、M2009：855 扁圆形玉管、M92009：956 玉眼（左）、M2009：742 弦纹圆形玉管、M2009：999 獠牙形玉觿、M2009：1000 獠牙形玉觿、M2009：1032 人龙合纹玉璜等8件。

青玉：

M2009：177 "C" 形龙形玉佩、M2009：707 窄援玉戈、M2009：711 长条形玉柄形器等3件。

四型Ⅲ式：为受沁面积大于30%，但未达50%之透闪石—阳起石矿物。

青白玉：

M2009：156 管状玉柄形器、M2009：157 圆棒形玉饰、M2009：189 弦纹圆形玉管、M2009：570 兽面纹玉韘、M2009：772 素面玉韘、M2009：935 长条形玉柄形器、M2009：1021 左脚趾夹玉、M2009：1038 左脚趾夹玉等8件。

青玉：

M2009：252-1 龙纹小玉环、M2009：841 素面圆形玉管、M2009：878 束绢形玉佩、M2009：884 残玉饰、M2009：916 龙首戈形玉佩等5件。

灰玉：

M2009：207 龟形玉佩1件。

四型Ⅳ式：为受沁面积大于50%，但未达70%之透闪石—阳起石矿物。

青白玉：

M2009：187 鸮形玉佩、M2009：829 素面大玉璧、M2009：917 长条形玉饰、M2009：928 圆棒形玉饰、M2009：1014 平刃玉匕、M2009：1015 平刃玉匕等6件。

青玉：

M2009：106 平刃玉匕、M2009：154 素面圆形玉管、M2009：264 兽面纹玉斧、

M2009 ： 762 鹦鹉形玉佩、M2009 ： 789 "C" 形龙形玉佩、M2009 ： 856 素面圆形玉饰、M2009 ： 943 宽援玉戈、M2009 ： 1037 素面大玉璧等 8 件。

灰玉：

M2009 ： 262 兽面纹玉斧 1 件。

四型Ⅴ式：为受沁面积大于 70% 之透闪石—阳起石矿物。

青白玉：

M2009 ： 214 长条形玉柄形器、M2009 ： 785 龙首纹玉饰、M2009 ： 1009 獠牙形玉觽、M2009 ： 1013 长条形玉柄形器等 4 件。

青玉：

M2009 ： 218 长条形玉饰、M2009 ： 578 玉笄、M2009 ： 1022 脚趾夹玉、M2009 ： 1024 左踏玉等 4 件。

灰玉：

M2009 ： 331 兽面纹玉杖头 1 件。

四型Ⅵ式：含墨点之透闪石—阳起石矿物。

M2009 ： 216 素面大玉璧、M2009 ： 857 蝉形玉佩等 2 件。

第五型：

蛇纹石：

M2009 ： 118 璜形玉器、M2009 ： 445 兽面形玉佩等 2 件。

叶蜡石：

M2009 ： 786 口形玉饰 1 件。

孔雀石：

M2009 ： 194、M2009 ： 186 圆形龙纹绿松石环、M2009 ： 185 兽面形绿松石等 3 件。

绢云母：

M2009 ： 734-1 眼形玉嵌饰、M2009 ： 905 蝉形玉佩 2 件。

迪开石：

M2009 ： 738-1 獠牙形玉觽 1 件。

葡萄石：

M2009 ： 910 蘑菇状玉饰 1 件。

红玛瑙：

M2009 ： 980-33 圆形玛瑙管 1 件。

另外还有由孔雀石致色的 M2009 ： 434 骨小腰 1 件。

六

1. 产于镁质大理岩，含低铁的软玉出现白玉的比例较高（第一与第四型）。产于镁质大理岩，光谱在 1412 ~ 1446nm 处有微弱吸收的软玉（第二型）与产于蛇纹石化超基性岩，含高铁的软玉（第三型）未见白玉出现。

2. 虢仲墓（M2009）出土相当数量的原生裂隙处没有过渡色[1]，直接由内而外呈现赭红色块状沁渍的青玉。此种块状沁渍是岫岩闪石玉料的典型特征。M2009：864圆锥状玉柄形器（图2.1）与M2009：761象形玉佩（图2.2）可为代表。其他尚有M2009：781燕形玉佩、M2009：793王伯椭圆形玉管、M2009：814兽面形玉佩、M2009：823鸟形玉佩、M2009：875鳖形玉佩、M2009：888"C"形龙形玉佩等等。

3. 白色玉器，裂隙不受沁，或有受沁也都为深褐色（非赭红色），这是祁连山闪石玉料特征之一。M2009：922云纹椭圆形玉管（图3.1）与M2009：970-6叠尾人首纹玉璜（图3.2）可为代表。其他尚有M2009：925人形玉佩、M2009：174虎形玉佩、M20099：953玉耳（右）、M2009：964玉耳（左）、M2009：970-5叠尾人首纹玉璜、M2009：970-3透雕人龙纹玉璜、M2009：970-2透雕人龙纹玉璜等等。

4. 使用肉眼即可轻易观察到布丁状不规则结核、团块构造的玉料，这种构造是典型祁连山闪石玉料[2]特征之二。M2009：944玉戚（图4.1）与M2009：103宽援玉戈（图4.2）可为

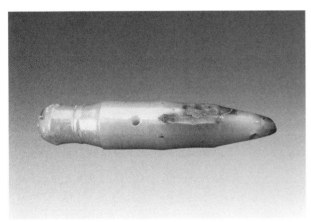

图2.1 M2009：864圆锥状玉柄形器

图2.2 M2009：761象形玉佩

图3.1 M2009：922云纹椭圆形玉管

图3.2 M2009：970-6叠尾人首纹玉璜

---

[1] 岫岩闪石玉料也有薄片解理，唯解理面积较小，斜入玉里，不呈云雾状。

[2] 至目前为止，发现的有马鬃山镇河盐湖径保尔草场玉矿遗址、寒窑子草场玉矿遗址、敦煌旱峡玉矿遗址、临洮县峡口镇马啣山玉矿，皆属祁连山系玉矿带。未来在肃南、金塔可能会发现更多玉矿遗址。

图 4.1   M2009：944 玉戚

图 4.2   M2009：103 宽援玉戈

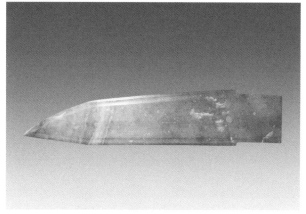

图 5.1   M2009：115 宽援玉戈

图 5.2   M2009：100 平刃玉匕

代表。其他尚有 M2009：197 宽援玉戈、M2009：219 菱形纹玉戈、M2009：466 窄援玉戈、M2009：148 宽援玉戈、M2009：943 宽援玉戈等等。

5. 具有平层沉积岩构造的玉料，是祁连山闪石玉料特征之三。M2009：115 宽援玉戈（图 5.1）与 M2009：100 平刃玉匕（图 5.2）可为代表。其他尚有 M2009：201 宽援玉戈、M2009：208 菱形纹玉戈等等。

6. 个别玉料分布有较大面积微透明云雾片状解理，这种特殊的薄片解理是祁连山闪石玉料特征之四[1]。M2009：867 燕形玉佩（图 6.1）与 M2009：860 鸟形玉佩（图 6.2）可为代表。其他尚有 M2009：120 素面玉璜、M2009：711 长条形玉柄形器、M2009：796 龙凤纹玉佩、M2009：819 兽面形玉佩、M2009：838 长条形玉柄形器等等。

7. 较为特殊的几件白色或灰白色玉器，如 M2009：766 鸟形玉佩（图 7.1），这种包裹墨点、墨斑的玉料，除西伯利亚贝加尔湖地区之外祁连山地区亦有产出，其来源待未来深入研究确认。M2009：813 勾云形玉饰（图 7.2），墨点与墨斑呈带状分布，片状解理斜入玉里，其来源待未来深入研究确认。其他相似玉料的器物尚有 M2009：738-7 长条鱼形玉佩、M2009：216 素面大

---

[1] 岫岩闪石玉料也有薄片解理，唯解理面积较小，斜入玉里，不呈云雾状。

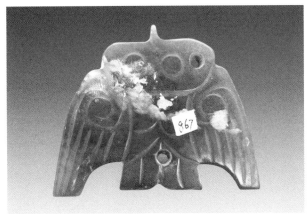

图 6.1　M2009：867 燕形玉佩

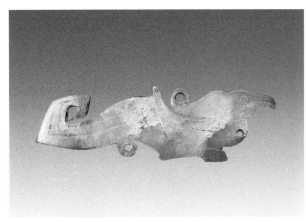

图 6.2　M2009：860 鸟形玉佩

图 7.1　M2009：766 鸟形玉佩

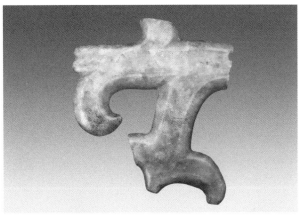

图 7.2　M2009：813 勾云形玉饰

图 8.1　M2009：1017 宽援玉戈

图 8.2　M2009：879 盘龙形玉佩

玉璧、M2009：857 蝉形玉佩、M2009：837 鸟形玉佩等。

　　8. M2009：1017 宽援玉戈（图 8.1）与 M2009：879 盘龙形玉佩（图 8.2）皆为不透明牙白色玉料，这种玉矿原石至今仅发现于三星堆遗址与金沙遗址。仅凭目视观测，推测这种不透明的白色玉料产于四川汶川龙溪地区。此类玉器共出土 9 件。

　　9. 虢仲墓（M2009）出土玉器的玉料来源，可以确定与推测的有岫岩地区、祁连山地区、西伯利亚贝加尔湖地区与四川汶川龙溪地区等。

10.大量没有归纳，颜色泛黄的青白、青色透闪石—阳起石系列玉器，其玉料可能来自岫岩地区，也可能来自祁连山地区。贝加尔湖地区未见产出此类泛黄玉料，新疆地区玉料此时尚未进入中原，可以排除在外。如果从"就地取材"与"大量供给"的逻辑推论，数量庞大的商周玉材来源自祁连山地区的可能性较大。

2017 年 10 月 29 日于广东惠州

虢仲墓（M2009）出土铁刃铜器检测报告

北京科技大学科技史与文化遗产研究院

河南省文物考古研究院

三门峡虢国墓地从 20 世纪 50 年代起，先后经过四次钻探和两次大规模发掘，极大地推进了两周之际的考古学研究，亦为科技史、艺术史等领域提供了许多珍贵资料。其中，M2001 和 M2009 出土多件铁刃铜器，是目前所见中原地区使用铁器最早的实物例证之一，在中国冶铁技术发展史上具有重要意义。在《三门峡虢国墓》（第一卷）中，韩汝玢等先生公布了其中六件器物的研究结果（下文简称"原报告"），确认了陨铁和人工冶铁制品共存的现象，深入探讨了其重要意义，指出晋东南、豫西一带很可能是中国早期冶铁技术的中心地区[1]。

2014 年末，值虢国墓地资料整理之际，我们有幸再次考察了 M2009 等单位的出土资料，并获取三件铁刃铜器的锈蚀脱落碎块以供研究。其中，铜内铁援戈（M2009 ： 703）、铜骹铁叶矛（M2009 ： 730）在之前的研究中已有涉及。但鉴于此批材料的重要意义，且本次分析采用了不同的技术方法，故仍将分析结果完整公布于此，以供参考。

一 出土器物与取样情况

本文的分析样品均出自三门峡虢国墓地 M2009，墓主虢仲为一代虢国国君。该墓于 1990 年下半年至次年 2 月发掘，共出土铁制品 10 件，均为铜铁复合材质，铁质部分锈蚀严重。为避免干涉文物本体，所取样品均为器物周围因锈蚀而自然脱落的碎屑。现将经取样的标本简要介绍于此。

样品 SGT001，取自标本 M2009 ： 730，铜骹铁叶矛，出土时铁质的锋部、叶部和铜质的骹部多已残损；铁质部分的下端呈圆形，与铜骹上部相连；矛体中部铜质隆脊，表面有条形枝状浅槽，内镶嵌绿松石片；器身残长 16.8 厘米，骹上端厚 1.3 厘米，铁叶残宽 4.3 厘米（图一）；与蝉纹铜矛（M2009 ： 729）伴出于椁室西南部青铜礼器下。

---

［1］韩汝玢、姜涛、王保林：《虢国墓出土铁刃铜器的鉴定与研究》，见河南省文物考古研究所、三门峡市文物工作队：《三门峡虢国墓》（第一卷），文物出版社，1999 年。

样品 SGT002，取自标本 M2009：710-2，铁刃铜削，出土时已断为三截，铁质部分因锈蚀严重多有残损，刃后上部有未透穿的圆孔；残长 15.2 厘米，刃部残宽 2 厘米（图二）。与标本 M2009：710-1 装于同一木鞘之中，出于椁室西南角的青铜礼器下。另外两件较大的铜刃铁削（M2009：719-1、M2009：719-2）与之伴出，且与大铜削（M2009：714~M2009：717）相距很近。

样品 SGT003，取自标本 M2009：703，铜内铁援戈，出土时铁援因锈蚀膨胀残断，铜质内、胡及援本部均保存完好；铜质援本部、内部饰以绿松石片镶嵌；器身残长 19 厘米，栏长 11.1 厘米，内长 7.5、宽 3.5、厚 0.4 厘米（图三）。出于椁室南部标本 M2009：701 铜鼎下，未见同类的铜戈伴出。

图一 铜骹铁叶矛（M2009：730）

图二 铁刃铜削（M2009：710-2）

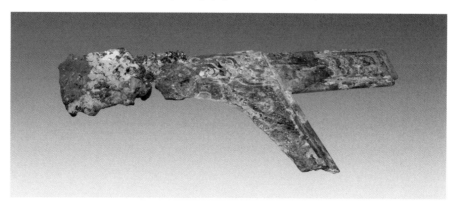

图三 铜内铁援戈（M2009：703）

二　分析检测方法

样品沿剖面方向包埋镶嵌，经打磨、抛光后，置于 Leica DM4000M 金相显微下，观察显微组织、锈蚀状况和残余金属情况，并拍照记录；经喷碳处理后，使用扫描电镜能谱仪（SEM-EDS）和电子探针分析仪（EPMA）进行微观形貌观察和成分测定。所用 SEM 型号为 FEI Quanta 250，配备 Bruker XFlash6 能谱仪；工作条件为加速电压 20kV，工作距离 14~15 毫米，能谱分析激发时间约 60s；部分样品微观结构使用 Zeiss Ultra 55 热场发射扫描电镜拍摄。电子探针型号为 Jeol JXA-8230，工作条件为加速电压 20kV，探针电流 $1 \times 10A^{-8}$，束斑直径约 $1\mu m$。

三　分析检测结果

经显微镜观察，三件样品的铁质部分均腐蚀严重，仅余少数极小金属颗粒，金相组织已不可辨。样品 SGT002 保留有较多铜质部分，因埋藏过程中的选择性腐蚀，在未浸蚀状态下即可观察到较为明显的枝晶组织残余，以及未腐蚀（$\alpha + \delta$）共析体（图四、五），系典型的青铜铸造组织。在样品 SGT001 边缘亦观察到铜质部分残余，锈蚀较为严重，从残余（$\alpha + \delta$）共析体颗粒形貌及其分布状况（图六），仍可推断其为铸造组织形态。样品 SGT002 铜质与铁质部分结合处，未观察到明显的晶粒变形和再结晶现象，显示其基本未经历冷热加工过程。由以上结果可知，铁刃铜削（M2009 : 710-2）的制作是先将铁刃锻打成型，固定于铸范之中并伸入型腔；然后铸造铜质部分，注入的铜液填充铁刃周围的型腔，冷却后即与铁刃紧密结合，形成复合器物。根据样品 SGT001 边缘残余铜颗粒的组织结果推测，标本铜骹铁叶矛（M2009 : 730）的制作过程应与之类似。

样品 SGT001 残余两处较为明显的金属颗粒（图七），经 SEM-EDS 和 EPMA 分析为仅发现 Fe 和少量的 O 元素，未见其他金属元素存在。此样品锈蚀物中发现有形态保存较好的长条状夹杂物三处（图八），不同夹杂物之间成分波动较大（表一），除 Fe、O 元素外，还含有 Cu、Si、

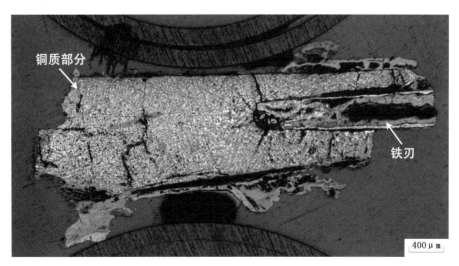

图四　SGT002 显微照片显示铜质部分与铁刃的连接关系

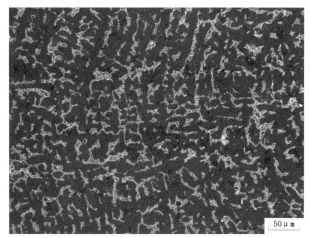

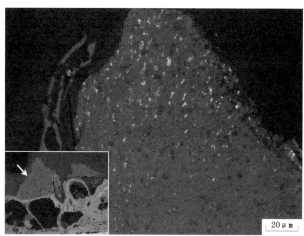

图五　SGT002铜质部分的青铜铸造组织形态　　　图六　SGT001铜质部分残余（α+δ）共析体

（箭头所示为该区域在样品上的位置）

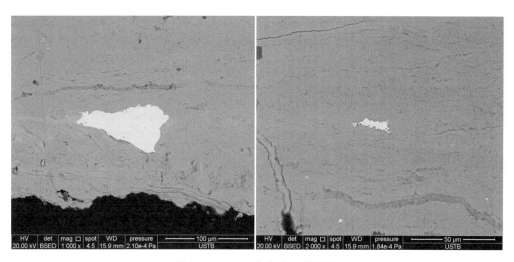

图七　SGT001残存铁金属颗粒

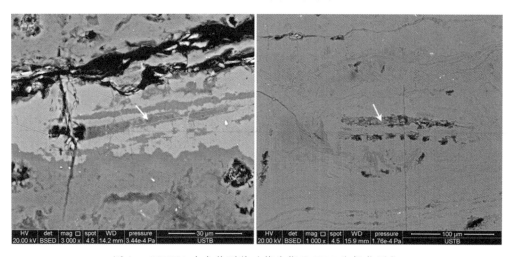

图八　SGT001夹杂物形貌（箭头指示EDS分析位置）

表一   SGT001 夹杂物 SEM-EDS 分析结果

序号	元素成分（wt%）							图示
	Fe	Mg	Al	Si	Ti	O	Cu	
1	61.7	—	7.9	3.9	0.7	23.9	1.9	图八左
2	49.9	1.1	8.2	4.2	0.8	29.2	6.6	图八右
3	78.7	—	3.3	1.8	0.7	15.5	—	图九上

注："—"表示此元素含量低于仪器检出限，数据经归一化处理。下同。

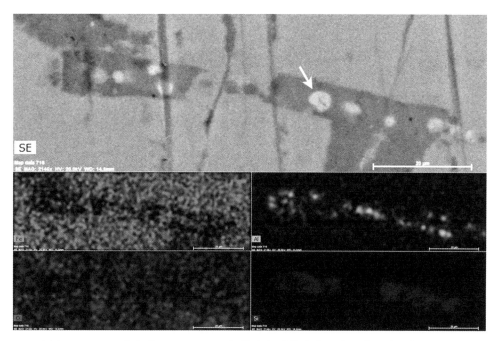

图九　SGT001 夹杂物 SEM-EDS 面扫描分析（箭头指示表一中元素分析位置）

Al、Mg、Ti 等。Cu 出现应为埋藏腐蚀过程中元素迁徙所致。经 SEM-EDS 面分布分析，Si、Al、Mg、Ti 等元素是夹杂物中的原有组成，与附近锈蚀物区别显著（图九）。这种硅酸盐与氧化亚铁共生夹杂，是人工冶铁制品的重要证据；夹杂沿加工方向变形拉长，显示该样品经锻打成型。此结果与原报告中对此器物（非同一样品）的分析结果一致，原报告还发现有珠光体腐蚀后的组织残余痕迹，推断其材质为块炼渗碳钢，本文从之。

　　样品 SGT002、SGT003 均检测出较为显著的 Ni 含量，EPMA 分析还在残余的金属颗粒中发现有少量的 Co 元素（表二）。根据腐蚀较轻区域的分析结果，在不考虑选择性腐蚀的情况下，估算两件样品原整体 Ni 含量约在 15%~16% 左右，Co 含量约 1%。扫描电镜线扫描分析显示，SGT002 样品中存在 Ni、Co 等元素在各相之间的高低分布特征（图一四），宽度接近 0.1 毫米；这种 Ni、Co 偏聚现象只可能出现在冷却极为缓慢的铁陨石形成过程之中（百万年每摄氏度）。由于低温区固相中 Ni 的扩散速度极低，所以虽经了人工锻造（极有可能伴随有加热过程）和长期埋藏腐蚀，但这种特殊组织结构和元素分布规律仍得以保存。两件样品的 Ni 含量处于铁陨石的ⅢC 和ⅢCD 化

表二　　　　　　　　　　　　　SGT002、SGT003 成分分析结果

序号	成分（wt%）				备注／图示
	O	Fe	Ni	Co	
1	0.62	80.93	17.80	0.64	SGT002 残余金属颗粒，EPMA，图一〇左
2	0.34	38.79	59.53	1.35	SGT002 富 Ni 相，EPMA，图一〇右
3	18.7	67.0	12.3	—	SGT003 区域平均，SEM-EDS，图一一
4	0.37	39.29	58.84	1.50	SGT003 富 Ni 相，EPMA，图一二左
5	0.33	83.15	15.91	0.61	SGT003 残余金属颗粒，EPMA，图一二右
6	13.7	72.3	14.0	—	SGT003 区域平均，SEM-EDS，图一三

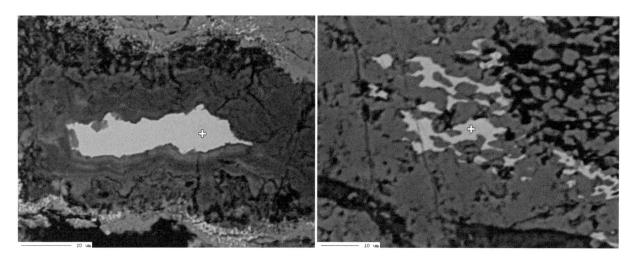

图一〇　SGT002 残余金属颗粒

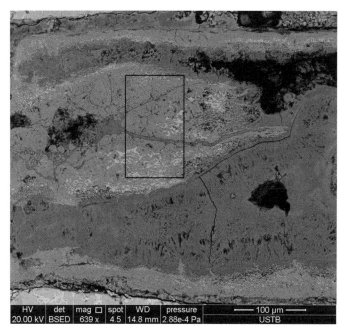

图一一　SGT003 基体微观形貌与区域分析位置

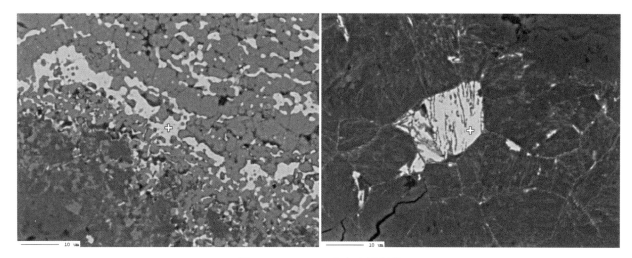

图一二　SGT003 残余金属颗粒

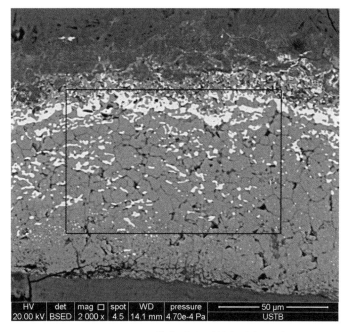

图一三　SGT003 基体微观形貌与分析区域

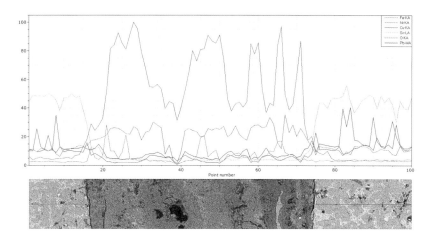

图一四　SGT002 SEM-EDS 线扫描分析（扫描长度 1.46mm）

学分组之间，可知其原构造应属极细粒八面体铁陨石（Off）或无纹铁陨石（Ataxite）类型[1]。

四　讨论

有关虢国墓地出土铁刃铜器的材质、技术特点及其意义等，韩汝玢等先生在原报告中已有深入讨论，此处不再赘述。现仅根据近年来的新资料，就陨铁的使用、中原地区早期冶铁技术发展等问题略作补充。

在人类早期历史上，陨铁曾被很多地区的先民所使用，各地的时间不尽相同。西亚和古埃及等地曾出土有公元前 3000 年前后的陨铁器物[2]；稍晚阶段，在欧亚地带的竖穴墓文化、洞室墓文化和阿凡纳谢沃文化遗址中也有陨铁制品出土[3]。我国商代中期遗址河北藁城台西、北京平谷刘家河出土的铁刃铜钺，传出自浚县的两件西周时期的铁刃铜器，以及虢国墓地的部分器物（4件），也被鉴定为陨铁[4]。这些早期陨铁制品的出现，反映当时的人们对铁的性质已有所了解并加以利用，但与有意识地从矿石冶炼出铁不可等同。事实上，没有证据显示使用陨铁和人工冶铁的产生之间有必然联系。

但正如原报告已经指出的那样，陨铁和人工冶铁制品在虢国墓地同时出现，却可显示其正处于冶铁技术的肇始阶段，对于探讨中原地区冶铁技术的早期发展具有重要意义。世界范围内，冶铁技术最早出现于公元前第 2 千纪。西亚的两河流域、伊朗等地，曾有部分出自青铜时代地层的铁器被认为是人工冶铁制品[5]，但近期的研究显示，这些器物性质的认定基本都存在争议[6]。约公元前 1500 年前后，安纳托利亚地区（今土耳其）才开始出现比较明确的人工冶铁证据[7]；稍晚时期，地中海沿岸地区陆续掌握冶铁技术，外高加索地区的遗址中也开始出现铁器[8]。公元前第 1 千纪前半叶，多数欧亚大陆早期文明进入铁器时代[9]。近期有学者认为，印度文底耶山（Vindhyas）东部的恒河平原地带在公元前第 2 千纪早期已开始使用铁器，印度的冶铁技术系独立起源[10]，但因其测年数据与考古学研究的结果差距较大故而受到质疑[11]，因此，对印度冶铁

［1］a. Scott E. and Wasson J. Classification and properties of iron meteorites. Reviews of Geophysics. 1975, 13(4):527-556。b. 王道德：《陨石类型简介》，《地质地球化学》1980 年 2 期，9～18 页。

［2］a. Yalçın Ü. Early iron metallurgy in Anatolia. Anatolian Studies. 1999, 49:177-87. b. Waldbaum J. The coming of iron in the Eastern Mediterranean. Archaeometallurgy of the Asian Old World, 1999, 27-58. c. Rehren Th., Belgya T. and Jambon A., et al. 5,000 years old Egyptian iron beads made from hammered meteoritic iron. Journal of Archaeological Science. 2013, 40(12):4785-4792.

［3］Koryakova L, Epimakhov A. The Urals and Western Siberia in the Bronze and Iron Age. Cambridge University Press, 2007, 188-191.

［4］李众：《关于藁城商代铜钺铁刃的分析》，《考古学报》1976 年 2 期，17～34 页。张先得、张先禄：《北京平谷刘家河商代铜钺铁刃的分析鉴定》，《文物》1990 年 7 期，66～71 页。Gettens J., Clarke S. and Chase T. Two early Chinese bronze weapons with meteoritic iron blades. Freer Gallery of Art Occasional Papers, Vol. 4, No. 1. 1971.

［5］Waldbaum C. The first archaeological appearance af iron and the transition to the Iron Age. In: Wertime T. A. and Muhly J. D. eds. The coming of the age of iron. New Haven: Yale University Press, 1980, 69-98.

［6］a. Yalçın Ü. Early iron metallurgy in Anatolia. Anatolian Studies. 1999, 49:177-187. b. Waldbaum J. The coming of iron in the Eastern Mediterranean. Archaeometallurgy of the Asian Old World, 1999, 27-58.

［7］Muhly D., Maddin R., and Stech T., et al. Iron in Anatolia and the nature of the Hittite iron industry. Anatolian Studies, 1985, 35:67-84.

［8］Yalçın Ü. Early iron metallurgy in Anatolia. Anatolian Studies. 1999, 49:177-187.

［9］Tylecote R. A history of metallurgy (second edition). London: Maney Published for the Institute of Materials, 1992, 53-55.

［10］a. Tewari R. The origins of iron working in India: new evidence from the Central Ganga Plain and the Eastern Vindhyas. Antiquity, 2003, 77:536-44. b. Tewari R. Updates on the antiquity of iron in South Asia. Man and Environment, 2010, 35:81-97.

［11］Barba F. Early Iron Age in India. Annali dell' Università degli studi di Napoli "L'Orientale". Rivista del Dipartimento di Studi Asiatici e del Dipartimento di Studi e Ricerche su Africa e Paesi Arabi, 2005, 65:141-159.

独立起源的说法需持谨慎态度[1]。

中国境内，甘肃临潭陈旗磨沟遗址出土的铁条（M444 ： A7）可早至约公元前 14 世纪左右，经分析其为块炼渗碳钢，这是中国目前所见最早的人工冶铁制品[2]。新疆哈密地区的焉布拉克、鄯善洋海、和静察吾呼沟口、轮台群巴克等墓葬遗址发现有较多的早期铁器，部分器物的年代或可早至公元前 1000 年以前，有研究据此认为公元第 1 千纪初新疆已进入铁器时代[3]，但也有学者建议将新疆的铁器时代定在公元前 9 世纪至前 8 世纪左右[4]。此阶段新疆铁器的生产以块炼渗碳钢体系为主[5]，可能受到了伊朗、中亚等地的影响[6]。

虢国墓地有三件器物（M2001 ： 393、M2001 ： 526 和 M2009 ： 730）经鉴定为块炼铁或块炼渗碳钢，其虽较西北地区略晚，但仍系目前中原地区最早的人工冶铁制品之一。除此之外，韩城梁带村芮国墓地出土两件铁刃铜器，年代为春秋早期（约公元前 8~ 前 6 世纪），铁质部分经检测为块炼渗碳钢[7]；天马—曲村春秋中期墓葬出土铁条，材质为块炼铁[8]。不难看出，中国境内的早期铁器多见于西北地区，制作技术属于块炼铁体系；中原地区目前所见较早的人工冶铁制品，也均为块炼铁或块炼渗碳钢。由此可见，西北地区在早期块炼铁技术传播中的重要角色的确值得重视。

另一方面，在讨论中国古代冶铁技术时必须厘清古代两种不同的钢铁技术体系：块炼铁和生铁，两者从冶炼方法、铁料处理乃至使用方式上都有很大区别。块炼铁技术出现较早，在旧大陆的大部分地区得到过广泛利用，中国早期也可能存在使用块炼铁的阶段。公元前 8 世纪至前 7 世纪，中原地区开始出现铸铁制品，山西天马—曲村墓地出土的 2 件残铁器，经分析材质均为白口铁[9]。据现有资料，在河南、山西、湖北、湖南等地均已出现早于公元前 5 世纪的铸铁制品，部分器物还显示有退火、脱碳处理的迹象[10]，生铁冶炼逐步成为铁料的主要来源，以生铁与生铁制钢为主的中国古代钢铁技术体系已初步确立。虢国墓地、梁带村墓地和天马—曲村春秋中期墓葬的年代相差应不超两百年，但铁器的材质已出现三种不同的状况，即陨铁与块炼铁共存—块炼铁—块炼铁与生铁共存，这种现象应引起充分重视。虽然现有资料还较为有限，但已不难看出中原地区早期冶铁技术快速发展的态势。究其原因，西北方向的交流互动固然不容忽视，但业已发展成熟的商周青铜铸造技术，则是中原地区早期冶铁技术发展，尤其是生铁技术体系创建的根基所在。

［1］Srinivasan S. Indian iron and steel, with special reference to southern India. in: Humphris J, Rehren T, eds. The world of iron: a collection of conference papers which present the latest research concerning the inception, adoption, expansion, and impact of prehistoric iron production, specifically outside Europe. Oxford: Archetype Publications, 2013, 83-90.

［2］陈建立、毛瑞林、王辉等：《甘肃临潭磨沟寺洼文化墓葬出土铁器与中国冶铁技术起源》，《文物》2012 年 8 期，45 ~ 53 页。

［3］a. 唐际根：《中国冶铁术的起源问题》，《考古》1993 年 6 期，536 ~ 545 页。b. 陈戈：《察吾乎沟口文化的类型划分和分期问题》，《考古与文物》2001 年 5 期，30 ~ 39 页。c. 韩建业：《新疆的青铜时代和早期铁器时代文化》，文物出版社，2007 年，53 ~ 82 页。

［4］陈建立：《中国古代金属冶铸文明新探》，科学出版社，2014 年，206 ~ 221 页。

［5］Qian W. and Chen G. The iron artifacts unearthed from Yanbulake cemetery and the beginning use of iron in China. in: Kim G., Yi K. and Kang H., eds. BUMA-V: Fifth International Conference on the Beginnings of the Use of Metals and Alloys. Gyeongju: The Korea Institute of Metals and Materials, 2002, 189-194.

［6］Guo W. From western Asia to the Tianshan. Mountains: on the early iron artefacts found in Xinjiang. In: Mei J., Rehren Th., eds. Metallurgy and Civilisation: Eurasia and Beyond. London: Archtype Pbulication, 2009, 107-115.

［7］陈建立、杨军昌、孙秉君等：《梁带村遗址 M27 出土铜铁复合器的制作技术》，《中国科学：技术科学》2009 年 9 期，1574 ~ 1581 页。

［8］韩汝玢、柯俊：《中国科学技术史·矿冶卷》，科学出版社，2007 年，377 ~ 378 页。

［9］韩汝玢、柯俊：《中国科学技术史·矿冶卷》，科学出版社，2007 年，364 页。

［10］韩汝玢、柯俊：《中国科学技术史·矿冶卷》，科学出版社，2007 年，384、385 页。

五　结论

本文分析了三门峡虢国墓地 M2009 出土的 3 件铁刃铜器样品，结合原分析检测结果和相关研究，得出以下结论：

1. 铜骹铁叶矛（M2009 ∶ 730）铁质部分为人工冶铁制品，结合已有数据，材质判断为块炼渗碳钢；铁刃铜削（M2009 ∶ 710-2）和铜内铁援戈（M2009 ∶ 703）的铁质部分为陨铁制成。此结果与以往的研究结论相符。

2. 铁刃铜削（M2009 ∶ 710-2）铁质部分夹杂物延加工方向拉长现象明显，铜质部分保留有典型的青铜铸造组织，铜铁结合处金相组织无明显变形；据此判定其制作工艺是先将铁刃锻打成型后固定于铸范，然后铸造铜质部分，铜液冷却与铁刃紧密结合，形成复合器物；铜骹铁叶矛（M2009 ∶ 730）的制作过程应与之类似。

3. 虢国墓地所处的两周之际是中国中原地区冶铁技术早期发展的关键时期，西北地区在早期块炼铁技术传播中扮演了重要角色，而中原地区业已成熟的商周青铜铸造技术，则是生铁技术发明和冶铁业快速发展的首要基础。

致谢：

本研究得到了北京科技大学韩汝玢教授的指导，三门峡市虢国博物馆赵昂、常军等先生在调查过程中给予了热情帮助；国家文物局"文物保护科技优秀青年研究计划"（2014220）和英国学术院"牛顿国际奖学金"提供了经费支持（160456）；英国伦敦大学学院、剑桥李约瑟研究所提供了大量帮助。在此，一并谨致谢忱！

执笔：陈坤龙、王颖琛、刘亚雄、姜涛

虢仲墓（M2009）出土麻织品检测报告

中国丝绸博物馆

一 样品背景

位于河南省三门峡市北郊上村岭的虢国墓地，20 世纪 50 年代末，考古工作者发现并发掘了大批墓葬与车马坑，出土了大量珍贵文物。80 年代末，由于发生了盗墓案件，河南省文物研究所与三门峡市文物工作队联合于 1990 年至 1999 年对被盗区域进行了抢救性发掘。经过两次大规模考古发掘，出土各类文物 3 万余件。尤其是 90 年代发掘的 M2009 国君墓，因其出土文物数量大、品类多、质地好、工艺精而被评为 1991 年"全国十大考古新发现"之一。虢国墓地的发现弥补了两周之际的考古空白，为研究虢国历史和西周时期诸侯国的丧葬制度提供了珍贵的实物资料，建立了重要的断代标尺。

二 样品内容

表一   样品清单

序号	现定名	文物号	尺寸（厘米）	级别	图片
1	麻裤	M2009 ：604-1	残长 76、上宽 81、下宽 130	未定	

续表一

序号	现定名	文物号	尺寸（厘米）	级别	图片
2	麻布短褂	M2009：604-2（1）	前襟长70、残宽40	未定	
	麻布短褂（残片）	M2009：604-2（2）	未知	未定	
	麻布短褂（残片）	M2009：604-2（3）	未知	未定	
	麻布短褂（残片）	M2009：604-2（4）	未知	未定	
	麻布短褂（残片）	M2009：604-2（5）	未知	未定	

续表一

序号	现定名	文物号	尺寸（厘米）	级别	图片
2	麻布短褂（残片）	M2009：604-2（6）	未知	未定	
	麻布短褂（残片）	M2009：604-2（7）	未知	未定	
	麻布短褂（残片）	M2009：604-2（8）	未知	未定	
	麻布短褂（残片）	M2009：604-2（9）	未知	未定	
	麻布短褂（残片）	M2009：604-2（10）	未知	未定	

续表一

序号	现定名	文物号	尺寸（厘米）	级别	图片
2	麻布短褂（残片）	M2009：604-2（11）	未知	未定	
3	麻布（残）	M2009：604-3	未知	未定	
4	麻绳（残）	M2009：53-1 M2009：53-2	未知	未定	

三　测试方法

对样品采用的分析方法有形貌观察、红外光谱分析、拉曼光谱分析。见表二。

表二　　　　　　　　　　　　　　　　样品分析

图例	分析结果	仪器或试剂
A	组织结构图（20x）	三维视频显微镜（日本基恩士，VHX-2000C） 实体显微镜（日本莱卡公司，M165C）
B	纤维横截面照片（400x）	生物显微镜（德国蔡司，Zeiss Scope A1）
C	纤维纵向照片（500x ~ 2000x）	扫描电子显微镜（德国蔡司，Sigma300）
D	红外光谱图	Multiscope 傅立叶变换红外显微镜（美国 Perkim Elmer 公司）
E	激光共焦显微拉曼光谱图	LabRam HR Evolution，Horiba JY

四　测试结果

（一）组织结构分析

检测目的：对纺织品文物所用面料、里料等不同部位进行组织结构的观察，从而较为全面地了解织物品种。

检测仪器：三维视频显微镜（VHX-2000C，日本基恩士）。

1. 麻裤 M2009 ： 604-1

麻裤表层与内层织物的组织结构都为平纹，经纬向力学性能差异较小。此外，经纬纱捻向都为 S 捻，交织点处纤维同向相嵌，不易移动，使得织物组织结构更为稳定，组织点清晰。如图一~三。

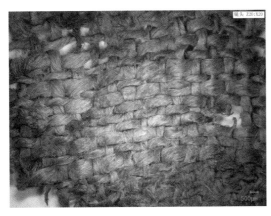

三维视频显微图（20X）　　　　　　三维视频显微图（50X）

平纹；经密：9 根 /cm；纬密：10 根 /cm

图一　麻裤表层织物组织局部图及组织结构图

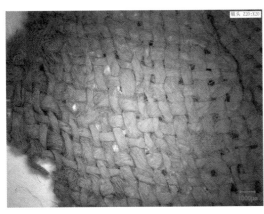

三维视频显微图（20X）　　　　　　三维视频显微图（50X）

平纹；经密：12 根 /cm；纬密：9 根 /cm

图二　麻裤里层织物组织局部图及组织结构图

图三　麻裤组织结构示意图

2.麻布短褂

麻布短褂由多个残片组成，通过织物的组织结构分析可以看出，织物都为平纹，但是由于纤维粗细不同，组织结构的经纬密度也有很大差异。各残片的组织结构见图四～一九。

三维视频显微图（30X）

平纹；经密：9 根 /cm；纬密：10 根 /cm

图四　M2009：604-2（1）组织结构图

三维视频显微图（30X）

平纹；经密：20 根 /cm；纬密：12 根 /cm

图五　M2009：604-2（2）组织结构图

三维视频显微图（30X）

平纹；经密：8 根 /cm；纬密：8 根 /cm

图六　M2009：604-2（3）组织结构图

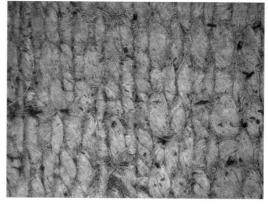

三维视频显微图（30X）

平纹；经密：32 根 /cm；纬密：14 根 /cm

图七　M2009：604-2（4）组织结构图

三维视频显微图（30X）

平纹；经密：40 根 /cm；纬密：18 根 /cm

图八 M2009：604-2（5）组织结构图

三维视频显微图（30X）

平纹；经密：12 根 /cm；纬密：10 根 /cm

图九 M2009：604-2（6）红色织物组织结构图

三维视频显微图（30X）

平纹；经密：34 根 /cm；纬密：14 根 /cm

图一〇 M2009：604-2（6）黑色织物组织结构图

三维视频显微图（30X）

平纹；经密：34 根 /cm；纬密：14 根 /cm

图一一 M2009：604-2（6）黄色织物组织结构图

三维视频显微图（30X）

平纹；经密：14 根 /cm；纬密：12 根 /cm

图一二 M2009：604-2（7）黄色织物组织结构图

三维视频显微图（30X）

平纹；经密：14 根 /cm；纬密：10 根 /cm

图一三 M2009：604-2（7）红色织物组织结构图

三维视频显微图（30X）

平纹；经密：8 根 /cm；纬密：8 根 /cm

图一四　M2009 ：604-2（8）粗纤维的组织结构图

三维视频显微图（30X）

平纹；经密：32 根 /cm；纬密：14 根 /cm

图一五　M2009 ：604-2（8）细纤维的组织结构图

三维视频显微图（30X）

平纹；经密：12 根 /cm；纬密：8 根 /cm

图一六　M2009 ：604-2（9）红色织物组织结构图

三维视频显微图（30X）

平纹；经密：8 根 /cm；纬密：8 根 /cm

图一七　M2009 ：604-2（9）黑色织物组织结构图

三维视频显微图（30X）

平纹；经密：10 根 /cm；纬密：8 根 /cm

图一八　M2009 ：604-2（11）黄色织物组织结构图

三维视频显微图（30X）

平纹；经密：14 根 /cm；纬密：10 根 /cm

图一九　M2009 ：604-2（11）红色织物组织结构图

3. 麻布 M2009 ： 604-3（图二〇）

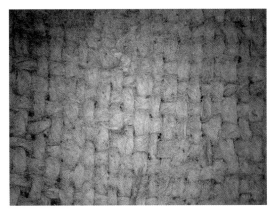

三维视频显微图（30X）　　　　　　　　三维视频显微图（50X）

平纹；经密：16 根 /cm；纬密：12 根 /cm

图二〇　麻布 M2009 ： 604-3 组织结构图

4. 麻绳 M2009 ： 53-1、M2009 ： 53-2（图二一、二二）

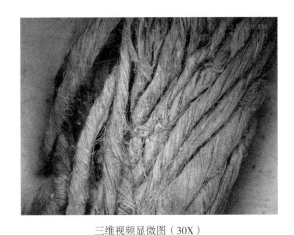 

三维视频显微图（30X）　　　　　　　　三维视频显微图（30X）

S 捻；纱线粗：0.67mm　　　　　　　　S 捻；纱线粗：0.52mm

图二一　M2009 ： 53-1 组织结构图　　　图二二　M2009 ： 53-2 组织结构图

（二）纱线分析

检测目的：获取纱线特征信息，包含纱线加工类型、纱线的细度、纱线的捻度和捻向、纱线的组合等方面。

检测仪器：三维视频显微镜（VHX-2000C，日本基恩土）

麻裤在显微镜下采集放大倍数 50 倍和 100 倍的照片，可以发现该批纺织品文物纱线主要为 S 捻，经纬纱线之间粗细差异较大，纬纱直径普遍大于经纱直径；都有一定的捻度（图二三）。

麻裤表层 经纱纵向 (100X) 　　　　　　麻裤表层 纬纱纵向 (100X)

纱线结构参数：经纱：S 捻，5.6 捻 /cm；平均直径：0.35mm。纬纱：S 捻，6.8 捻 /cm；平均直径：0.51mm

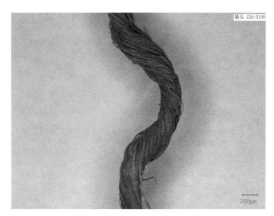 

麻裤里层 经纱纵向 (100X) 　　　　　　麻裤里层 纬纱纵向 (100X)

纱线结构参数：经纱：S 捻，10.2 捻 /cm；平均直径：0.43mm。纬纱：S 捻，3.7 捻 /cm；平均直径：0.53mm

麻裤缝线

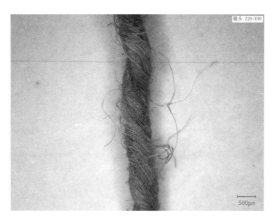 

麻裤缝线 (50X) 　　　　　　　　麻裤缝线 (100X)

纱线结构参数：S 捻，5.5 捻 /cm；直径：0.48mm

图二三　　麻裤中的纱线及其特征参数

　　麻的纱线粗细和均匀度是衡量麻纺纱技术的一个重要指标，古代市场上也以麻缕的细度、匀度决定价格的高低，有些细而匀的高品质麻甚至比丝绢的价格还高。根据文献档案所载，商代，麻缕的投影宽度多在 0.5mm 以上，到了西周时期，麻纺纱技术有所改进，制得的麻缕多在 0.5mm 以下。

　　测试样品中，纱线的直径基本在 0.35mm ~ 0.55mm 范围内，纱线测试结果如表三所示，与文档记载相符。从三维显微镜测试结果中可以发现，单根纱线自身条干均匀度较好，但纱线与纱线之间的粗细差异较大。此外，表层织物的经纬纱粗细差异率稍大于里层织物，麻裤缝线条干均匀。统计数据如图二四所示。

　　图二五为三个样品纱线的加捻情况，测试结果表明，麻裤里层织物的经纬纱捻度差异较大，经纱捻度较大，达到 10 捻 /cm 以上，具有较好的力学强度，充分展现了西周时期成熟的加捻技术。

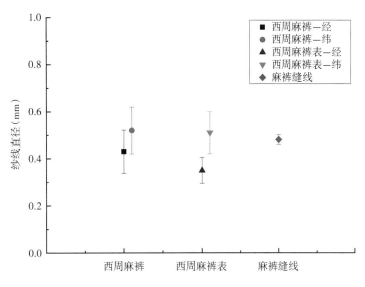

图二四　纱线直径及其离散性分布情况

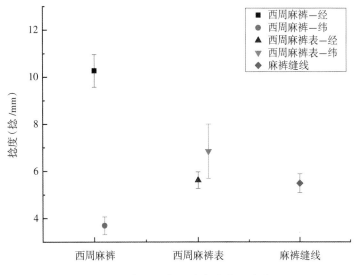

图二五　纱线捻度及其离散性分布情况

表三 纱线特征

序号	现定名	文物号	经纱直径（毫米）	纬纱直径（毫米）	捻向
1	麻裤表层	M2009：604-1	0.35	0.51	S
	麻裤里层	M2009：604-1	0.43	0.53	S
	麻裤缝线	M2009：604-1	0.48		S
2	麻布短褂	M2009：604-2（1）	0.79	0.86	S
	麻布短褂（残片）	M2009：604-2（2）	0.38	0.41	S
	麻布短褂（残片）	M2009：604-2（3）	1.08	1.19	S
	麻布短褂（残片）	M2009：604-2（4）	0.33	0.48	S
	麻布短褂（残片）	M2009：604-2（5）	0.26	0.27	S
	麻布短褂（残片）	M2009：604-2（6）黄色织物	0.31	0.37	S
		M2009：604-2（6）黑色织物	0.38	0.42	S
	麻布短褂（残片）	M2009：604-2（7）红色织物	0.70	0.80	S
		M2009：604-2（7）黄色织物	0.67	0.68	S
	麻布短褂（残片）	M2009：604-2（8）粗纤维	0.78	0.92	S
		M2009：604-2（8）细纤维	0.46	0.53	S
	麻布短褂（残片）	M2009：604-2（9）红色织物	0.64	0.65	S
		M2009：604-2（9）黑色织物	0.68	0.82	S
	麻布短褂（残片）	M2009：604-2（11）黄色织物	0.86	0.91	S
		M2009：604-2（11）红色织物	0.60	0.69	S
3	麻布	M2009：604-3	0.56	0.62	S
4	残麻绳	M2009：53-1	0.67		S
		M2009：53-2	0.52		S

而纬纱相对而言捻度较小，直径较大，呈现了更有光泽的织物风格。表层织物中的纱线捻度介于上述里层织物两者之间，经纱中呈现的捻回均匀，纬纱捻回形貌差异率相对较大。

（三）纤维分析

检测目的：纤维材质鉴别。

检测仪器：生物显微镜（Scope A1，德国 Zeiss）；扫描电子显微镜（TM3000 日本 Hitachi）。

1.麻裤

在参考整体织物外观的基础上，对纤维文物的纵横向进行了形貌观察。测试结果表明，样品的纤维材料均为麻纤维，但麻裤的表层与里层所用麻纤维为不同品种。表层织物中的麻纤维，纵向粗糙，有横结，无转曲；横截面以三角形与多边形为主，外角较为尖锐，且中腔为线状，可能为大麻纤维。里层织物中的麻纤维纵向有缝隙及横向裂纹，有较多结晶物附于纤维表面，横截面呈较为丰满的腰圆形，中腔为线状，由中腔开始有多层腰圆形线状裂纹向外扩散。缝线中，单纤维截面为腰圆形，有明显中腔（图二六～二八）。

经向纤维截面(400X)　　　　　　　　　　　纬向纤维截面(400X)

经向纤维 SEM 图（1000X）　　　　　　　纬向纤维 SEM 图（1000X）

图二六　麻裤表层纤维形貌图

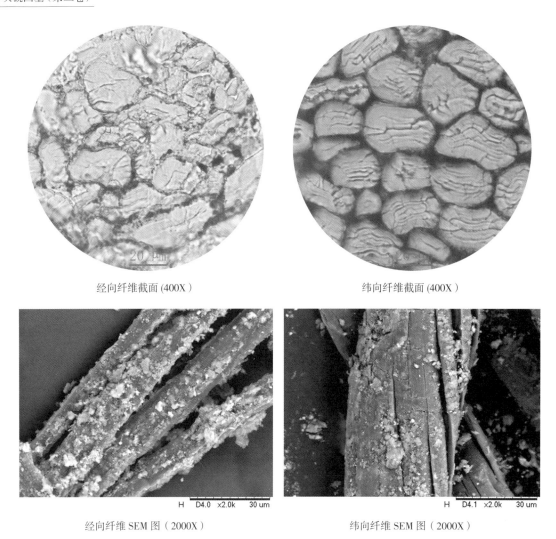

经向纤维截面（400X）　　　　　　　　纬向纤维截面（400X）

经向纤维 SEM 图（2000X）　　　　　　纬向纤维 SEM 图（2000X）

图二七　麻裤里层纤维形貌图

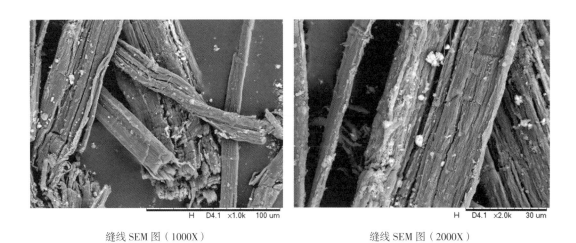

缝线 SEM 图（1000X）　　　　　　　　缝线 SEM 图（2000X）

图二八　缝线中纤维纵向形貌

2. 麻裈（图二九~四二）

样品纤维从扫描电镜形貌看，纵向粗糙，有横结，无转曲；从红外光谱测试结果看，纤维素的主要特征吸收峰位置为 $2900cm^{-1}$、$1425cm^{-1}$、$1370cm^{-1}$ 和 $895cm^{-1}$。其中波数为 $2900cm^{-1}$ 附近的吸收峰归于 –CH、–CH2 的伸缩振动；波数为 $1425cm^{-1}$ 附近的吸收峰归于 –CH、–CH2 的弯曲振动；波数为 $1370cm^{-1}$ 附近的吸收峰为具有脂肪族特征化合物中 –CH 的弯曲变形振动；波数为 $898cm^{-1}$ 附近的吸收峰是 β–（1,4）– 糖苷键振动，$1430cm^{-1}$、$1147cm^{-1}$、$1281cm^{-1}$、$900cm^{-1}$ 为其特征峰。判断样品为麻纤维。

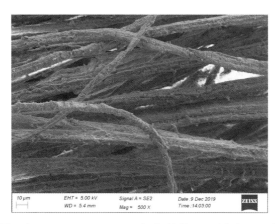

图二九 M2009：604-2（1）纤维 SEM 图（500X）

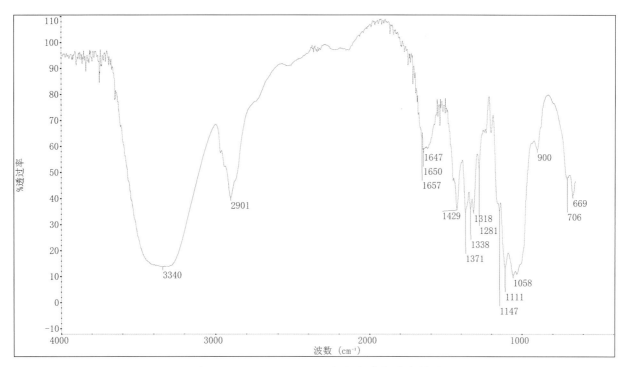

图三〇 M2009：604-2（1）纤维红外光谱图

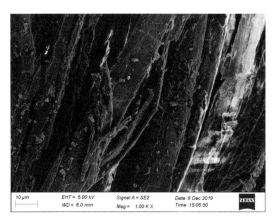

图三一　M2009：604-2（2）纤维 SEM 图（1000X）

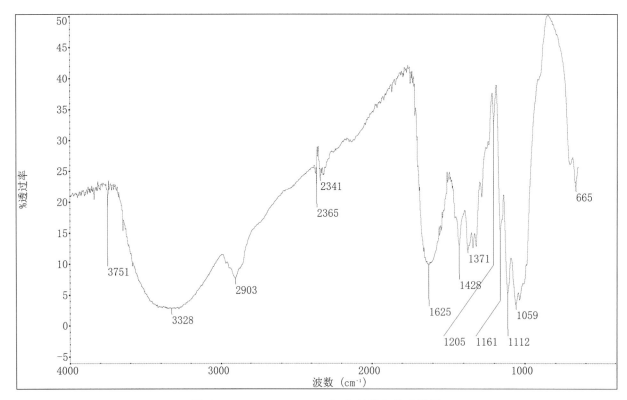

图三二　M2009：604-2（2）纤维红外光谱图

　　样品纤维从扫描电镜形貌看，纵向粗糙，有横结，无转曲；从红外光谱测试结果看，纤维素的主要特征吸收峰位置为 2900cm⁻¹、1425cm⁻¹、1370cm⁻¹ 和 895cm⁻¹。其中波数为 2900cm⁻¹ 附近的吸收峰归于 –CH、–CH2 的伸缩振动；波数为 1425cm⁻¹ 附近的吸收峰归于 –CH、–CH2 的弯曲振动；波数为 1370cm⁻¹ 附近的吸收峰为具有脂肪族特征化合物中 –CH 的弯曲变形振动，1428cm⁻¹、1281cm⁻¹ 为其特征峰。判断样品为麻纤维，但与 M2009：604-2（1）纤维不是同一种麻纤维，有所差异。

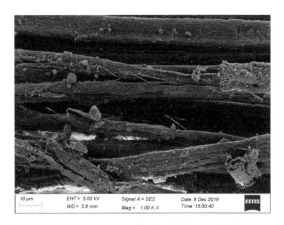

图三三　M2009：604-2（4）纤维 SEM 图（1000X）

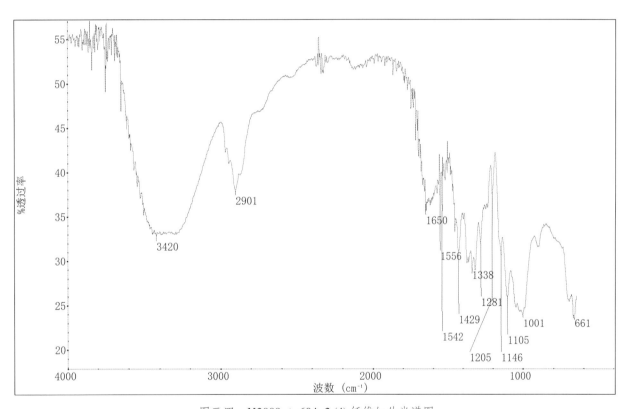

图三四　M2009：604-2 (4) 纤维红外光谱图

　　样品纤维从扫描电镜形貌看，纵向粗糙，有横结，无转曲；从红外光谱测试结果看，纤维素的主要特征吸收峰位置为2900cm⁻¹、1425cm⁻¹、1370cm⁻¹ 和895cm⁻¹。其中波数为2900cm⁻¹ 附近的吸收峰归于 –CH、–CH2 的伸缩振动；波数为1425cm⁻¹ 附近的吸收峰归于 –CH、–CH2 的弯曲振动；波数为1370cm⁻¹ 附近的吸收峰为具有脂肪族特征化合物中 –CH 的弯曲变形振动；波数为898cm⁻¹ 附近的吸收峰是 β–（1,4）– 糖苷键振动，1430cm⁻¹、1147cm⁻¹、1281cm⁻¹、900cm⁻¹ 为其特征峰。判断样品为麻纤维，与 M2009：604-2（1）纤维类似。

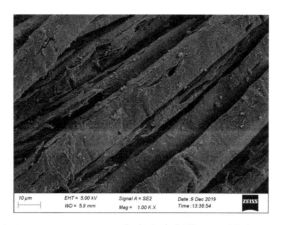

图三五　M2009：604-2（5）红色纤维 SEM 图（1000X）

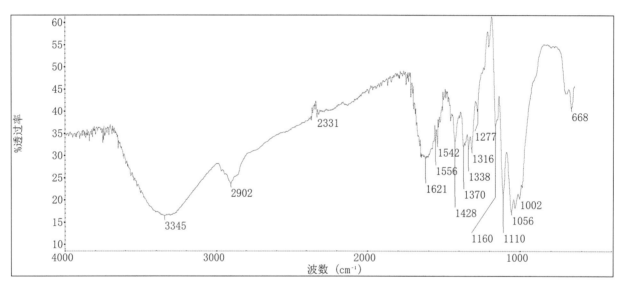

图三六　M2009：604-2(5)红色纤维红外光谱图

　　样品纤维从扫描电镜形貌看，纵向粗糙，有横结，无转曲；从红外光谱测试结果看，纤维素的主要特征吸收峰位置为 2900cm^{-1}、1425cm^{-1}、1370cm^{-1} 和 895cm^{-1}。其中波数为 2900cm^{-1} 附近的吸收峰归于 –CH、–CH2 的伸缩振动；波数为 1425cm^{-1} 附近的吸收峰归于 –CH、–CH2 的弯曲振动；波数为 1370cm^{-1} 附近的吸收峰为具有脂肪族特征化合物中 –CH 的弯曲变形振动，1428cm^{-1}、1281cm^{-1} 为其特征峰。判断样品为麻纤维，但与 M2009：604-2（1）纤维不是同一种麻纤维，有所差异。

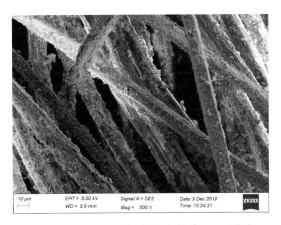

图三七 M2009∶604-2（7）红色纤维 SEM 图（1000X）

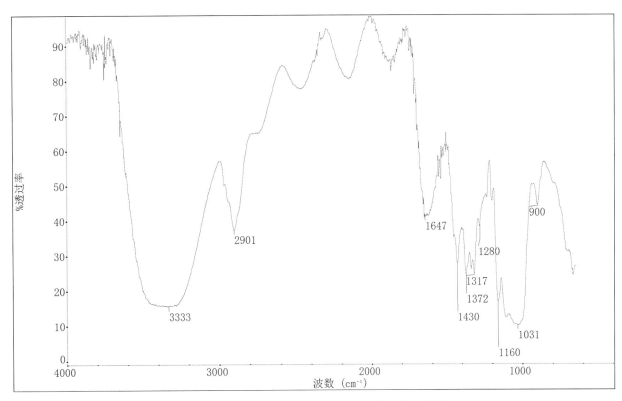

图三八 M2009∶604-2 (7) 红色纤维红外光谱图

样品纤维从扫描电镜形貌看，纵向粗糙，有横结，无转曲；从红外光谱测试结果看，纤维素的主要特征吸收峰位置为 2900cm⁻¹、1425cm⁻¹、1370cm⁻¹ 和 895cm⁻¹。其中波数为 2900cm⁻¹ 附近的吸收峰归于 –CH、–CH2 的伸缩振动；波数为 1425cm⁻¹ 附近的吸收峰归于 –CH、–CH2 的弯曲振动；波数为 1370cm⁻¹ 附近的吸收峰为具有脂肪族特征化合物中 –CH 的弯曲变形振动，1428cm⁻¹、1281cm⁻¹ 为其特征峰。判断样品为麻纤维，但与 M2009∶604-2 （1）纤维不是同一种麻纤维，有所差异。

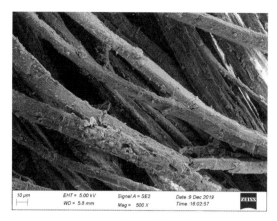

图三九　M2009：604-2（7）黄色纤维 SEM 图（1000X）

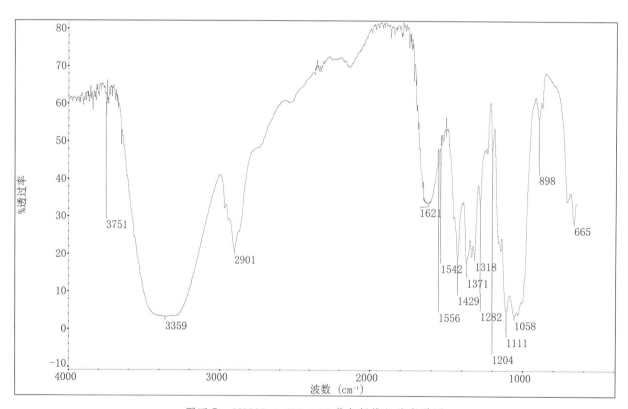

图四○　M2009：604-2 (7) 黄色纤维红外光谱图

　　样品纤维从扫描电镜形貌看，纵向粗糙，有横结，无转曲；从红外光谱测试结果看，纤维素的主要特征吸收峰位置为2900cm⁻¹、1425cm⁻¹、1370cm⁻¹ 和895cm⁻¹。其中波数为2900cm⁻¹ 附近的吸收峰归于 –CH、–CH2 的伸缩振动；波数为1425cm⁻¹ 附近的吸收峰归于 –CH、–CH2 的弯曲振动；波数为1370cm⁻¹ 附近的吸收峰为具有脂肪族特征化合物中 –CH 的弯曲变形振动；波数为898cm⁻¹ 附近的吸收峰是 β –（1,4）– 糖苷键振动，1430cm⁻¹、1147cm⁻¹、1281cm⁻¹、900cm⁻¹ 为其特征峰。判断样品为麻纤维，与 M2009：604-2（1）纤维类似。

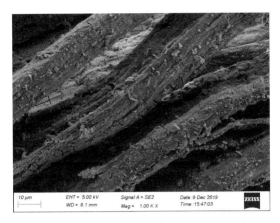

图四一　M2009：604-2（8）粗纤维 SEM 图（1000X）

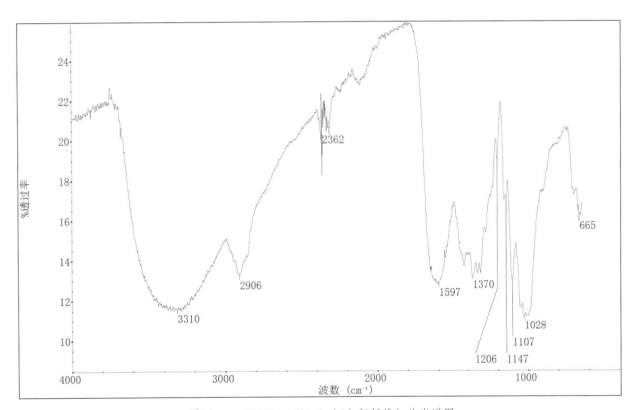

图四二　M2009：604-2（8）粗纤维红外光谱图

　　样品纤维从扫描电镜形貌看，纵向粗糙，有横结，无转曲；从红外光谱测试结果看，纤维素的主要特征吸收峰位置为 2900cm⁻¹、1425cm⁻¹、1370cm⁻¹ 和 895cm⁻¹。其中波数为 2900cm⁻¹ 附近的吸收峰归于 –CH、–CH2 的伸缩振动；波数为 1425cm⁻¹ 附近的吸收峰归于 –CH、–CH2 的弯曲振动；波数为 1370cm⁻¹ 附近的吸收峰为具有脂肪族特征化合物中 –CH 的弯曲变形振动，1428cm⁻¹、1281cm⁻¹ 为其特征峰。判断样品为麻纤维，但与 M2009：604-2（1）纤维不是同一种麻纤维，有所差异。

　　通过以上分析获知，麻布短裈的残片中至少存有两种麻纤维。

3.麻布（图四三、四四）

样品纤维从扫描电镜形貌看，纵向粗糙，有横结，无转曲；从红外光谱测试结果看，纤维素的主要特征吸收峰位置为2900cm⁻¹、1425cm⁻¹、1370cm⁻¹和895cm⁻¹。其中波数为2900cm⁻¹附近的吸收峰归于 –CH、–CH2 的伸缩振动；波数为1425cm⁻¹附近的吸收峰归于 –CH、–CH2 的弯曲振动；波数为1370cm⁻¹附近的吸收峰为具有脂肪族特征化合物中 –CH 的弯曲变形振动；波数为898cm⁻¹附近的吸收峰是 β –（1,4）– 糖苷键振动，1430cm⁻¹、1147cm⁻¹、1281cm⁻¹、900cm⁻¹ 为其特征峰。判断样品为麻纤维。

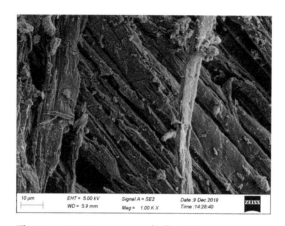

图四三　M2009：604-3 纤维 SEM 图（1000X）

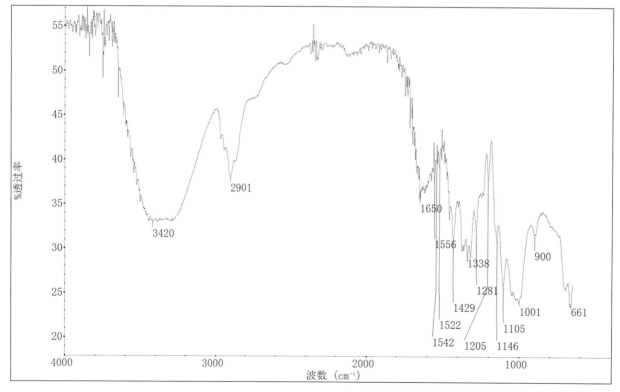

图四四　M2009：604-3 纤维红外光谱图

4.麻绳（图四五～四八）

样品纤维从扫描电镜形貌看，纵向粗糙，有横结，无转曲；从红外光谱测试结果看，纤维素的主要特征吸收峰位置为 2900cm⁻¹、1425cm⁻¹、1370cm⁻¹ 和 895cm⁻¹。其中波数为 2900cm⁻¹ 附近的吸收峰归于 –CH、–CH2 的伸缩振动；波数为 1425cm⁻¹ 附近的吸收峰归于 –CH、–CH2 的弯曲振动；波数为 1370cm⁻¹ 附近的吸收峰为具有脂肪族特征化合物中 –CH 的弯曲变形振动；波数为 898cm⁻¹ 附近的吸收峰是 β –（1,4）– 糖苷键振动，1430cm⁻¹、1147cm⁻¹、1281cm⁻¹、900cm⁻¹ 为其特征峰。判断样品为麻纤维。

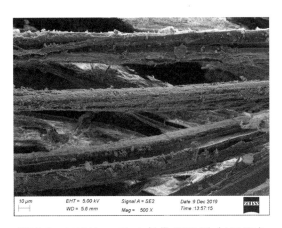

图四五　M2009：53-1 纤维 SEM 图（1000X）

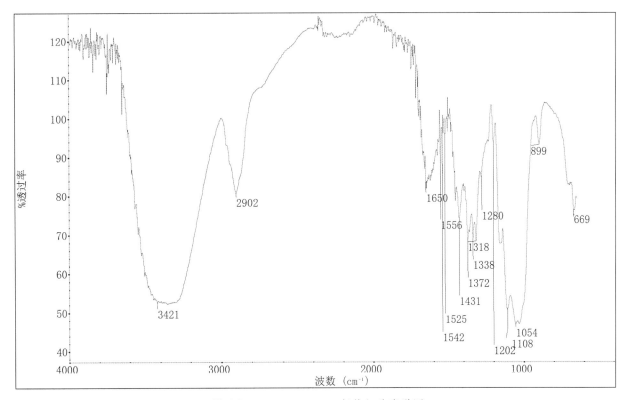

图四六　M2009：53-1 纤维红外光谱图

图四七　M2009 : 53-2 纤维 SEM 图（1000X）

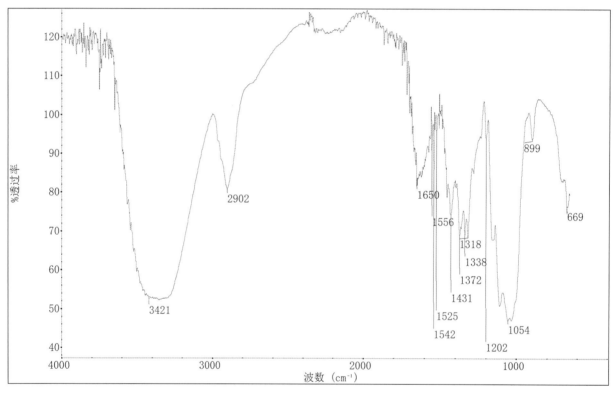

图四八　M2009 : 53-2 纤维红外光谱图

结果与上述分析类似，判断为麻纤维。

（四）颜料成分分析

检测目的：对麻裤里层织物上大范围的红色颜料进行材质检测。

检测仪器：扫描电子显微镜（TM3000 日本 Hitachi），激光共焦显微拉曼光谱仪（LabRam HR Evolution，Horiba JY）。

麻裤分里、外两层，外层织物颜色黯淡，里层织物呈鲜艳的赤红色，对该织物上的红色颗粒进行元素测试后，再进行拉曼光谱检测（图四九）。

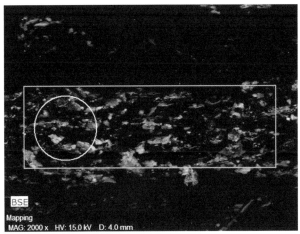
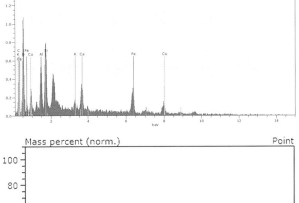

Spectrum: Point

Element	AN	Series	unn. C [wt.%]	norm. C [wt.%]	Atom. C [at.%]
Oxygen	8	K-series	13.59	33.40	44.63
Carbon	6	K-series	7.05	17.31	30.82
Iron	26	K-series	5.84	14.35	5.49
Copper	29	K-series	4.98	12.23	4.11
Calcium	20	K-series	3.26	8.02	4.28
Silicon	14	K-series	2.81	6.91	5.26
Aluminium	13	K-series	1.90	4.66	3.69
Potassium	19	K-series	1.28	3.13	1.71

Total: 40.70　100.00　100.00

图四九　里层红色物质元素成分分析

通过激光共焦显微拉曼光谱检测发现有 224cm⁻¹，292cm⁻¹，411cm⁻¹ 和 609cm⁻¹ 四个特征拉曼信号，与赭石（Fe_2O_3）的标准谱图比对可以看到两者非常吻合（图五〇），因此可以推测该件麻裤由赭石着色。在商周时期，人们曾用多种矿物颜料给服装着色，并称其为石染。其中着红色的原料以朱砂和赭石较为常见，而赭石作为衣服的着色材料被利用的历史相比朱砂更为久远。

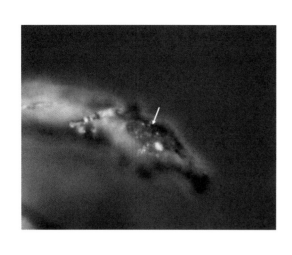
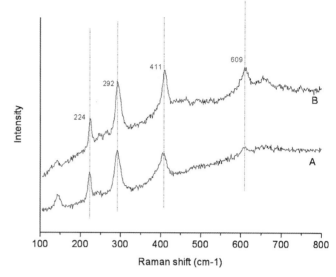

图五〇　拉曼测试结果表明红色颜料的主体成分是 Fe_2O_3

（五）污染物分析

检测目的：对污染物进行成分检测，了解污染物的大致类别，为清洗提供依据。

检测仪器：激光共焦显微拉曼光谱仪（LabRam HR Evolution，Horiba JY）

麻裤在里层和表面都不同程度地存在着污染，尤其是在外层更加明显。这些残留在文物上的污染物，有些仅仅停留在织物表面，危害尚不明显且易于去除；有些已经渗透至纤维内部，极大程度地影响到文物的外观，这类顽固污染物难以彻底清除干净。

在显微镜下观察，可见织物表面存在一些白色结晶物，经拉曼光谱检测，白色晶体的主要成分为 $CaCO_3$，这类污染物镶嵌在纤维之间会对纺织品造成一定程度的破坏，需要去除（图五一、五二）。

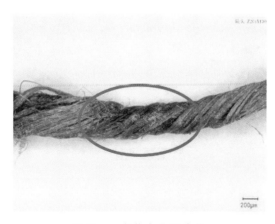

图五一　文物上的污染物

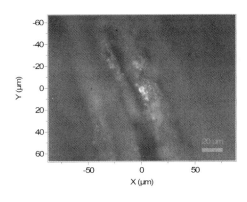 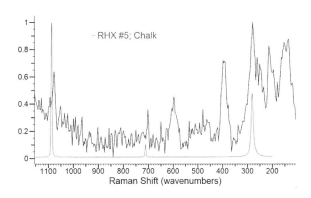

图五二　白色污染物的拉曼检测结果

五　结果讨论

出土服饰及残片的纤维材质主要为麻纤维，且至少有两种不同品种的麻纤维；纱线均为 S 捻，但经纱捻度较大，具有较好的力学强度，充分展现了西周时期成熟的加捻技术；服饰及残片均为平纹组织，其中有织物经密能达 40 根 /cm，足见西周麻布织造技术的成熟。

部分麻裤织物残留红色颜料，主要成分为赭石（Fe_2O_3）。在商周时期，人们曾用多种矿物颜料给服装着色，并称其为石染。其中着红色的原料以朱砂和赭石较为常见，而赭石作为衣服的着色材料被利用的历史相比朱砂更为久远。

服饰由于埋藏环境影响，纤维表面开裂并形成中空腐蚀，主要成分为 $CaCO_3$ 的白色污染物附着表面，已影响到文物外观和长期保存。

执笔：周旸、刘剑、杨海亮、贾丽玲

虢仲墓（M2009）出土费昂斯珠的分析研究

北京科技大学科技史与文化遗产研究院
山东大学文化遗产研究院
国家文物局水下文化遗产保护中心
河南省文物考古研究院
首都博物馆保护科技与传统技艺研究部

　　费昂斯是一种外观和原料都与玻璃类似的材料。它的主体材料一般是用磨细的石英砂，合上少量碱水，塑成一定形状后，加热到 900℃ 左右而制成。表面的二氧化硅熔融形成釉层，内部石英颗粒的表面在碱和温度的作用下互相粘结在一起，但石英颗粒内部并未熔融，仍然保持晶体状态[1]。国内通常把费昂斯意译为釉砂。

　　20 世纪 50 年代开始，我国学者开始使用科技分析手段研究古代的玻璃和费昂斯制品，通过玻璃和费昂斯的化学成分、微量元素、铅同位素、显微结构等研究玻璃的产地、原料、制作工艺等信息，至今已积累了大量的研究成果。王世雄[2]通过铅同位素和显微结构判断陕西强国墓和扶风上宋北吕周人墓出土的两批西周料珠的产地，基本确定这批料珠的产地是中国。董俊卿等[3]对一批河南出土东周玻璃器进行成分分析，结果显示其中有舶来品和自制品两类。秦颖等[4]分析了湖北枣阳郭家庙曾国墓地出土的西周末至春秋早期的费昂斯珠，通过模拟实验研究其原料和制作工艺。结果显示这些石英珠是选用粉碎过的纯石英作原料，掺和少量黏合剂等塑型后，表面施以低铁的黏土与石灰或草木灰及含铜着色物，混合配制的釉料，置于窑炉中烧制而成的釉砂。马清林等[5]对出土于甘肃的战国八棱柱状费昂斯 MAHP08 进行成分分析和结构研究，推测其为两步

[1] 安家瑶：《我国古代玻璃研究中的几个问题》，见中国硅酸盐学会编：《中国古陶瓷论文集》，文物出版社，1982 年。

[2] 王世雄：《陕西西周原始玻璃的鉴定与研究》，《文博》1986 年 2 期，26～30 页。

[3] 董俊卿、李青会、干福熹：《一批河南出土东周至宋代玻璃器的无损分析》，《中国材料进展》2012 年 11 期，9～15+56 页。

[4] 秦颖、陈茜、李小莉等：《湖北枣阳郭家庙曾国墓地出土"石英珠"（釉砂）的测试分析及其制作工艺模拟实验分析》，《硅酸盐学报》2012 年 4 期，567～576 页。

[5] 马清林、张治国、大卫·斯科特等：《中国战国时期八棱柱状费昂斯制品成分及结构研究》，《中国国家博物馆馆刊》2012 年 12 期，112～132 页。

或三步烧制的产品。谷舟等[1]采用显微 CT 对山西的西周费昂斯珠 / 玻璃展开无损分析，通过分析其结构研究费昂斯珠 / 玻璃的成型和施釉工艺，认为西周倗国费昂斯珠为内芯成型后直接施釉。

一　样品描述

本文分析的四件费昂斯珠出自 M2009 墓主胸前的六璜联珠组玉佩，详细信息见表一。分析研

表一　　　　　　　　　　　　　虢仲墓（M2009）费昂斯珠概况

序号	编号	器形	现状描述	照片
1	SMX-1（M2009：970-35）	费昂斯珠	残缺。外表面浅绿色，内层有黏土，不透明。质地松脆	
2	SMX-2（M2009：970-77）	费昂斯珠	残缺。外表面淡绿色，内层有黏土，不透明，质地松脆	
3	SMX-3（M2009：970-100）	费昂斯珠	残缺。表面淡绿色，局部剥落，有风化腐蚀特征。内层有一层结壳。不透明。质地松脆	
4	SMX-4（M2009：970-196）	费昂斯珠	残缺。表面原色几不可见，代之以白色风化腐蚀层。内层有结壳。不透明。质地松脆	

［1］谷舟、谢尧亭、杨益民等：《显微 CT 在早期釉砂研究中的应用：以西周倗国出土釉砂为例》，《核技术》2012 年 4 期，266～269 页。

究费昂斯珠有助于了解早期中国古代玻璃技术的发展情况。

二 实验与条件

（一）样品制备

用无水乙醇清洁样品的内外侧，去除样品表面的污物和杂质，保证测试的准确度。使用浓度为3%的B72溶液加固四件样品，后用手术刀切取四件样品的新鲜断面，用环氧树脂包埋并抛光、喷金。

（二）分析仪器

Hitachi S-3600N 扫描电子显微镜，美国 EDAX 公司 Genesis 2000XMS 型 X 射线能谱仪，工作电压 15kV 和 25kV，工作时间 100s，采用 ZAF 定量方法。

法国 JY 公司（现 HORIBA 公司）XploRA 型拉曼光谱仪，该拉曼光谱仪配备 Olympus BX-41 显微镜，激光器波长为 532nm、638nm 和 785nm。实验根据测试点的不同，分别采用 532nm、638nm 和 785nm 的激发波长，激光能量约为 12.5mW，100 倍物镜，光栅 1200 lines/mm。

三 实验结果

（一）费昂斯珠 SEM-EDX 结果

图一 a ~ d 是四件费昂斯珠 SEM 截面照片，分别对应表一 1 ~ 4。四件费昂斯截面显微结构由胎体和釉层构成。胎体（body）主要由石英砂构成，石英颗粒之间含有或多或少的隙间玻璃相；釉层由玻璃相熔结石英颗粒构成（下文涉及到四件费昂斯珠的釉层均指玻璃相熔结石英颗粒的 interaction layer，而非一般意义上完全玻璃化的 glaze layer）。虢国墓 M2009 的四件费昂斯珠没有完全玻璃化的釉层（glaze layer）。

表二 a ~ d 是四件费昂斯珠的成分分析结果，分别与图一 a ~ d 对应。四件费昂斯珠都具有高 SiO_2 低熔剂的特征，胎体和釉层 SiO_2 均在 80% 以上，Na_2O、MgO、K_2O、CaO 等主要熔剂含量均在 1% 以下，仅个别釉层区域 CaO 含量超过 1%（图一 bEDX2，图一 cEDX2,4-5，图一 dEDX1）。考虑到胎体和釉层含有大量石英颗粒，必然造成 SiO_2 含量较高，故选取 SMX-1 外侧釉层和 SMX-2 内侧釉层，放大至 1800 倍进行成分分析（图一 e ~ f）。结果显示，两件费昂斯珠玻璃相区域 SiO_2 为 87.53% ~ 88.82%，其余主要熔剂含量均低于 1%，由此推测四件费昂斯珠发生了严重的熔剂流失，说明经历了腐蚀。

为比较四件费昂斯珠胎体中的未融解石英砂隙间玻璃相和釉层中连续玻璃相的成分，在高倍率下分析玻璃相区域，分析结果表明四件费昂斯珠的胎体与釉层玻璃相成分和含量接近。以 SMX-1 和 SMX-4 为例，图一 g ~ h 分别是 SMX-1 和 SMX-4 胎体中隙间玻璃相的 BSE 图像，成分分析结果见表二 g ~ h，发现胎体中的隙间玻璃相同样具有高 SiO_2 和低熔剂的特点。

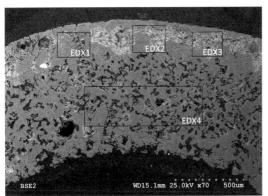

a. SMX-1 截面图像 70X（上为釉层，下为胎体）

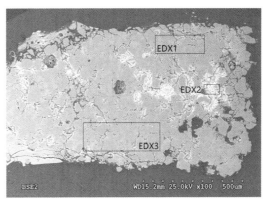

b. SMX-2 截面图像 100X（截面整体都是致密的釉层，上为费昂斯珠体的表层，下为近穿孔的内层）

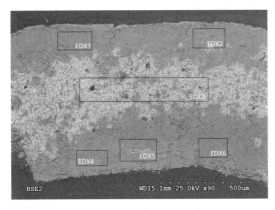

c. SMX-3 截面图像 90X（上为费昂斯珠体表面的釉层，中为胎体，下为近穿孔的釉层）

d. SMX-4 截面图像 80X（上为费昂斯珠体表面的釉层，中为胎体，下为近穿孔的釉层）

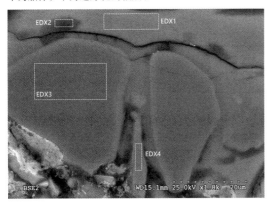

e. SMX-1 外层局部放大图像 1800X

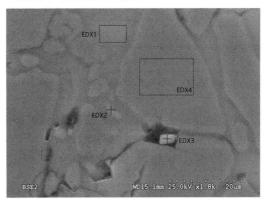

f. SMX-2 内层局部 BSE 放大图像 1800X

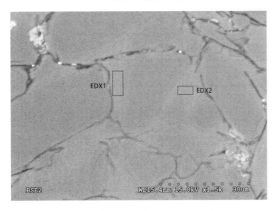

g. SMX-1 胎体隙间玻璃相图像 1500X

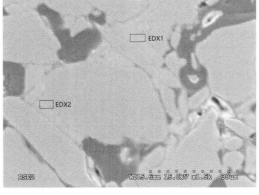

h. SMX-4 胎体隙间玻璃相图像 1500X

图一　虢仲墓（M2009）出土费昂斯珠 SEM 照片

表二　　　　　　　虢仲墓（M2009）出土费昂斯珠 SEM-EDX 成分（Wt%）

图样号	Na$_2$O	MgO	Al$_2$O$_3$	SiO$_2$	Cl	K$_2$O	CaO	TiO$_2$	Fe$_2$O$_3$	CuO	P2O5
(a)EDX1	0.3	0.5	2.7	91.7	0.4	0.3	0.4	0.1	0.6	3.1	--
EDX2	0.3	0.5	6.4※	88.6	0.3	0.4	0.5	--	0.7	2.5	--
EDX3	0.4	0.5	6.5※	88.0	0.4	0.5	0.9	0.3	0.7	2.1	--
EDX4	0.3	0.6	2.8	93.1	0.5	0.4	0.5	0.2	0.4	1.6	--
(b)EDX1	0.3	0.3	1.1	95.1	1.0	--	0.4	--	--	2.4	--
EDX2	0.4	0.8	10.8※	80.4	0.8	0.4	1.6	--	2.6	2.7	--
EDX3	0.3	0.5	1.3	94.0	0.8	0.2	0.4	--	0.6	2.2	--
(c)EDX1	0.3	0.5	0.9	94.0	1.1	0.1	0.7	--	0.3	2.8	--
EDX2	0.4	0.5	1.6	84.4	0.8	--	5.0	--	0.4	2.0	5.3
EDX3	0.4	0.5	9.5※	85.6	0.4	--	0.9	--	1.0	1.9	--
EDX4	0.3	0.5	0.9	90.3	2.2	--	1.1	--	0.6	5.3	--
EDX5	0.1	0.3	1.6	90.6	2.1	0.3	1.5	--	--	4.6	--
EDX6	0.3	0.5	0.9	94.1	1.1	0.1	0.4	--	0.4	2.8	--
(d)EDX1	0.2	0.3	0.8	80.7	1.4	--	8.1	--	--	1.5	7.7
EDX2	0.3	0.5	13.1※	84.7	0.5	--	0.9	--	--	0.4	--
EDX3	0.2	0.5	1.9	97.5	--	--	--	--	--	--	--
EDX4	0.3	0.4	4.2	93.6	0.3	0.3	0.4	--	--	0.7	--
EDX5	0.2	0.4	1.3	95.2	1.0	0.1	0.5	--	--	1.9	--
(e)EDX1	0.5	0.6	0.6	87.5	0.9	0.1	0.3	--	0.4	9.1	--
EDX2	0.4	0.8	2.0	88.8	0.7	0.2	1.3	0.1	0.4	5.3	
EDX3	0.3	0.4	0.5	98.6	--	--	--	--	0.3	--	
EDX4	--	--	1.1	98.3	--	--	--	--	--	0.6	
(f)EDX1	0.4	0.6	1.2	87.7	3.4	0.4	0.7	--	0.7	6.7	--
EDX2	0.4	0.6	0.9	92.4	1.4	0.2	0.5	--	0.6	3.6	--
EDX3	0.1	0.3	1.1	97.6	0.3	0.1	0.3	--	--	0.3	--
EDX4	0.2	0.3	0.4	98.3	--	0.2	--	--	--	0.6	--
(g)EDX1	--	0.6	2.9	92.6	0.3	0.5	0.3	0.4	--	2.5	--
EDX2	--	0.4	2.9	92.7	0.3	0.7	0.2	0.6	--	2.1	--
(h)EDX1	--	0.8	3.7	92.3	0.4	0.3	0.5	--	--	2.0	--
EDX2	--	0.6	4.7	91.4	0.4	0.3	0.3	--	--	2.0	--

※ 四件费昂斯珠断面的凹陷处 Al$_2$O$_3$ 含量很高，可能是抛光液残留在样品凹陷处所致。为证实这一猜测，选取剩余的 SMX-3 样品进行镶样，打磨后直接用扫描电镜观察样品断面，无 Al$_2$O$_3$ 含量明显升高现象，说明上述区域 Al$_2$O$_3$ 含量异常升高是抛光液污染所致。特此说明。

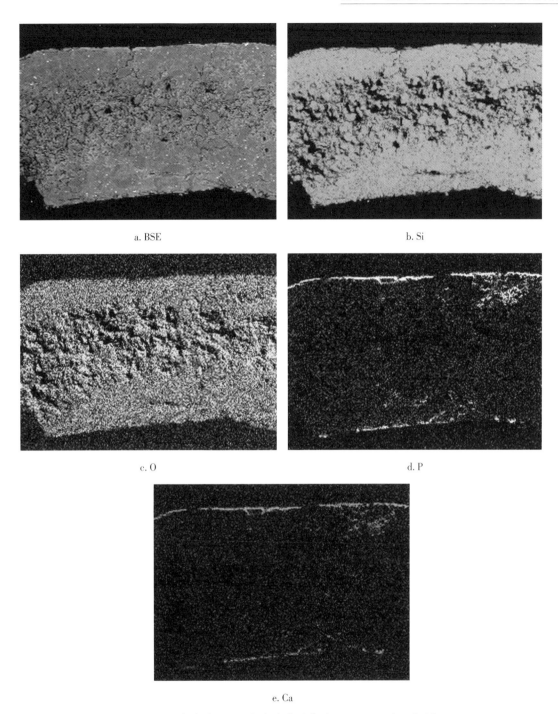

a. BSE

b. Si

c. O

d. P

e. Ca

图二 虢仲墓（M2009）出土费昂斯珠 SMX-3 元素面扫图

除 SMX-2 外，其他三件样品外层 / 内层的 CuO 含量明显高于中间层的胎体，且 Cl 与 CuO 含量呈正相关。

（二）费昂斯珠元素面扫描分析

选取有代表性的费昂斯珠 SMX-3（图二）进行元素面扫描分析，可以看到：1）硅和氧在费昂斯珠中的分布均匀一致，拉曼光谱确认是 SiO_2。2）磷和钙集中在外表层和内层，不见于中间层。

（三）费昂斯珠特殊区域分析

图三 a 是 SMX–1 釉层与胎体之间特殊颗粒物的背散射图像，图三 b 是 SMX–3 外层釉层的背散射图像。两者的成分分析结果分别对应表三 a 和表三 b。

研究发现，费昂斯珠 SMX–1 中的特殊颗粒物可能是钾长石（图三 aEDX1），可能来自原料中的石英砂或黏土，也可能与熔剂有关，钾长石可以提供 K_2O。SMX–3 外侧釉层有高亮附着物，覆盖在釉层表面，并沿裂隙进入费昂斯内部（图三 b）。类似的现象见于 SMX2~4 外、内层的表面，拉曼光谱证实为羟基磷灰石（图四 a）。微区分析结果与元素面扫描一致。费昂斯珠 SMX–3 外表层检测出高含量的 Hg 和 S（图三 bEDX1），经拉曼光谱确认，确实以朱砂（HgS）的形式存在（图四 b）。

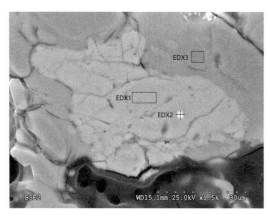 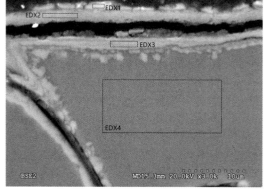

a. SMX–1 外层与中间层 BSE 图像 1500X　　　　b. SMX–3 外层 BSE 图像 3000X

图三　M2009 费昂斯珠截面 SEM–EDX 背散射电子像

表三　　　　　　　　虢国墓（M2009）费昂斯珠截面 SEM–EDX 成分分析（Wt%）

图样号	Na	Mg	Al	Si	P	S	Cl	K	Ca	Ti	Fe	Cu	Hg	可能物相
(a)EDX1	0.5	0.6	14.6	52.8	––	––	––	30.3	0.3	––	0.4	0.6	––	$KAlSi_3O_8$
EDX2	0.7	0.7	8.2	23.1	––	––	0.1	10.7	0.2	55.2	0.6	0.3	––	
EDX3	0.3	0.4	1.0	96.6	––	––	0.1	0.4	––	––	––	1.3	––	SiO_2
(b)EDX1	2.4	2.3	4.3	8.6	13.0	8.2	0.7	––	19.3	––	17.7	4.4	19.2	HgS $Ca_5(PO_4)_3(OH)$
EDX2	0.3	0.4	4.6	3.5	28.9	2.7	0.4	––	55.5	––	2.4	1.3	––	$Ca_5(PO_4)_3(OH)$
EDX3	1.8	1.4	3.7	6.6	29.1	1.9	0.5	––	52.9	––	0.4	1.8	––	$Ca_5(PO_4)_3(OH)$
EDX4	0.9	0.6	0.9	78.5	––	––	6.2	––	2.6	––	0.4	10.0	––	玻璃相

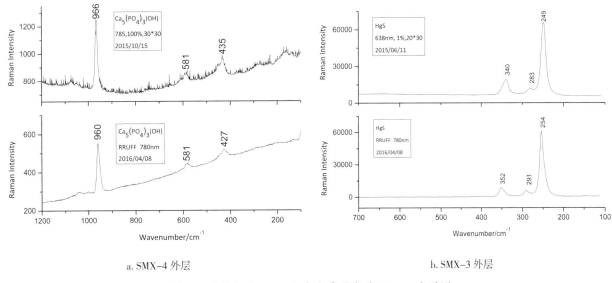

a. SMX-4 外层 b. SMX-3 外层

图四 虢仲墓（M2009）出土费昂斯珠 Raman 光谱图

四 讨论

（一）成分特征

M2009 的四件费昂斯珠具有高 SiO_2 低熔剂特征，SiO_2 含量均在 80% 以上，主要熔剂大多在 1% 以下，是典型的费昂斯成分特征。从显微结构和分析结果看，四件样品由石英与玻璃熔结的釉层和石英砂为主的胎体构成，胎体中的石英颗粒之间存在隙间玻璃相，是费昂斯的显微结构。样品 SMX2~4 穿孔内覆盖了结壳层，结壳边界规则，应是埋藏过程中积聚的污染物沉淀的结果。结壳表面呈龟裂状，可能是失水造成的。水不仅可以造成玻璃相中碱金属的流失，也把墓葬环境中的骨灰和朱砂带至费昂斯珠的表层和内壁，该问题将在下面讨论。

本文分析的四件费昂斯珠与河南平顶山应国墓地出土的费昂斯珠相似。两处费昂斯珠都是多璜组玉佩上的珠饰，熔剂含量极少，大部分在 1% 以下[1]。两种因素可使助熔剂含量偏低：一是添加的助熔剂不足；二是风化腐蚀造成了熔剂流失。如果添加的助熔剂不足，只会造成生成的玻璃相较少，不会导致玻璃相中的熔剂含量偏低。M2009 费昂斯珠的主要熔剂大多在 1% 以下，过低的熔剂含量无法烧成玻璃相，说明能谱的测试结果并不是当时的原料配方。我们认为本文分析的四件费昂斯珠经历了长时间的风化腐蚀，从而造成了熔剂的严重流失。

对比甘肃崇信于家湾西周中期墓与虢国墓出土费昂斯珠（图五），前者的玻璃相与石英对比度明显，后者的玻璃相与石英对比度低，显然是风化腐蚀造成虢国墓费昂斯珠的助熔剂流失更为严重，使玻璃相的成分组成与石英趋近。

［1］干福熹、胡永庆、董俊卿等：《河南平顶山应国墓地出土料珠和料管的分析》，《硅酸盐学报》2009 年 6 期，1005、1016 页。

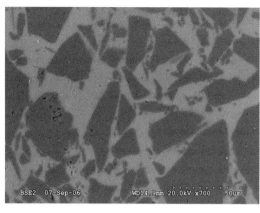 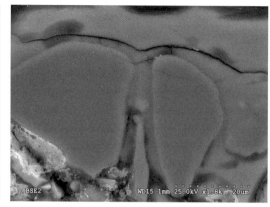

a. 甘肃于家湾周墓费昂斯珠　　　　　　　　b. 河南虢国墓 M2009 费昂斯珠

图五　于家湾周墓与虢国墓费昂斯珠玻璃相与石英对比

（二）制作和施釉工艺

西周至春秋战国时期的费昂斯通常采用先成型后烧结的制作方法，胎体成型过程使用内芯支撑，烧成后去除[1]。内芯可能为木本棍状材料，烧成后消失[2]。SMX-1 费昂斯珠穿孔内的结壳形态与其余三件样品明显不同，其穿孔内结壳覆盖整个穿孔，无龟裂痕迹，很可能是残留的内芯材料。内芯材料阻碍了釉料与 SMX-1 内壁的结合，使得 SMX-1 费昂斯珠仅外侧覆盖釉层。这也佐证了早期制作费昂斯胎体的确使用内芯支撑制作胎体。

费昂斯有三种施釉工艺：风干施釉（efflorescence method）、包埋法（cementation method）、直接施釉（application method）[3]。风干施釉混合釉料和石英，加入适量的水使之凝聚，塑形后自然风干，风干过程中随着水分流失，釉料中的可溶盐向器物表面迁移，形成富可溶盐的表面层，加热至 950℃时，这些熔剂材料与部分石英熔融形成玻璃体，将未熔融的石英熔结起来形成釉层。风干施釉的费昂斯珠胎体和釉层界限模糊，胎体中有大量隙间玻璃相。包埋法是把塑形后的胎体埋入釉料粉末中烧制，加热过程中釉料和胎体表面反应生成釉层。釉层与胎体分界清晰，近分界线的胎体有隙间玻璃相。直接施釉将未经加热的釉料混合后研磨成微小颗粒，或是进行不完全烧结再研磨成小颗粒，然后与水混合成浆状，直接施在石英胎体上，通常胎体和釉层也是界限分明的。

本文分析的三件费昂斯珠（SMX-1、SMX-3、SMX-4）均界限分明，显然不是风干施釉工艺。胎体中大量的连续玻璃相可能来自胎体原料中掺和的助熔剂。胎体材料通常由石英砂构成，由于石英砂不具有黏性，所以会掺入少量的碱水和黏合剂，以利于胎体的塑形[4]，因此包埋法和直接施釉的费昂斯珠胎体中也可能有大量连续玻璃相。包埋法施釉后的珠饰则须经过打磨，去掉多余

［1］后德俊：《先秦和汉代的古代玻璃技术》，见干福熹等著：《中国古代玻璃技术的发展》，上海科学技术出版社，2005 年。

［2］谷舟：《中国釉砂与早期玻璃关系的探讨》，中国科学院博士学位论文，2015 年。

［3］a. M.S. Tite, I.C. Freestone, M. Bimson. Egyptian Faience: An Investigation of the Methods of Production. Archaeometry,1983,25:17-27; b. M.S. Tite, M. Bimson. Faience: An Investigation of the microstructures associated with the Different Methods of Glazing. Archaeometry, 1986,28:69-78.

［4］a. M.S. Tite, M. Bimson. Faience: An Investigation of the microstructures associated with the Different Methods of Glazing. Archaeometry, 1986,28:69-78. b. 安家瑶：《我国古代玻璃研究中的几个问题》，见中国硅酸盐学会编：《中国古陶瓷论文集》，文物出版社，1982 年。

的釉使珠体表面光滑平整，通常会在器表留下打磨痕迹。而这三件费昂斯珠表面均未观察到打磨痕迹，由此推测三件费昂斯珠应当使用了直接施釉工艺。

SMX-2 是四件样品中最为致密的费昂斯珠，通体都是石英与玻璃相的熔结态。而其他三件费昂斯珠则有明显的胎体，釉层覆盖或包裹胎体，在胎体表面形成有玻璃光泽的膜。考虑四件费昂斯有相似的器形、大小、颜色，且出自同一个墓葬，很可能为同一批制作，据此推测 SMX-2 也采用了第三种施釉方法上釉。

（三）着色剂及其他

埃及和我国的费昂斯制品通常使用含铜的着色剂，铜离子使釉层显蓝绿色。早期费昂斯多发现于铜石并用时期的近东、埃及和印度河流域，釉的发现被认为与古代铜的生产有关[1]。本文分析的费昂斯中铜与氯呈正相关（图六），外/内侧釉层的铜、氯含量高于胎体，因此有理由推测本文的费昂斯珠使用了含氯和铜的矿物做着色剂[2]。

M2009 费昂斯珠中的羟基磷灰石显然来自墓主的遗骸，可能是流体将羟基磷灰石带至费昂斯珠处，使其粘附于费昂斯珠的表层和穿孔内壁。由于 SMX-1 穿孔内有致密黏土层，阻隔了流体与样品内层的接触，因此未在其穿孔内发现羟基磷灰石。

朱砂只见于四件费昂斯珠的内外表面，不见于截面中，说明朱砂不是制作料珠的原料，而是来自于墓葬中的环境。在墓主遗骸或棺内铺设朱砂常见于西周或稍晚的贵族墓葬，如甘肃崇信于家湾西周墓 M130[3]，陕西宝鸡西周强国墓地 BZM9、BZM13 和 BRM1、BRM2、BRM4[4]，湖

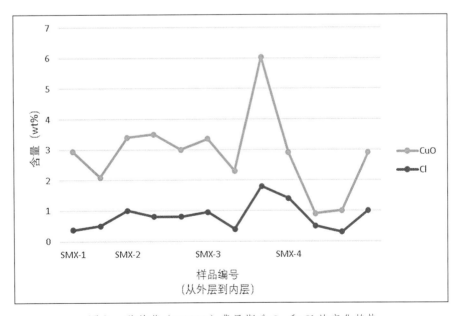

图六　虢仲墓（M2009）费昂斯珠 Cu 和 Cl 的变化趋势

[1] 顾雯：《釉起源的研究》，《文物保护与考古科学》2014 年 4 期，122 页。
[2] 张治国、马清林：《崇信于家湾出土西周中期费昂斯珠研究》，见甘肃省文物考古研究所编著：《崇信于家湾周墓》，文物出版社，2009 年。
[3] 甘肃省文物考古研究所编著：《崇信于家湾周墓》，文物出版社，2009 年。
[4] 宝鸡市博物馆编著：《宝鸡强国墓地》，文物出版社，1988 年。

北曾国墓地 GM17 春秋早期前段曾国国君夫人墓[1]。

<h1 style="text-align:center">五　结　论</h1>

　　本文分析了 M2009 六璜组玉佩上的四件料珠，结果表明四件料珠属费昂斯制品，其中三件费昂斯珠（SMX-1、SMX-3、SMX-4）的胎体和釉层界限分明，胎体中有少量的隙间玻璃相熔结石英砂，釉层的石英砂粒度比胎体小，由大片连续玻璃相熔结石英砂构成。SMX-2 费昂斯珠没有胎体和釉层的分界，整个断面都呈现出大片连续玻璃相熔结石英砂的结构。四件费昂斯珠具有高 SiO_2、低熔剂的特点，应是风化腐蚀造成了熔剂流失严重。胎体中的隙间玻璃相与釉层中的连续玻璃相成分接近，说明胎体和釉层可能使用了相同的配料。

　　通过分析四件费昂斯珠的显微结构特征，逐一排除了风干施釉、包埋施釉的方法，我们倾向于这四件费昂斯珠使用了直接施釉法，把成型去芯后的胎体浸入釉料浆液中上釉。由于 SMX-1 穿孔内残留有芯棒材料，阻隔了穿孔内釉层和胎体的结合，因而只在珠体外侧形成了釉层。

　　此外，这四件费昂斯珠使用了氯铜矿作为着色剂。样品表面的朱砂和羟基磷灰石来自于墓葬环境和墓主遗骸。

致谢：

　　河南省文物考古研究院提供分析样品，中国文化遗产研究院沈大娲研究员、王乐乐副研究员和国家博物馆吴娜同志提供实验支持，谨此致谢！

执笔：王颖竹、陈坤龙、马清林、马泓蛟、张治国、姜涛

（原文发表于《文物保护与考古科学》2017 年 4 月 2 期，本文略有删节）

---

[1] 襄樊市考古队、湖北省文物考古研究所、湖北孝襄高速公路考古队编著：《枣阳郭家庙曾国墓地》，科学出版社，2005 年。

编 后 记

　　《三门峡虢国墓》（第二卷）终于付梓。自 1990 年田野考古发掘始，悠悠二十余载，数易寒暑，掩卷之际，欣慰之余，使人又有不胜感叹之意。

　　一本田野考古报告的完成，资料经室内整理、研究，到文字的编写直至出版，是一个科学的、完整的系统工程，决非一人一时之力可以完成，而是多学科合作与集体智慧的结晶。

　　客观、准确、全面、翔实是本报告编写过程中所有参与人员始终遵循的唯一原则，只有遵循此原则，才能将科学发掘所获全部考古资料无一遗漏地公诸世人，以便专家学者们进行再研究。因此，我们对所出土的每一类遗物尽可能加以详细介绍，同时以彩色图版、线图和墨拓等不同形式予以表现。

　　在我们完成如此庞大复杂的系统工程的全过程中，始终得到了国家文物局、河南省文物局、三门峡市文物局，以及科研院所的大力支持。当 1990 年至 1992 年田野发掘期间，时任国家文物局副局长黄景略曾数次率专家组及有关人员赴现场指导工作，时任河南省文物局局长杨焕成也曾多次率有关人员赴现场指导协调有关工作，时任三门峡市副市长李景才、宣传部部长宋育文、文化局局长王双全，特别是文物局局长何松林做了大量的组织协调及后勤保障工作。在 1998 年至 1999 年田野发掘、大型车马坑的保护以及本卷报告的编写过程中，时任国家文物局局长张文彬及国家文物局各有关司、处，时任河南省文物局局长常俭传、副局长张文军及各有关处、办的同志都曾多次亲临现场指导工作，时任三门峡市文化局局长柴广智、文物局局长侯俊杰给予了大力支持与帮助。正是由于得到了上述从中央到省市各有关部门的大力支持与帮助，才使得虢国墓地得到更有效的保护，才使得第二次大规模发掘所获的全部遗物得以更好地保护与保存。而 20 世纪90 年代第二次大规模田野发掘所获得的全部资料能较快地以考古报告的方式正式面世，也正与各级政府的支持和所有报告编写者所付出的艰苦努力分不开。

　　姜涛、杨海青为本卷报告的主编，王龙正为本卷报告的副主编。李秀萍参与了本卷报告的统稿与修改工作。

　　本卷各章节编写的具体分工是：第一章由姜涛、杨海青执笔；第二章由杨海青、姜涛、王龙正执笔；第三章由贾连敏、姜涛执笔；第四章由王龙正、姜涛执笔；第五章由杨海青、贾连敏执笔；第六章由杨海青、辛军民、赵昂执笔；第七章由李清丽、杨海青、常军执笔；第八章由杨海青、姜涛、王龙正执笔。

本卷报告田野绘图的主要完成者，为河南省文物考古研究院王龙正、三门峡市文物考古研究所胡小龙等。

室内绘图的主要完成者有河南省文物考古研究院技工陈英、陈素英，技工鲁红卫参与了部分工作。

所有墨拓的完成者为河南省文物考古研究院技工陈英。

田野录像的完成者为河南省文物考古研究院郭民卿。

田野摄影的完成者为河南省文物考古研究院姜涛、郭民卿。

室内摄影的完成者为河南省博物院翟超，河南省文物考古研究院祝贺、姜涛和技工陈英，三门峡市虢国博物馆赵昂。

在本卷报告整理编写过程中，三门峡市博物馆库房保管员兰花巧，三门峡市虢国博物馆李清丽、常军、杨峰涛、赵昂、杨燕敏、冯广丽等都付出了长期的辛劳。

本卷报告所涉及的青铜器、玉器铭文的隶定与研究是中国海洋大学张新俊教授完成的。

对本卷报告的全部文稿，杨育彬应约查阅后提出了部分修改意见。

时任国家文物局局长张文彬为本报告亲自题写了《三门峡虢国墓》书名。

本卷报告的完成与出版，得到了国家文物局、河南省文物局和文物出版社的高度重视与大力支持，尤其是在经费方面给予了特别的关照。三门峡市文物局、三门峡市博物馆等也为此提供了诸多工作上的方便与支持。

值此《三门峡虢国墓》（第二卷）付梓之际，我们对国家文物局、河南省文物局、文物出版社、多位著名学者和中国社会科学院考古研究所白荣金、河南省文物考古研究院杨育彬等先生以及为本卷报告付出过辛劳的所有参与人员表示最崇高的感谢与深深的谢意。

河南省文物考古研究院

三门峡市文物考古研究所

三门峡市虢国博物馆

The Guo State Cemetery in Sanmenxia (Vol. 2)

(Abstract)

Sanmenxia Municipality is located at the junction of Henan, Shanxi and Shaanxi provinces, which is the throat fortress connecting the East and the West of China. Guo State is a feudal state with the surname Ji that flourished more than 2,800 years ago. The Guo State cemetery is located at Shangcunling in northern Sanmenxia Municipality Henan Province, adjacent to the bank of the Yellow River in the north, and covering an area of 324,500 square meters.

From 1990 to 1999, archaeologists unearthed a huge number of precious and rare cultural relics in more than 20 categories including bronze, jade, iron and gold, with a total of more than 23,000 pieces at this cemetery. These results not only provided rare materials for the study of ancient Chinese history as well as funeral customs and burial apparel constitution of ancient nobles, but also set an important dating scale for the Western and Eastern Zhou archaeology. Meantime, the excavation confirmed that the Guo State cemetery is a large state cemetery orderly arranged with complete hierarchy and unique characteristics preserved in good condition. Up to now, such a state cemetery is the only case nationwide and even rare all over the world. The large tomb of Guo Zhong with high rank and large scale belonged to the feudatory king, and was especially rich in the burial objects. In particular, a large number of exquisite jade articles were unearthed from the tomb.

The Guo State Cemetery in Sanmenxia (Vol.2) contains tombs of Guo Zhong group located within the area of the feudatory king, including the tomb of Guo Zhong (M2009), the tomb of Meng Ji (M2006), the tomb of Da Fu (M2010), the tomb of Chou Jiang (M2013 along with the subordinate burial horse and chariot pit M2013CHMK4), and two stolen tombs [the tomb of Guo Gong Fu (M2008) and M2007], as well as stolen relics from the tomb of Guo Jiang and other tombs recovered by the police.